JN141439

エイサー物語

移動する人、伝播する芸能

塚田健一

世界思想社

はじめに

一九九二年の首里城の復元、それに続くNHK大河ドラマ『琉球の風』の放映、そしてりんけんバンドやネーネーズといった沖縄ポップのヒット、さらに最近引退が報じられた安室奈美恵をはじめとする沖縄出身アーティストの目覚ましい活躍、極めつけは沖縄サミットに続く二〇〇一年のNHK連続テレビ小説『ちゅらさん』の大ブレイクである。一九九〇年代から二〇〇〇年代にかけてのこの空前の沖縄ブームによって、日本本土から沖縄への観光客数は年間五〇〇万人を突破したと言われる。

じつは、この沖縄ブームに連動する形で、沖縄の伝統芸能エイサーも日本本土に進出・拡散していった。エイサーとは、もともと沖縄本島の伝統的な「盆踊り」であるが、一九五〇年代後半になると、従来の村落共同体の盆行事として青年会が演じるエイサーの伝統を維持しつつ、他方で村落共同体の脈絡を離れてエイサー大会や歓迎行事などでも演じられるようになっていく。この脱脈絡的演舞の状況が、一方で観客の前で演じる「パフォーマンス」としての華やかなエイサーの発展を促し、他方で新しいエイサーの様式を生み出した。この後者の様式は今日「創作エイサー」と呼ばれているもので、脱村落共同体的なクラブチーム型演舞団体が中心となって、沖縄ポップや新曲を積極的にとり入れるなど、沖縄のエイサー文化に新しい局面を切り拓いている。そして、この創作エイサーの拡散に主導的な役割を果たしたのが、本書でも触れているように、一九八二年に設立された団体「琉球國祭り太鼓」である。観衆にアピールすることを目指す「パフォーマンス」としてのエイサーの発展と創作エイサーの誕生と普及によって、民俗芸能エイサーは沖縄の伝統的な年中行事という桎梏から完全に解放された。このことが、エイサーの本土進出の背景のひとつにあったことは間違いないだろう。

沖縄ブーム真っただ中の二〇〇四年、本土で四〇あまりのエイサー団体が活動していたことが確認されている。沖縄から遠く離れた本土でのこの団体数はかなり多いと見なければならない。一九九三年（発足）の「京都琉球ゆう遊会」（京都府）、九四年の「愛知琉球エイサー太鼓連」（愛知県、本書で後述）、九九年の「青海波」（東京都町田市）、二〇〇〇年の「広島エイサー琉風会」（広島県）など、団体名のリストはまだまだ続く。特筆すべきは、これらの団体の多くが本土在住の沖縄県出身者が中心となって結成されているということだ。

こうした沖縄ブームにおけるエイサーの本土進出のもうひとつの例は、小学校の運動会に見ることができる。小学生が運動会で小型の片面太鼓パーランクーをもってエイサーを踊る光景は、東京でも一九九〇年代から散見された。そうした小学校における芸能教育は、平成元（一九八九）年度の小学校学習指導要領で体育教科の「表現運動」として、以前にもましてフォークダンスを指導することが奨励されたことに端を発する。このフォークダンスのカテゴリーには、いわゆる外国の「フォークダンス」だけでなく、「日本の民踊《みんよう》」も含まれていた。そこでは、とくに小学校高学年向け教材として阿波踊りやソーラン節、エイサーなどが挙げられている。当初は運動会にさまざまな「民踊」がとり入れられたようだが、今日にいたる過程で淘汰され、現在ではエイサー（「創作エイサー」）とソーラン節（「南中ソーラン」）が二大定番となっているようである。

*

重要なことは、こうした本土における「エイサーブーム」は、そのおおもとの沖縄ブームが二〇〇〇年代末に終焉した後も、終息せずに今日まで続いているということだ。その証拠となる事例を挙げることは、それほど難しいことではない。たとえば、今では東京の夏の恒例行事となったと言ってよい「新宿エイサーまつり」は、二〇〇二年に新宿商店街振興組合が立ち上げたものだが、第一回は出演団体数五団体、出演者数三三〇名だったものが、二〇一七年の第一六回には出演団体数二五団体、出演者数一一〇〇名に膨れ上がり、観客数も一〇〇万人を突破している。しかも、出演団体は沖縄から参加した四団体を除くと、あとはすべて東京およびその周辺で活動するエイサー団体なのである。それらは、大学生チームであったり、学校の卒業生チームであったり、あるいは有志のクラブ型チーム、商店街チームであったりするのだが、彼らの活動拠点は東京では葛飾区、杉並区、世田谷区、北区などのほか多摩地区、周辺ではさいたま市、川崎市などで、かなり狭い地域に二〇を超えるエイサーチームが存在していることがわかる。

一方、東京から遠く離れた宮崎県でも、「新富《しんとみ》エイサー演舞会」が行われている。このイベントを主催する新富町役場によると、宮崎県のエイサー団体は県全域に分布しており、その総数は二六団体であるという。似たようなエイサー祭りは現在、愛知県でも行われており（「豊田沖縄ふれあいエイサーまつり」）、そこには愛知県や関西のエイサー団体が結集する。こうした今日の全国各地のエイサーに関わる行事や催しを考えると、現在、本土で活動するエイサー団体数は、統計的データはないものの、優に一〇〇団体を超えるのではないかと推測される。

他方、学校の運動会でのエイサー演舞もなお盛況である。「運動会　エイサー」でネット検索すると、ここ数年にアップロードされたおびただしい数の You Tube の「運動会エイサー」の映像がヒットする。さらに同じ検索のなかに、「小学生のエイサー振付ベスト」とか「キッズ・エイサーＤＶＤ」、あるいは「こどもエイサー――振付、踊り方指導ＤＶＤ」といった運動会でのエイサー指導用教材の商品宣伝が並ぶ。You Tube の映像では、沖縄の小学校の映像の方がはるかに多いが、それは本土での運動会エイサーが減少していることを意味するものではない。なぜならば、ここ数年間にブログなどにアップロードされた運動会エイサーの画像は沖縄より本土の方が件数ははるかに多いし、東京、大阪などの大都市圏ばかりでなく、北は仙台から南は鹿児島、熊本まで五、六〇件の画像はすぐに収集できてしまうからだ。もちろん、本土の場合にはソーラン節の人気もエイサーに劣らず根強いが、いずれにしても、沖縄ブームの衰退とともに、本土での運動会エイサーのブームは下火になったなどと言える状況ではない。むしろかえって勢いを増している。こうした状況は、もはや「ブーム」といった言葉で表現できる域をはるかに越えている。むしろ、本土にエイサー文化が「定着」しつつあると言った方がよいのかもしれない。

このエイサーの伝播力、発信力はいったい何なのであろうか。

これが、本研究のそもそもの出発点であった。

もちろん、こうした広範な地域への伝播には、民俗芸能としてのエイサーそのものに内在する力、すなわち、集団舞踊に秘められた肉体への訴求力や観衆の心を強烈にとらえる吸引力なども大いに関わっているにちがいない。ここで、エイサーに打ち込むひとりの若者のことばを紹介しよう。

*

今でも覚えている。双葉エイサーに出会ったあの時の感動を。
全身が震え、涙が止まらなかった。
あの頃はまだ一〇名弱の小さな青年会だったが、舞台の上でひときわ輝き、ものすごいエネルギーを発し、それが客席にまで伝わってきた。

これは、二二歳で石垣島に渡り、それから七年間石垣市の双葉エイサーに没頭してきた仙台出身のある女性の手記の一節である。おそらく、これと似た感慨を抱いてエイサーに夢中になっている若者が、沖縄本島を中心に日本全国に何万といるのであろう。この一文のあと彼女は、異文化としての沖縄にやや戸惑いながらも、遊びたい盛りの若者が汗水流して必死に太鼓に打ち込む姿、時にはぶつかり悩みながら、しかし人と人とのつながりを大切にし、互いに励まし合って困難を乗り越えていく青年会の若者の姿に新鮮な感動を覚え、それを率直に綴っている。そして最後に、自分にとって大切なことは生きていると実感できる瞬間なのであり、それを与えてくれるのがエイサーなのだと締めくくる。

たしかに、こうしたエイサーの実存的な体験が場所から場所へのエイサーの伝播力を支えていることは間違いない。

しかしその一方で、より学究的な視点から眺めれば、エイサーの伝播には一定の社会的メカニズムが働いていると考えられる。すなわち、エイサーの伝播の問題は、「エイサーと人間と社会」との交点に存する問題であり、その交点にある社会的メカニズムがどのようなものであるか、それを明らかにするのが伝播研究のひとつの課題であるとぼくは考えている。

では、それはどのような方法であばき出すことができるだろうか。

本書第一章では、沖縄本島における場所から場所への、また青年会から青年会へのエイサーの伝播の事例を数多く報告している。しかしながら、エイサー伝播の背景や構造を明らかにするためには、そのような通常の伝播ではなく、より極端な伝播の事例、たとえば、日本本土や海外など発祥地の沖縄本島から遠く隔たった場所への伝播、あるいは社会的・歴史的背景から伝わりにくいと想定されるような場所への伝播の事例を詳細に検討する方が、エイサー伝播のメカニズムをより鮮明に浮き上がらせることができるのではないかと考えた。そこで本書では、沖縄地方のエイサー文化全体を射程に入れつつも、八重山諸島のエイサー、具体的には、石垣島の双葉エイサーと与那国島の久部良エイサーに焦点を当てる。八重山諸島は一六世紀より琉球王国の支配下に入り、人頭税その他の搾取と差別に苦しめられ、歴史家牧野清によれば、「島民はまったく奴隷的な苦役に泣き暮らした」（『新八重山歴史』）とされる。もし八重山に近年エイサーが伝わっているのだとすれば、支配・被支配の政治力学のなかで苦難を強いられた八重山の人々がどのような事情と背景のもとに支配者たる琉球王国の伝統文化のエイサーを受容することになったのだろうか。今考えればあまりにも素朴すぎるが、しかしこのきわめて素朴な疑問から、本書の伝播研究は出発している。本書を通読すれば明らかなように、しかしながら、このアプローチによってエイサーの伝播をめぐるさまざまな問題系が芋づる式に引き出され、「エイサーと人間と社会」との関わりが一層あらわになったという意味で、当初の問題設定（「極端な伝播の事例」を主題とするアプローチ）は当を得たものであったといま確信している。

*

さて、本書はたしかに研究書の体裁をとってはいるけれども、内容そのものは「物語」と言ってよいものだ。研究が進展するにつれて、伝播過程をたどる調査の結果が、そのまま一種の「物語」を形成していることに気がついた。それゆえ、本書の最大の特徴は、研究書と物語との、この異例の合体にある。その物語は八重山諸島から始まるが、しかしそこに留まらず、沖縄本島を縦断して日本本土にまで達する。その間に、戦後沖縄の「密貿易」の興隆とか、エイサーの手踊りに使われる「はたき」（ぜい）の由来とか、はたまた沖縄の若者の本土就職の状況とか、いくつもの小さな、あるいは場合によって、大きなエピソードがちりばめられている。その結果、本書は一般のエイサーファンの若者たち、すなわち、エイサーを愛してやまない、エイサーの魅力のとりことなった若者たちにもアクセス可能な内容となっている。とくにエイサーを実践しながら、エイサーそのものについてもっと知りたいと思っている若者たちに本書をぜひ読んでほしい。本書は、そもそもそうした若者を念頭に置いて書かれているからだ。ただ、そうしたエイサーファン、あるいは一般の読者が本書を読む際には、本文に付した注番号などは一切無視してかまわない。また第二章も先行研究のレビューなので、飛ばしてよいだろう。純粋に物語の筋だけを追って、エイサーの伝播をめぐる物語を楽しんでほしいのである。それによって、エイサーという芸能がどのように場所から場所へと伝わるものか、そしてその際に、特定の個人がいかに重要な役割を果たすものかを知ってほしいのである。

一方、民俗芸能や民俗音楽など、その道の専門家や研究者には、この伝播研究が提起するいくつかの重要な問題系をくみ取ってほしい。たとえば、本書は、芸能の伝播の主要な要因として「人の移動」の重要性をくり返し強調する。しかしながら、これまで芸能を語る際に、「人の移動」が中心概念となって語られたことがどれほどあっただろうか。琉球大学が二〇〇八年から一三年まで実施した『人の移動と二一世紀のグローバル社会』プロジェクトは、その意味でたいへん画期的なものであった。その成果のひとつに、大城學編『琉球・沖縄の芸能』(彩流社、二〇一二年)がある。こうした近年の動向を考えると、本書の「人の移動」に焦点を当てた芸能研究は、ある意味で最新の沖縄研究の潮流に沿ったアプローチと言えるのかもしれない。本書を読めば明らかなように、沖縄社会は昔から、日本のほかの地域より人の移動(ないし移住)が常態化していた社会である。なればこそ、琉球大学のプロジェクトのような発想も自然と生起したのであろう。その意味では、「人の移動」をキーワードにエイサーという芸能を読み解こうとする本書の試みは、きわめて「沖縄的」であり、かつまた沖縄の社会や文化のあり方によく適合した企てと言ってよいのかもしれない。

エイサー物語

移動する人，伝播する芸能

目　次

・写真は、断りがない限り、すべて著者の撮影によるものである。
・楽譜はすべて著者の採譜によるものである。

国頭村
今帰仁村
大宜味村
本部町
東村
瀬底島
名護市
恩納村
宜野座村
金武町
伊計島
読谷村
うるま市
嘉手納町
沖縄市
北谷町
北中城村
宜野湾市
中城村
浦添市
西原町
那覇市
南風原町
与那原町
豊見城市
南城市
八重瀬町
久高島
糸満市

沖縄本島

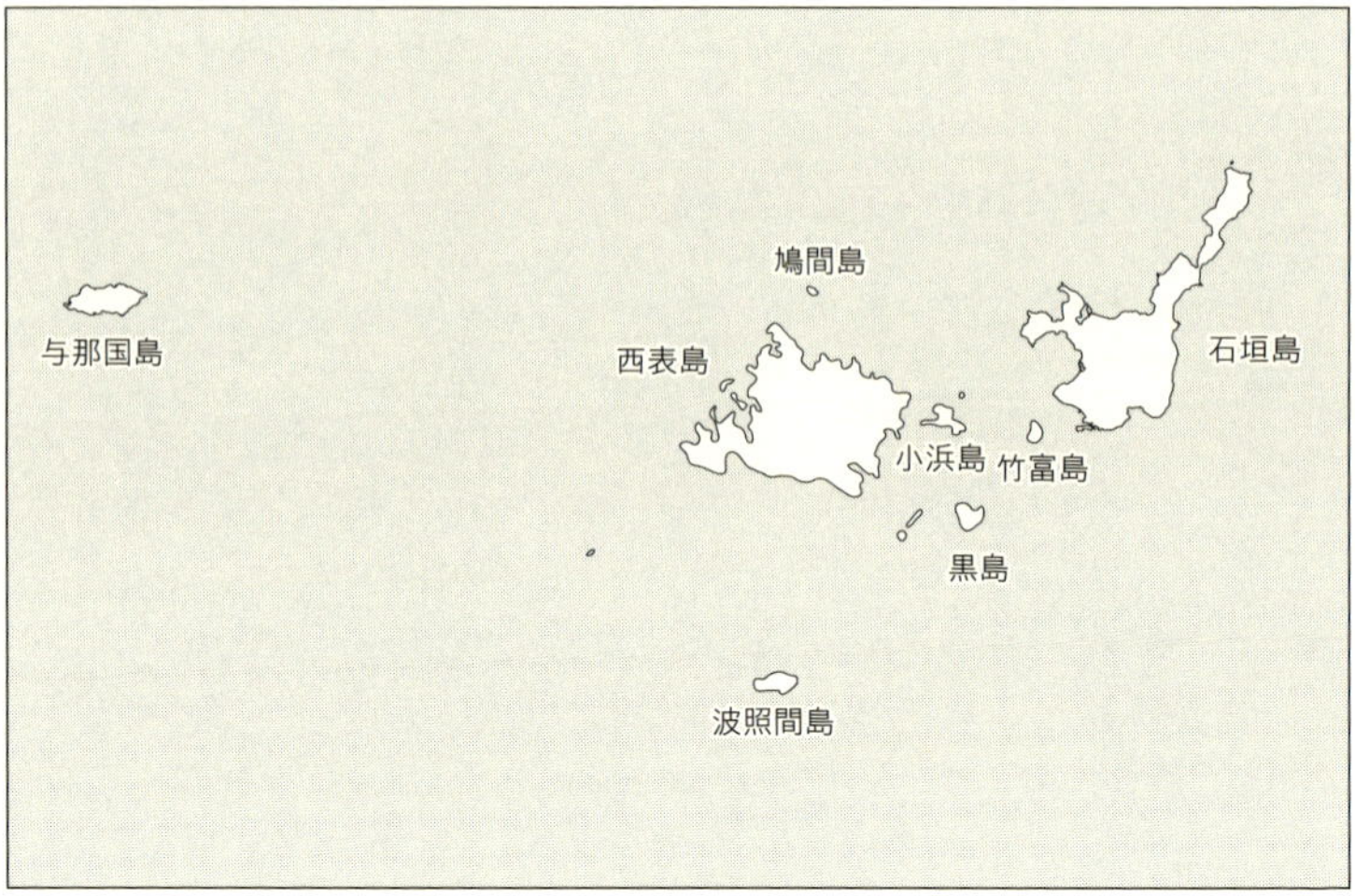

八重山諸島

第一章　エイサーの伝播

一　幕開け

この物語は、八重山諸島のある小さな街の一角から始まる。沖縄県石垣島の中心地、石垣市街〈1〉の西部に新川《あらかわ》という字《あざ》がある。この字の海沿いにひとつの集落が広がっている。ここが双葉と呼ばれる地区である（図1-1、1-2）。

この双葉地区からは、夏のよく晴れた日などには、白い雲を浮かべた紺碧の空とさざ波きらめく紺青の海とのはざまに竹富島、小浜島、西表島《いりおもてじま》など、豊かな緑をたたえた島々を望むことができる。また、一日の終わりには、大きな夕日が西の空を明るいオレンジ色に染め、その鮮やかな色彩がしだいにくすんだすみれ色に変貌していく様は、あたかも叙情的な映画の一シーンを見ているようである。双葉からしばらく西に行くと、冨崎《ふさき》観音堂がある。海を往来する船の航海安全を祈願して、寛保二（一七四二）年に建立された、琉球王朝時代をしのばせる歴史的建造物である。

図１－１　石垣島

図１－２　石垣市街

さて、この双葉の地に人が住み始めたのは、明治時代も終わろうとする頃だ。沖縄本島中部うるま市、与勝《よかつ》半島の与那城屋慶名《よなしろやけな》からの「寄留民」[2]が最初だったと言われている。その結果、この集落は戦前から戦後の一時期まで「ヤキナ」（ヤケナとも）と呼ばれていた[3]。のちには、屋慶名ばかりでなく、本島北部の山原《やんばる》（国頭村《くにがみそん》、大宜味村《おおぎみそん》など）や近隣の島々、さらには宮古諸島からも人々が移住してきた。彼らはカツオ漁の海人《うみんちゅ》（漁師）で、海岸付近の荒れ地に誰の土地ともわからないままに仮小屋を建てて移り住んだ。やがて寄留民の数は増え、そこにカツオ節の製造工場などが立ち並び、小集落が形成された[4]。これが、のちに詳述する双葉地区の歴史の始まりである。しかし、この地は今日、舗装された道路に県営団地が立ち並び、公園や小学校がきれいに整備されて、昔日の面影はまったくとどめていない（写真1-1）。この地区を今日一般に「双葉」と呼ぶのは、昭和二四（一九四九）年に地区内に幼稚園が設立されて、「ふたば幼稚園」と命名されたことにちなんだものだと言われている。

写真1-1　現在の双葉地区

そう言えば、ボクサー、タレントで元WBA世界ライトフライ級チャンピオンの具志堅用高氏が生まれ育ったのは、この双葉地区である。彼の父親も、徳栄丸というカツオ船の船長だった。双葉地区の一角には具志堅用高記念館が建てられており、館内には、彼が身につけたグローブやチャンピオン・ベルト、授与されたトロフィーなどが陳列されている。この記念館から大通りを西に数分歩いていくと、双葉公民館がある。ここが双葉青年会のエイサー活動の拠点である。

さて、石垣島では、二〇〇三年の調査時点で、三つのエイサー団体が活動していた。ひとつは、石垣島北部の明石《あかいし》集落のエイサーである（図1-1）。この集落では、一九五五年に沖縄本島南部の玉城村《たまぐすくそん》（現・南城市）、中部の読谷村《よみたんそん》、北部の山原などからの入植が始まり、入植当初から出身地のさまざまなタイプのエイサーを折衷したような形でエイサーが行われていた。しかし、一九八〇年代に入ると、正統的な形のエイサーを伝承しようということになり、本島の読谷村の役場に依頼して、読谷村の楚辺《そべ》のエイサーを移植した。役場から数人が派遣されて、明石集落に一週間滞在して地元の人々に読谷エイサーを伝授したと言われる[5]。

二つ目は、石垣市街に本拠を置く琉球國祭り太鼓八重山支部である。この団体は、次に詳述する双葉青年会から分派して、一九九二年に発足した団体である。当時の双葉青年会の会長が沖縄本島の琉球國祭り太鼓（以下、「祭り太鼓」と略す）の活動に大きな関心を寄せ、沖縄市の「祭り太鼓」の本部で創作エイサーを学んで石垣市に戻り、双葉青年会を脱会して、「祭り太鼓」の支部を立ち上げたものだ。その結果、かなりの数の双葉青年会の会員が「祭り太鼓」八重山支部に移籍して、双葉エイサーは存立の危機に瀕することになった。しかし、調査時点（二〇〇三年から五年）では、双葉青年会と「祭り太鼓」八重山支部はいずれも活発に活動を続けており、とくに創作エイサーに関しては互いにライバル関係にあるとの印象を受けた。

ここで、本書の記述に関して重要な点を明記しておきたい。本書全体を通読しても明らかなように、沖縄（およびその他の地域）のエイサー団体の状況は時々刻々と（少なくとも五年前後のスパンで）変転していく。したがって、現在の状況の記述がそのまま四年後、五年後の状況を表しているとは限らない。本書の記述は、あくまでも集中的に調査が行われた二〇〇三年から五年を中心とした二〇〇〇年代前半の状況に基づくものであることを強調しておく。以後、本書では便宜上「現在」という語をもって「調査時点」を表すものとする。

二　双葉エイサーとは

さて、三つ目が、本題の双葉エイサーである。

双葉エイサーの演舞母体である双葉青年会は、現在三五名（男性一二名、女性二三名）の会員数を擁する。特筆すべきは、三五名のうち、地元（石垣市）出身者は一一名にすぎず、残りはすべて沖縄本島か「内地」（日本本土）出身者であるということだ。とくに本州出身者が多く、出身地も兵庫、大阪、奈良、埼玉、茨城、宮城など広範囲に及んでいる。[6] ちなみに、関西で良く知られた大阪市大正区の「がじまる（旧・がじゅまる）の会」に所属していたものもいる。双葉青年会は、基本的に双葉エイサーに興味があれば誰でも参加できるというスタンスを取っているが、「内地」出身者が青年会に加わるようになったのは、近年になってからの傾向であるという。会員の年齢は、元会長で補佐役の三〇代前半の男性と振り付け担当の四〇代前半の女性の二名を除いて、全員が二〇代である。青年会組織の役員は、会長一名、

写真１－２　双葉エイサー（盆エイサー）

副会長三名、書記・会計二名、祭事部長一名、監事一名、相談役一名から成っている。

　双葉エイサーの芸態は、第三章で詳述するが、典型的な沖縄本島中部型の「太鼓エイサー」（第二章参照）で、かなり速いテンポと活発な動きの振り付けが特徴である。男女混合で五、六台の大太鼓と一〇台ほどの締め太鼓を叩きながら踊るが、大太鼓はおもに男性が担当する（創作エイサーでは、パーランクー［小型片面枠太鼓］を使用することもある）。手踊りはなく、チョンダラー（道化役）(7)もいない。また、三線を担当する地謡《じうてー》はおらず、もっぱら地元の三線弾きの演奏を録音したカセットテープを使用し、ＰＡ機器を小型トラックに積んで移動し、門付《かどづ》けをする。

　双葉エイサーの衣装は黒を基調とし、大太鼓役、締め太鼓役ともにすべて黒色のＴシャツ、スパッツ、スニーカー、脚絆《きゃはん》（スパッツの上からすねに巻く布）を身に付ける。その上に大太鼓では長めの打掛（ウッチャキ）、締め太鼓ではひざ下までの陣羽織をはおるが、その色には用途によって黒、白、橙、紫の四種がある。盆エイサーでは黒、イベントなどで創作エイサーを踊るときには大抵ほかの色を用いる。盆エイサーの際には、大太鼓衆は黒地に赤衿《えり》の打掛、締め太鼓衆は黒地に金衿の陣羽織をはおり、金帯を締める（写真1-2）。それら黒地の上着には、ともに背に「双葉」の金文字があしらわれている。また彼らはみな金色の鉢巻きをする（鉢巻きの色は、場合によって異なる）。

さて、双葉エイサーの活動は、大きく二つに分けられる。ひとつは、盆行事としてのエイサーであり、もうひとつは、イベントなどに参加して披露するエイサーである。現在の双葉青年会はクラブチーム的な性格が強く、ほぼ毎日双葉公民館で練習を行う。年中行事としての盆に限らず、一年を通してイベント参加があるからである。盆行事としては、旧暦の七月一三日の精霊迎え（ウンケー）から一五日の精霊送り（ウークイ）までの三日間、連日午後四時過ぎから深夜まで門付けの「家回り」（ヤーマーイ）を行う。まず双葉公民館の前の庭で通しの練習をした後、みな車に分乗して移動する。石垣市街のため道路規制が厳しく、道ジュネー（ヤーマーイの際の行列演奏）は行っていない。一晩に商店、居酒屋、ホテル、個人宅など一五か所前後を回るが、先方からエイサー演舞を依頼されるだけでなく、青年会から積極的に勧誘に出かけることも多い。演舞後の謝礼は現金でも物でもよく、現金収入は青年会の運営に供される。

この盆エイサーで双葉青年会が演奏する曲目を演奏順に記せば、《仲順流り《ちゅんじゅんなが》》〈8〉→《久高万寿主《くだかまんじゅうすう》》→《とうくい小《ぐゎ》（別名 てんよー）》→《唐船《とうしん》どーい》である。三曲演奏した後に、《唐船どーい》で見ている観衆をカチャーシーの踊りに誘って、皆で踊りながら終わるように演出されている。

さて、二つ目の活動が、イベントなどで行う創作エイサーの演舞である。双葉青年会はもともと盆エイサーだけで、創作エイサーに関わることはほとんどなかった。ところが、一九九三年に先述した振り付け担当の女性、前原浩美氏が青年会に加わることによって状況がしだいに変化していく。前原氏は当初衰退している双葉青年会の盆エイサーに「応援部隊」として駆り出されたのであったが、正式に入会するとプロデューサーとしての手腕を発揮して頭角を現す。彼女は字新川出身で両親は琉球舞踊団に属していたため、幼い頃から舞踊に接する環境にはあったものの、特別に舞踊を訓練された経歴はない。しかし、数年後には、沖縄ポップに次々と創作エイサーの振り付けを考え出し、双葉青年会における現在の二二曲の創作エイサーの振り付けは、ほとんどすべて前原氏の手によるものである。

表1-1は、それら二二曲の創作エイサーのレパートリーを示したものだ。

表からも明らかなように、二二曲中一〇曲がパーシャクラブの曲によっている。また、ポップ化されていない沖縄や八重山の民謡をそのまま使用して、モダンな振り付けをしているものもある。このように機会の限られた盆エイサーだけでなく、創作エイサーのレパートリーを次々と増やしていくことによって、双葉青年会はそれだけ演舞の機会を得て、石垣市街でエイサー公演団体として認知されるようになっていく。現在では、市内・市外のイベント招待などで年間を通してエイサー活動をしている。そのほか、石垣市の「青年文化発表会」や那覇市の「沖縄一万人のエイサー踊り隊」には毎年出場している(写真1-3)。また、小浜島のエイサー祭り「ぬちぐすいフェスタ.in小浜島」にも参加し、さらに島唄のジョイント演奏のため、双葉青年会から一二名が大阪市大正区のエイサー大会「沖縄青年の祭り」に招へいされたこともある。

表1-1　創作エイサーのレパートリー

	曲名	作曲者/編曲者等	使用する太鼓	備考
(1)	赤また節	アヤメバンド	締め・大太鼓	八重山民謡
(2)	秋の踊り	＊浦崎宜浩・黒島聡	パーランクー	沖縄民謡
(3)	安里屋ゆんた	浦崎宜浩・黒島聡	大太鼓のみ	八重山民謡
(4)	アッピーヘイ	りんけんバンド	締め・大太鼓	新曲
(5)	栄口節	よなは徹	締め・大太鼓	沖縄民謡
(6)	片ヒラ口説	日出克	締め太鼓のみ	新曲
(7)	固み節	パーシャクラブ	締め・大太鼓	八重山民謡
(8)	勝連キャッスル	パーシャクラブ	締め太鼓のみ	新曲
(9)	川良山節	パーシャクラブ	締め・大太鼓	八重山民謡
(10)	かりゆしの夜	ビギン	パーランクー	新曲
(11)	黒島口説	パーシャクラブ	締め・大太鼓	八重山民謡
(12)	五穀豊穣	パーシャクラブ	締め・大太鼓	新曲
(13)	地翔どーい	りんけんバンド	締め・大太鼓	新曲
(14)	十五夜流り	パーシャクラブ	締め・大太鼓	新曲
(15)	滝落し	喜納昌吉&チャンプルーズ	締め・大太鼓	沖縄古典音楽
(16)	夏太陽	パーシャクラブ	締め・大太鼓	新曲
(17)	花笠節	浦崎宜浩・黒島聡	締め・大太鼓	沖縄民謡
(18)	繁昌節	パーシャクラブ	締め・大太鼓	八重山民謡
(19)	ヒヤミカチ節	アヤメバンド	パーランクー	沖縄民謡
(20)	ファムレウタ	パーシャクラブ	パーランクー	新曲
(21)	豊年太鼓	アヤメバンド	締め・大太鼓	沖縄民謡
(22)	与那国ぬ猫小	パーシャクラブ	締め・大太鼓	八重山民謡

（＊印の二人は石垣市の民謡演奏家）

ここで特筆すべきは、双葉青年会が二〇〇〇年八月五日に那覇で開催された「沖縄一万人のエイサー踊り隊」第一回創作エイサー・コンテストに出場し、そこでみごとグランプリを獲得したことだ。[9]すでにエイサー研究の古典と言って良い『エイサー三六〇度——歴史と現在』の刊行に深く関わった沖縄県立芸術大学教授の久万田晋（研究者名には敬称を略す）が、たまたまこの年の「一万人のエイサー踊り隊」の会場で創作エイサー・コンテストに出場した双葉エイサーを目にしていた。彼の語るところによれば、双葉エイサーは、選曲、隊列の組み方、

写真1－3　双葉エイサー（創作エイサー、那覇）

（前原浩美氏提供）

写真1－4　キオスクのポスター（巣鴨駅）

振り付けなどの点で出場したほかのチームとはまったく違っていて、「度肝を抜かれた」という（個人的な聴取）。おそらく、その場の観衆にとって双葉青年会のエイサー・パフォーマンスは、きわめて斬新で印象的なものと映ったのであろう。このグランプリ受賞を機に、双葉エイサーは石垣市ばかりでなく、沖縄本島でもかなり知られるようになった。

それればかりではない。日本本土でも双葉エイサーに間接的に接する機会があった。一九九〇年代から始まる沖縄ブームがまだ終焉する前の二〇〇七年五月、東京ＪＲ線の駅のホームのキオスクの壁にはソーキそばやウコン茶など沖縄物産を宣伝するポスターが貼られていた。そのポスターには威勢よく踊るエイサー隊の写真が載っている。写真1-4は、東京山手線の巣鴨駅のキオスクで撮影したものだ。これは、まさしく双葉エイサーである。もちろん、ポスターのどこにも「双葉エイサー」などと書かれてはいない。しかし、ここに写っている人々こそ、ぼくが双葉エイサーの研究で日常的に接してきた人々なのである。

三　アンガマとエイサーの競合

さて、石垣市街の双葉エイサーに関しては、もうひとつ、どうしても触れておかなければならないことがある。それは、八重山の伝統的な盆行事としてのソーロンアンガマとエイサーとの関わりについてである。石垣島を中心に、八重山諸島にはソーロンアンガマ（以後、アンガマ）として知られる盆行事が伝承されている。八重山方言でソーロンとは「盆」のこと（原意は「精霊」）、アンガマとは「あの世か

写真1－5　アンガマ（ウシュマイとンミ）

ら来た精霊」のことである。ちょうど沖縄本島の盆行事としてのエイサーと同様に、旧暦の七月一三日の精霊迎えから一五日の精霊送りまでの三日間、八重山（とくに石垣島）の集落では、アンガマ集団に扮した青年会の一行が所望する家々をめぐり歩き、家に入って仏壇の前で三線、笛、太鼓を奏でながら踊りを奉納する。また、踊りの合間にはアンガマと呼ばれる面をかぶった爺（ウシュマイ）と婆（ンミ）が見物人たちと問答を交わす[10]（写真1－5）。第二章で詳述するように、エイサーの起源は本土伝来の念仏踊りにさかのぼるとされる。琉球芸能研究の宜保榮治郎によると、エイサーとアンガマの歌はもともと同系の念仏歌によっているが、エイサーが本来の念仏歌を短縮し、それに代えて民謡などのモーアシビ[11]（野遊び）歌をとり入れて発展していったのに対して、アンガマの踊り歌には念仏歌の歌詞がなお完全な形で残っているという。[12]

双葉エイサー研究の初期の段階で知ったのは、石垣市街における盆行事としてのアンガマとエイサーとの潜在的な緊張関係についてであった。二〇〇三年の夏、初めて双葉エイサーのヤーマーイ（家回り）に同行した折、かつてエイサーの演奏がうるさいと警察に苦情が寄せられ、パトカーが出動する騒ぎがあったこと、そしてその苦情がひょっとして「アンガマ派」の人々からのものかもしれないということを青年会のメンバーから聞いた。石垣市街は新川、石垣、大川、登野城《とのしろ》、真栄里《まえざと》、平得《ひらえ》などいくつもの字からなっており、それぞれの字には青年会があり、その青年会がアンガマの伝統を継承している（図1-2）。双葉地区が属する字新川にも新川青年会があり、アンガマがある。双葉青年会は、一九六五年に新川青年会から分離独立して発足した青年会で、この青年会だけがエイサーをやっている。全体としては、石垣市街のほぼ全域に「アンガマ文化」が根づいている所に、地域の西端に一か所だけエイサーをやっているところがある、といった構図である。つまり、エイサーとは、石垣市街においてはまことにマイナーな盆文化なのである。しかも特記すべきは、双葉エイサーがヤーマーイをする場合、演奏して回る地域は双葉地区ばかりではなく（双葉地区は市街のほんの一角にすぎない）、字新川はもちろん、字石垣、字大川など、盆の時期には必ずアンガマの行事を行う地域が含まれている、ということだ。地図上では、石垣市街全域のほぼ西半分が双葉エイサーのヤーマーイの地域ということになる。このことから、少なくとも二つのことが言える。

ひとつは、石垣市街はもともと八重山の盆行事であるアンガマの伝統が根強く継承されている地域だが、それにもかかわらず、沖縄本島の盆行事であるエイサーが現在ではそれなりに受け入れられている、ということである。もうひとつは、その一方で、アンガマの伝統を担っている青年会の人々が盆の時期になると、否が応でも自分たち八重山の伝統とは異なったエイサーの響きを「聞かされる」機会がある、ということである。前述の「苦情はアンガマ派の人々からのものかもしれない」というコメントはそのことを暗に示している。

石垣市街のアンガマとエイサーの担い手たちの互いに対する感情は、なかなか複雑である。たとえば、二〇〇三年に双葉エイサーの研究を始めた当時の双葉青年会の会長で、その後本研究の良き理解者、支援者、主要な情報提供者の一人となった亀谷善哲《かめやぜんてつ》氏は、アンガマ派の人々は当初石垣市街でエイサーが始まったことをあまり快く思わなかったと言う。また、そのことを裏づけるように、前述した双葉青年会の元会長で補佐役の男性も、沖縄本島のエイサーが石垣市街にもち込まれたことに対して、「八重山がなぜ本島の芸能をやるのか」と、最近まで反対するアンガマ派の年配の人々がいたことを明らかにした〈13〉。一方、字石垣の青年会の元会長で現在でもアンガマの継承に主導的な役割を果たしている男性は、自分がエイサーに違和感を抱くのは、アンガマが地域に根ざした伝統的な文化を継承しているのに対して、双葉エイサーは地域の伝統から離れてイベント化し、伝統芸能としての本来の性格を変えてしまっているからであると言う。しかしまたその一方で、古い伝統を引き継いでいるアンガマに対して、エイサーは現代的な感覚に合う形で発展していて、若者にとっては大きな魅力があり、将来、若者にアンガマを継承させるうえでエイサーが潜在的な脅威になるかもしれないとの懸念もあらわにした。

いずれにしても、石垣市街におけるアンガマとエイサーとの関係はたいへんに微妙である。しかしそれにしても、アンガマ文化が圧倒的に支配する石垣市街に、そもそもどうして沖縄本島の芸能エイサーが入ってきたのだろうか。石垣市街の字新川の双葉という地区に、いったいどのような経緯でエイサーがもたらされたのだろうか。

四　双葉地区の成り立ち

双葉エイサーの由来について調べてみると、現在の双葉青年会の地元会員の間でも、また青年会発足当時の年配の元会員の間でも、由来伝承は一致している。それによると、双葉地区にエイサーが伝わったのは、沖縄本島からではなく、何と日本最西端の島、石垣島の西に位置する与那国島からであるという。人によって情報の詳細は微妙に異なるものの、「与那国島から伝わった」という一点に関しては異なるところがない。双葉エイサーを発起したのは双葉青年会第三代会長であった亀谷善一《かめやぜんいち》氏（元石垣市議会議員）であると言われており、実際亀谷氏自身、二〇〇三年に双葉公民館新築落成を記念して発刊された郷土誌『双葉』に「双葉エイサーの起りと伝統について」という記事を寄稿し、双葉エイサーの由来について説明している。〈14〉その記事と亀谷氏への数回にわたる聞き取りによると、双葉エイサーは次のような経緯で始められたらしい。ただ、その経緯を説明するためには、まず双葉地区そのものの成り立ちを知っておかなければならない。

一九六五年に双葉青年会が新川青年会から分離独立して発足したことは、すでに述べた。双葉地区がどうして字新川から分離独立して、別個の公民館と青年会を設立したのか、あるいは設立しなければならなかったのかは、この地域の歴史的な背景を知らなければ充分に理解することはできない。

八重山史の研究によると、石垣市街の中心部が形成されたのは一七世紀後半である。延宝三（一六七五）年、現・石垣市街の「石垣村」と「登野城村」がはじめて境界を確定し、その後両村の人口増加に伴って、宝暦七（一七五七）年、「登野城村」の人口のほぼ半数が分村して「大川村」を、また「石垣村」の人口のほぼ半数が分村して「新川村」を創設したとされる。[15]この四村が、その後一括して「四カ《しいか》村《むら》」（現・「四ケ字《しかあざ》」）と呼ばれるようになった、現・石垣市街の中心地である（図1‐2）。したがって、今日の石垣市街の歴史は、少なくとも三四〇年以上に及ぶ。その間に、この地域は豊年祭（プーリィ）や盆行事（ソーロンアンガマ）など、さまざまな祭りや芸能を発展させてきた。そうした過程で、本章冒頭で触れたように、明治末期にこの市街の西のはずれの一角（現・双葉地区）にカツオ漁に従事する海人たちが寄留し始めたのである。それは、石垣市街が形成され始めてから、すでに二四〇年近く経てのことであった。

もともと八重山は、昔から沖縄本島南部の糸満《いとまん》や離島の島々から漁場を求めて石垣島などにやって来て、一時仮住まいをしながら漁業を営み、やがてその土地に住み着くようになった、いわゆる「自由移民」の多い地域である。[16]その意味では、石垣市街地の西部に寄留し、やがて永住するようになったカツオ漁の海人たちもそうした事例のひとつと言えよう。『石垣市史』には、明治末期にこの地に永住した最初の人物として「宮城亀勢《みやぎきせい》」の名が記されている。[17]彼は沖縄本島中部、与那城屋慶名の出身であった。この人物の孫にあたる宮城康吉《みやぎこうきち》氏はなお存命であり（二〇〇四年時点）、彼への聞き取りによると、宮城亀勢氏は一八七〇年頃の生まれと推定され、四三歳で石垣市街のヤキナに移住したという。しかし、その際、本島の屋慶名からエイサーなどの芸能はヤキナにもち込んではいない。その後、彼とその家族に続いて屋慶名からの移住者は二〇世帯ほどになるが、同時に本島の本部《もとぶ》や山原、さらに宮古諸島などからの寄留民も住み着くようになった。こうして形成された集落には、納屋やカツオ節製造工場などが立ち並んでいたという。[18]大正から昭和にかけての時期である。戦前までカツオ漁は八重山水産業の中心で、とくにカツオ節製造は地域経済の要のひとつであり、最盛期にはヤキナ集落の海岸沿いに三〇数軒のカツオ節工場があったと言われる。[19]また、ヤキナ集落の住民は多くが半農半漁で、カツオ漁の時期が終わると農業に従事していた。とくに大正時代に石垣市街に製糖工場ができると、この地域はさとうきびの供給源のひとつとなり、昭和時代に入るとこの地に農事改良組合まで設立されている。

五　双葉エイサー誕生

ヤキナを含む現在の双葉地区は、字新川の「新川六町内」という地区[20]にあるが、太平洋戦争の戦時下、新川六町内部落会ができ、木造の部落会館を建設するなど、しだいに字新川の本字会から独立する動きを見せるようになる。[21]この分離独立の理由と背景は、現在六〇歳以上の年配の双葉住民に聞き取りをしてみると、明白になる。そしてそれが、そのまま双葉エイサーの誕生につながっていくのである。

新川六町内の昔日を知る人々の語りに共通している点は、新川六町内の住民（以後、双葉住民）と石垣市街の旧住民との間にかなり深い軋轢があったということである。年配世代の双葉住民は、多かれ少なかれ、自分たちが「寄留民」として石垣市街の住民からさげすまれ、差別されていたという感覚をもっている。前述した二四〇年近くの居住の歴史の違いが、人間関係にも影を落とした形である。[22]この「被差別」の感覚は言説のなかでさまざまな言語表現をもって現れるが、表現の強弱は、地元住民と「しっくりいかなかった」「ほとんど交流がなく、考えや習慣が合わなかった」といった暗示的なものから、はっきり「差別」という言葉を使った明示的なものまで、いろいろである。具体的にはたとえば、新設の小学校の学区を決める際に「寄留民と一緒の学校には子どもを通わせない」と旧住民から拒否されたり、あるいは石垣四ヶ字全体で参加する豊年祭で双葉住民が対等な扱いを受けなかったり、といった経験が語られる。この「差別」「被差別」の状況は、語りからは一九七〇年代後半頃まで続いたと推定される〈23〉。同時に、こうした言説に特徴的なことは、「だからこそ、双葉住民は一致団結してそれと戦い、字新川の住民からは独立した地域活動をすべきだと考えるようになった」ということが強調される点である。おそらくこれが、前述した戦時中の新川六町内部落会設立の背景だったのであろう。そしてそうした意識が、一九六一年の双葉地区の自治公民館の設立、一九六五年の新川青年会から双葉青年会の分離独立、さらには、双葉エイサー誕生へとつながっていく。

先に触れた双葉青年会第三代会長であった亀谷善一氏は、郷土誌『双葉』のなかで当時の双葉地区の若者の様子を次のように記している。

当時の地域の世相は青年等が集い交流する場が少なく、双葉地区の海岸などで五～六名グループ等つくってよく酒盛りなどが行われており、青年会活動など見向きもせず、飲酒しては口論したり喧嘩したり、ややもすると犯罪の温床にもなりかねない様相を呈していた〈24〉。

この文章のすぐあとに、亀谷氏はそのような状況下で双葉の青年たちがはっきりと目的意識をもって楽しく交流できる場として、エイサー活動かクイチャー〈25〉活動を思いついたと述べている。双葉の青年たちの素行矯正を目指して活動を開始しようとしたわけだ。結局、双葉には沖縄本島出身者が多いということでエイサーをやることになり、青年会の一部が園田《そんだ》エイサーと読谷エイサーの活動状況を視察するため、沖縄本島にまで渡っている。さて、地元双葉に戻ってエイサーをやることを呼びかけると、七〇名あまりの青年が集まったが、エイサーの踊り方を知るものがいない。折しも与那国島の久部良《くぶら》集落から双葉地区に移住してきた徳田政治《とくだまさじ》という名の若者が久部良青年会に属していた。そしてエイサーの経験があり、久部良エイサーの指導を引き受けた。一方、地謡の三線はその頃双葉の民謡グループを主宰していた栄野川盛宏《えのかわせいこう》氏が担当することになった。こうして一九六九年七月初旬から連日エイサーの練習に励み、八月の旧盆の三日間、双葉地区内の八〇軒あまりの家を回ったのが双葉エイサーの始まりだった、と亀谷氏は記している。

これが、双葉エイサーの由来の骨子である。

六　由来伝承の特徴

さて、このエイサー由来のエピソードについては、ほかの地域のエイサーの発祥や由来に関する伝承と共通する特徴を三つ指摘することができる。ひとつは、若者の「素行矯正」のためにエイサーを始めた、という点である。そのように若者の「素行矯正」を目指してエイサー活動を始めたという団体は、ほかにいくつも見出される。たとえば、沖縄本島中部、沖縄市の与儀《よぎ》では、戦後の一九五四年頃、家々でイモ焼酎がつくられ、酔っぱらった若者たちが夜になると集落内を徘徊するようになった。そうした悪習を矯正しようと、ふたたび青年会を立ち上げ、エイサーを復活させたという[26]。また、沖縄本島南部の糸満市の喜屋武《きやん》では、一九六五年、旧盆になると青年たちが酒を飲んでは村を歩き回るため、その悪弊を改めようとうるま市与勝半島の屋慶名からエイサーを導入したと言われる[27]。さらに、国際的に知られる創作エイサー団体、琉球國祭り太鼓も「非行青年を立ち直らせること」を目的のひとつとして、一九八二年に沖縄市で創設された[28]。創設者の目取真武男《めどるまたけお》氏が、沖縄市の暴走族の若者たちに「ハンドルを握るくらいならバチを握って太鼓を叩け」と声をかけて団体を立ち上げたというエピソードは、その真偽のほどはともかく、よく知られている[29]。

こうした点で特筆すべきは、大阪市大正区の「がじゅまる（現・がじまる）の会」の結成事情である。一九七四年、宮古島から大阪に集団就職してきた一人の若者が就職先の社長から激しい「パワハラ」を受け、差別と孤独と失意のうちに社長宅に放火して社長の妻を焼死させてしまう。懲役一〇年の判決が下されるが、それから四か月後、この青年は「生きる希望がもてない」と遺書を残して拘置所内で自殺してしまう。この事件は、当時、本土で暮らす沖縄出身の青年男女にたいへんな衝撃を与えた。多かれ少なかれ、似た環境や経験を共有していたからである。二度とこのような悲劇をくり返さないように沖縄出身者の間で継続的で日常的な活動のできる組織を作ろうと、一九七五年に「がじゅまるの会」は結成された。そしてその主たる活動は、大正区での「沖縄青年の祭り」と銘打ったエイサー祭りであった[30]。

双葉エイサーの由来に関するもうひとつの特徴は、青年会がほかの青年会からエイサーを伝授されている点である。エイサーの分野では、この「青年会から青年会への伝授」はエイサー伝播のきわめて一般的なパターンで、沖縄市を中心に沖縄県内外のエイサー団体の状況を網羅的に記録にとどめた『エイサー三六〇度――歴史と現在』には数え切れないほどの事例が報告されている。とくに沖縄本島南部では、戦前まで続いていた本来の念仏歌のエイサー（「念仏エイサー」）が過疎化などの理由で途絶し、戦後、本島中部の「太鼓エイサー」や「パーランクーエイサー」（第二章参照）を積極的にとり入れたため、そのような伝播の事例がおびただしい。たとえば、一九八六年に糸満市北部の武富《たけとみ》青年会は市南部の米須《こめす》青年会からエイサーの指導を受けているが、じつはこの米須青年会は一九七四年に沖縄市の園田青年会から園田エイサーを伝授されている。また、八重瀬町《やえせちょう》の富盛《ともり》青年会は糸満市の大里《おおざと》青年会からエイサーを習ったと言われるが、この大里青年会のエイサーはじつは一九八七年に糸満市の喜屋武青年会から指導を受けたものであり、さらにこの喜屋武青年会は、前述したように、一九六五年にうるま市与勝半島の屋慶名青年会からエイサーを学んでいる、といった具合である〈31〉。

双葉エイサーの由来に関する三つ目の特徴は、エイサー伝播の発信元がエイサーの発祥地とされる沖縄本島ではなく、周縁の離島だ、という点である。類似した事例は少ないが、たとえば、戦後まもない時期に沖縄市の、当時の泡瀬《あわせ》一区では久米島出身の人から久米島エイサーを伝授されたと言われる〈32〉。今日、泡瀬は琉球國祭り太鼓の本拠地であり、泡瀬第三青年会は「沖縄全島エイサーまつり」にも参加している。泡瀬とはそのようにエイサー活動の活発な土地である。一方、久米島は、沖縄本島から西に約一〇〇キロ離れた、沖縄諸島のなかでは最も西に位置する島である。久米島という周縁の離島から、どうしてエイサーの中心地、沖縄市にエイサーが伝播したのか、伝播の方向性にはまことに興味深いものがある。

七　エイサー伝播の四パターン

さて、前述したように、青年会から青年会へのエイサー伝授の事例は枚挙にいとまがない。それらの多くを比較検討していくと、そこにはエイサー伝播の四つのパターンがあることがわかる。ひとつは、本章第一節で触れた石垣島北部の明石エイサーに見られるパターンで、伝授する先方の青年会のメンバーが伝授される青年会の土地にやってきて指導するものである。たとえば、石垣島と宮古島の中間に位置する多良間島《たらま》にエイサーが伝わった状況がこれに当たる。一九九一年、多良間村教育委員会の協力を得て、本島中部、嘉手納町《かでな》東区の青年会のメンバー三名が多良間村に来て、五日間ほど滞在してエイサーを指導している。〈33〉二つ目は、これとは逆に、伝授される側が先方の青年会に学びに行くパターンである。たとえば、うるま市与勝半島の平敷屋《へしきや》エイサーは、一九〇三（明治三六）年に当時の平敷屋青年会の会長であった兼堅助志氏が名護へ行って習ってきたものだと言われている。名護には平敷屋エイサーに似たものがないことからその信憑性を疑う向きもあるが、平敷屋エイサーの《二合小《ぐわ》》という曲に「名護の人だったら特等席へどうぞ」という意味の歌詞が含まれており、それをこの口承の信頼性の根拠だと考える人々もいるという。〈34〉そして三つ目のパターンは、移住した個人が移住元の青年会のエイサーを移住先の青年会に伝えるもので、双葉エイサーの由来はまさにこれに該当する。別な例を挙げれば、一九九三年、奄美諸島の徳之島に沖縄本島宜野湾《ぎのわん》市の志真志《しまし》青年会のエイサーが伝わっているが、これを伝えたのは宜野湾市から徳之島の亀津小学校に赴任してきた鹿児島県出身の教師であった。〈35〉また一九七〇年代半ばに、久米島の謝名堂《じゃなどう》に本島中部の北谷町《ちゃたんちょう》のエイサーが伝わっているが、これは北谷から来て謝名堂に数年間住んでいた人から教わったものであるという〈36〉。四つ目のパターンは、移住した個人が移住先の青年会のエイサーをUターンして自分の故郷にもち帰るものだ。たとえば、与勝半島の離島、伊計《いけい》島の伊計集落では大正期から伝承されてきたパーランクーエイサーが近年になって途絶え、その後、沖縄市の諸見里《もろみざと》に移住した伊計出身の若者が諸見里青年会の太鼓エイサーを習い、旧盆になると帰郷して諸見里エイサーを教えているという〈37〉。

これら四つのパターンのうち、後半の二つは「人の移住」に直接関わるエイサー伝播のパターンであり、本書全体の議論のなかできわめて重要な役割を果たす。

しかしながら、このようにエイサー伝播の一般的な特徴や傾向を議論することは、じつは本書の主題でも目的でもない。むしろ、エイサー伝播のひとつの事例を徹底的に「顕微鏡で」拡大してみて、そこに介在している諸要素を一つひとつ丁寧に分析し、それによって、エイサー伝播の背景と構造を明らかにしようとするのが、本書の基本的なスタンスである。

八　本書の主題とは何か

問題は、次のような点にある。

二〇〇三年、双葉地区で双葉エイサーの由来伝承を収集し、同年、双葉エイサーの発信元となった与那国島に渡って久部良集落のエイサーを調査した。ところが、久部良エイサー（写真1-6）は双葉エイ

写真１－６　久部良エイサー

サーとはあまりにも異なったエイサーであるという事実に、たいへんな衝撃を受け、困惑した。収集した情報と現実とをいったいどのように結びつければよいのか。そもそも「由来伝承」とは、いったい何なのだろうか。

双葉エイサーと久部良エイサーとの相違は、第三章で分析的に詳細な議論をするのでここではこれ以上立ち入らないが、一言触れるとすれば、何よりもテンポが異なる。同じ曲でも久部良エイサーの方が双葉エイサーよりも際立って遅い。後述するように、双葉エイサーも久部良エイサーもともに沖縄本島中部型の「太鼓エイサー」であるが、双葉エイサーのテンポが本島中部型のエイサーとして標準的なテンポであるとすれば、久部良エイサーのテンポは沖縄に分布するあらゆるエイサーのなかでもっとも遅い部類に属すると言ってよい。久部良エイサーがどんなものであるのかを知ったとき、ぼくは双葉エイサーの由来の「物語」の信憑性を根本的に疑った。あるいは一歩譲って、あの由来伝承が歴史的事実であったとしても、この伝承には何かとてつもなく重要な情報が欠落しているのではないかという印象を受けた。たとえば、双葉地区は、前述したように、初めは与勝半島の屋慶名からの寄留民の集落として形成された地域だ。与那国島からエイサーが双葉地区に伝わった後に、屋慶名エイサーを知る寄留民の影響で、もともとの久部良エイサーが改変されたということはあり得ないのだろうか。しかし、双葉地区に戻ってこの点をただしても、当時を知る年配の人々は、その可能性を完全に否定した。当時、双葉地区（ヤキナ集落）には屋慶名からの寄留民はせいぜい一〇世帯ほどの少数派で、文化的影響力はほとんどなく、エイサー作りにも関わっていなかったというのが、その理由だ。

では、久部良エイサーと双葉エイサーとの芸態上のギャップをどのように埋めれば良いのか。謎はいよいよ深まるばかりであった。かくて、双葉エイサー研究の最大の課題は、双葉エイサーの由来伝承が果たして事実なのかどうか、そして、エイサー伝播の発信元である久部良と発信先である双葉のそれぞれのエイサーの相違をどのように説明することができるか、ということになった。そして、この「謎解き」こそが、まさしく本書の第一の主題である。

第二章　エイサー研究を振り返る

一　伊波普猷と「エイサー」

本章では、本書の主題である「謎解き」を始める前に、まずエイサーについての基本的な点を押さえておきたいと思う。

すでに明らかなように、エイサーとは沖縄諸島の伝統的な盆踊りであるが、この「エイサー」という名称に関しては、沖縄学の父として知られる伊波普猷《いはふゆう》が一九三四（昭和九）年に『沖縄朝日新聞』に「エイサーといふ語について」と題する小論を寄せている[1]。そして、その内容は、次の二点に要約することができる。

(1)木遣りなどの労働する時の掛け声に「ヨイシー」があるが、これは古くは「エイシー」と言われたもので、「エイサー」もそこから派生し、盆踊りに転用されたものに違いない。

(2)『おもろさうし』巻一四の表題「いろいろのゑさおもろさうし」の「ゑさ（えさ）」は「エイサー」

の古形に相違なく、「えさ」が古くから掛け声であったこと、今日の「エイサー」が男子の集団舞踊であることから考えると、「ゑさ」も古くはそうした集団舞踊であったと考えられる。

エイサーを沖縄・奄美の古謡集『おもろさうし』に関係づけたこの説は、伊波が沖縄学の権威であっただけに、その後大きな影響を及ぼした。徹底した吟味がなされないまま、長らくこれが定説のように扱われ、エイサー大会その他の紹介文のなかでエイサーと『おもろさうし』の関係がしばしば取りざたされ[2]、専門家の間でもそのように主張された。たとえば、琉球文学研究の第一人者、外間守善《ほかましゅぜん》も「エイサーの語源は「ゑさおもろ」の「ゑさ」に求められる」と明言する[3]。

ところが、近年になってこの伊波説は、琉球文学や琉球芸能の研究者らによって論の不備が指摘され、批判されている。琉球文学研究の池宮正治によれば、エイサーは盆の芸能であるが、「ゑさおもろ」が盆に謡われた証拠はないし、そもそも「おもろ」は死を謡ってはいない。したがって、両者を結びつけるにはそれ相応の証拠の提示と合理的な説明がなされなければならないという[4]。一方、宜保榮治郎は、「ゑさ」が労働の掛け声であったとしても、「ゑさおもろ」には労働そのものを謡ったと思われるものは皆無で、しかも現在のエイサーの中心をなす《仲順流り》、すなわち、《継母《ままうや》念仏》の歌詞と「ゑさおもろ」の歌詞には何の共通点もないことを指摘する。さらに、エイサーの念仏歌は一七世紀初頭に日本本土から伝来したものであって、それを沖縄・奄美に伝わる歌謡集である『おもろさうし』に結びつけて考えることには無理があるという[5]。いずれにしても、今日では、「エイサー」と「ゑさおもろ」との直接的な関係は見出されないというのが、定説である。

現在では、エイサーという名称は、念仏歌である《仲順流り》のはやし詞「エイサー　エイサー　ヒヤルガエイサー」からとったものだとする説明が一般的である。〈6〉そうした説明は、じつは一九二八年に沖縄の著名な音楽学者、山内盛彬《せいひん》が打ち出した説にさかのぼる。山内は論文「琉球の盆踊」のなかで「（エイサーは）盆踊の最初の曲たる念仏歌のハヤシにエイサーを幾度も繰り返す事から付けられた名称である」と明確に述べているからだ。〈7〉

二　エイサーの起源をたどる

さて、前述の伊波説は、名称の問題ばかりではなく、エイサーの起源や由来に関しても一定の解釈を許すものであった。すなわち、「ゑさおもろ」には集団舞踊が伴い、念仏歌の入る前は「ゑさおもろ」を謡ってエイサーが踊られていた、というようなエイサーの起源を「ゑさおもろ」に求める解釈が伊波説によって可能になるからである。名称と同様に、そうしたエイサー起源説も今日では否定されているが、一方、現在一般に受け入れられている「本土伝来の念仏踊り」がエイサーの起源であるとする説も、じつは前述の山内論文にさかのぼることができる。本書巻末の「エイサー文献一覧」からも明らかなように、日本におけるエイサー研究はそのほとんどが一九九〇年代以降のものである。そうしたなかで突出して早い時期（一九二八［昭和三］年）に発表された山内の説が部分的であれ、今日なお受け入れられているという事実は、音楽学者としての山内の卓抜した能力を裏書きしている。

(1)山内・宜保説

山内は、まず琉球の盆踊りの由来に関しては記録伝承を見たことがないとしながらも、エイサーの演技そのものから三つの特徴を抽出している。

・盆祭りが仏教の精霊会であること。
・最初の演技が念仏歌の継親念仏に似ていること。
・酒を飲めない子供まで酒瓶《かめ》を担いで布施をもらって歩くこと。

これら三点から、山内はエイサーと念仏との深い関係を強調する。山内によれば、①琉球に最初に念仏をもたらしたのは、一六〇三年に日本本土から渡来した仏僧袋中《たいちゅう》上人であった。彼は布教のために仏教の教義をわかりやすく翻訳し、多くの琉球念仏をつくり、それに節をつけて歌ったという。また、②一八世紀後半には、首里あたりで盆祭りに念仏者を招いて念仏歌を歌わせて精霊を供養する風習が行われていた。その念仏者とは、万歳踊りを踊って家々をまわる京太郎（チョンダラー）を兼ねた半乞食であった。そして、③その頃、ある楽人によって継親念仏をもとに三線伴奏付きの歌がつくられたが、それが盆踊りの最初に歌われる《エイサー節》（つまり、《仲順流り》）であったという。[8]

さて、この山内説（とくに①と②）を継承し発展させたのが、宜保のエイサー起源説である。まず宜保は、盆踊りであるはずのエイサーの歌詞が、ほとんど男女の恋を歌うモーアシビ歌（民謡など）からなっており、盆踊りにふさわしい内容の歌詞ではないことに注目する。その一方で、多くの地域のエイサーで共通して歌われる《仲順流り》がもともとは念仏歌であったこと、さらに本島南部の島尻《しまじり》地方でいくつもの念仏歌のエイサーが収集されたことから、エイサー歌はもともと念仏歌であったものが、後世何らかの理由でモーアシビ歌に取って代わられたものであろうと考える。この点でも宜保は、山内の説に与している。[9] さらに山内同様に、念仏歌は一六〇三年に渡琉した袋中上人がもたらしたものだとして、「踊り念仏を沖縄にエイサーとして広めたのは袋中上人」であることを著書の各所でくり返す。他方、首里の行脚村（安仁屋《あにや》村）に住む遊行芸人集団が首里の念仏歌を芸としてとり込み、念仏者（ニンブチャー）となって盆の時期や年忌供養に家々に呼ばれて歌い歩くようになったことにも注目する。彼らは室町の頃、琉球に日本本土から渡来した人形操りを職業とする下層遊芸人（チョンダラー）であって、彼らが南部の島尻地方から本島各地にエイサーを広めたものだろうと宜保は推測している。[10]

(2)袋中開始説への疑問

この、エイサーの成立と伝播を袋中上人と下層念仏者（チョンダラー）を軸に説明する宜保説、あるいはそれに類したものは、エイサーに関する概説のなかによくあらわれる。[11] ところが問題は、「袋中上人がはじめて琉球に念仏をもたらした」とする情報の信憑性にある。明らかにこの情報は、琉球王国の地誌『琉球国由来記』に依っている。『琉球国由来記』巻四の「念仏」の項には、「本国、念仏者、万暦年間、尚寧王世代、袋中ト云僧（浄土宗、日本人。琉球神道記之作者ナリ）渡来シテ、仏経文句ヲ俗ニヤハラゲテ、始テ那覇ノ人民ニ伝フ。是念仏ノ始也（万暦年間、尚寧王の治世に、本土出身の念仏者の袋中という僧侶が渡来して、初めて仏典を那覇の民衆にわかりやすく琉球の言葉に直して伝えた。これが念仏の始まりである）」という記述がある。[12] しかし、今日学術的には、この記述の信憑性は根本的に疑われている。たとえば、前述の池宮は、この記述を念仏歌の一種の「起源説話」であるとして、歴史的事実とは認めてはいない。池宮によると、念仏歌を唱える念仏《ねんぶつ》聖《ひじり》が人形回し（チョンダラー）として薩摩藩の琉球侵攻（一六〇九年）よりかなり前に来琉していたことは諸家の見解の一致するところであり、『由来記』（の編者）が琉球の念仏を浄土宗の袋中上人の作であると考えたのは、念仏に「浄土宗の文段」などの表題があり、詞章にも「阿弥陀の浄土」などの言葉が入っているがゆえに、念仏と浄土宗の袋中とを結びつけたのであろうという[13]。

この『由来記』の記述に対するより決定的な批判は、沖縄宗教史研究の知名《ちな》定寛《ていかん》の最近の論文のなかに見出される。知名はさまざまな史料の緻密な分析によって、念仏踊りは尚寧王《しょうねいおう》（在位一五八九―一六二〇年）どころか、尚真王《しょうしんおう》（在位一四七七―一五二七年）、さらには尚泰久王《しょうたいきゅうおう》（在位一四五四―一四六〇年）の時代にすでに盂蘭盆《うらぼん》で催されていた可能性があることを指摘する。さらに、「浦添《うらそえ》ようどれ」（琉球王国の陵墓）の石厨子は尚巴志王《しょうはしおう》時代（在位一四二二―一四三九年）の製作とされるが、その石厨子に阿弥陀三尊像が彫刻されていることから、すでにその時代には念仏を唱える浄土教信仰が受容されていたはずだとする。こうして知名は、琉球における念仏の開始を浄土宗僧侶袋中に求めた『由来記』の編者を認識不足だと批判し、エイサーの起源を一六〇三年に渡琉した袋中に求める説は成立し得ず、エイサーの袋中開始説は完全に破綻していると主張する[14]。

知名の徹底した史料収集と分析、また最新の知見を生かした論の展開はたいへんに説得力があり、この問題に対するもっとも新しい立場と見解の表明と見ることができよう。では、池宮と知名は、それぞれエイサーの起源をどのように考えているのだろうか。

⑶池宮説と知名説

池宮は、盆の芸能としてのエイサーの伝統は、「古琉球」の時代（一六〇九年の薩摩藩の琉球侵攻以前）にさかのぼるという。古琉球から盆祭りに芸能が催されていたことは、さまざまな史料によって跡づけることができるからである。とりわけ、王族の荘厳な年忌の祭祀には、「年忌の踊奉行」の役人たちが芸能を奉納し、宮廷芸能発展の契機となったという。池宮によると、一八世紀前半に琉球王府が定めた葬礼のあり方の記録からは、「念仏」が葬礼のなかで公式に位置づけられ、士族層に念仏受け入れの義務が課せられていたことがわかる。この念仏とは、前述したように、薩摩藩の琉球侵攻以前に本土から琉球にやって来た念仏聖がもたらしたもので、彼らは同時に万歳系・傀儡系の芸能を専門とする下層遊芸人（チョンダラー）であった。同時期の史料には、念仏踊りから発展した芸能として「似《に》せ念仏」の記述があり、その様子は今日のアンガマやエイサーの古形を思わせるという。一方、一八世紀後半には「辻念仏」など遊郭での遊女の念仏の記録があり、念仏踊りが本来の形を変えて舞台芸能化していったことがうかがえる。那覇の都市部では、こうして古琉球以来の盆の芸能の伝統の上に、舞踊や演劇など、今日の古典芸能につながる舞台芸能が成立・発展していった。他方、農村部では念仏踊りが舞台化されることなく盆の芸能として残り、それが今日のエイサーになったと池宮は考えている[15]。

一方、知名の議論は、前述の「似せ念仏」とその歴史的展開に集中している。まず知名は、近世琉球において今日のエイサーに相当するものが「似せ念仏」と呼ばれていたことに注目する。そして、この似せ念仏の起源は古琉球時代の盂蘭盆に催された念仏踊りにさかのぼるという。知名によると、似せ念仏とは「念仏に似ているが念仏そのものではない」と琉球王府が認識していたもので、琉球王府が盂蘭盆に催されていた王府公認の念仏芸能を廃止した一八世紀前半[16]、庶民の間では依然として盂蘭盆行事として念仏踊りが継承され行われていた。これを王府は「似せ念仏」と称して規制の対象にしたという。こうして、この時代に念仏芸能は王府の寺院主導の芸能から完全に庶民主流の似せ念仏へと移行した。そして、地方村落に普及した似せ念仏（念仏踊り）は、その風流や娯楽性ゆえにさまざまな宗教行事と結びついて習俗化し、盂蘭盆行事以外でも行われるようになった。当時の史料からは、似せ念仏が今日いうところのエイサーだけを意味するのではなく、複数の芸能から構成された、より広い概念であったことがわかる。この多様な芸能の似せ念仏から今日のエイサーの単一的な舞踊形態へといかにして変化していったか、それが知名の最終的な問題提起である。知名によると、似せ念仏の呼称がエイサーの呼称へと変化した時期こそがエイサーの成立時期であり、史料の上からはそれは明治三〇年代であったと推測されるという。というのは、当時の『琉球新報』に「七月エンサー」として青年たちが太鼓を打ち鳴らしながら跳ね回る、今日のエイサーの舞踊形態を彷彿させる記事が見出されるからだ。他方、この時期には伝統的行事の綱引きや念仏などを批判する、風俗改良運動を促進する記事も見られる。琉球王国崩壊後、かつての似せ念仏は明治三〇年代の風俗改良運動を経て改編され、とりわけ娯楽性の強い余興の部分に集約されて今日のエイサーへと変容していった、というのが知名の見解である[17]。

いずれにしても、エイサーの成立や起源に関して、今のところ定説はない。管見の及ぶ限り、この問題に正面から取り組んでいるのは、山内、宜保、池宮、知名の四名のみである。しかも、議論の詳細は異なるものの、いずれも一致して今日のエイサーと念仏との歴史的な関係を強調している。そして、この関係についての初見史料は、すでに述べたように、一九二八年の山内盛彬の論文なのである[18]。

三　エイサーの四分類

本書でエイサーの伝播を考える場合、それぞれのエイサーがどんな系統のエイサーであるかを明確にしておくことは、議論の大前提となる。そこで、沖縄本島に分布するエイサーの芸態がどのように分類できるかを本節では考えることにしよう。沖縄本島から本土に伝播したエイサーの芸態も、基本的には本島のエイサーの分類に従って説明することができる。

エイサーの分類としてよく引用されるものに、沖縄民俗音楽研究の小林幸男による四分類法がある。これは、踊り手の性別、踊り手の様態、地謡の主要な伴奏楽器、それに地域的な分布を加味して分類・記述したものだ。[19] 小林の四分類法をより簡明に整理したものに、久万田晋（既述）のエイサー分類がある。[20] 本節では、久万田の簡明な分類に従って、それぞれのエイサーの芸態を説明してみたい。

①太鼓エイサー

沖縄本島中部を中心に分布する大太鼓と締め太鼓中心のエイサーで、主に男性が太鼓を、女性が手踊りを担当する（男性が手踊りに加わる場合も多い）。中庸のテンポで、三線の弾き歌いに合わせて太鼓打ちと手踊り衆が隊列を組んで踊る。よく言われるように、一九五六年に沖縄市（旧・コザ市）で始まった全島エイサーコンクールがこのタイプのエイサーに及ぼした影響は計り知れない。旧盆の盆踊りとしてのエイサーから「観客の前で演じるエイサー」へと変容し、コンクール会場の観衆にアピールすべく、カラフルな衣装が流行し、大太鼓、締め太鼓の数は増大し、太鼓踊りも勇壮・豪快な振り付けに、また隊列も複雑・華麗なものへと発展していった。一九六〇年代以降、このタイプのエイサーが全島各地に、さらには沖縄県外にも広く伝播・拡散した。今日、エイサーと言えば、この太鼓エイサーを思い浮かべる人が圧倒的に多い。

②パーランクーエイサー

沖縄本島中部、うるま市の与勝半島一帯に分布するエイサーで、一九六〇年代以降、他地域にも伝播している。男性が担当するパーランクーと呼ばれる一枚革の小型片面枠太鼓を中心とした踊りで、男女の手踊り衆がそれに続く。屋慶名エイサーのように、パーランクーに少数の大太鼓が加わる場合もある。比較的緩慢なテンポが特徴である。また、他のタイプのエイサーとはちがって、多数のチョンダラーが出場して、絶えず指笛を吹き鳴らすなど重要な役割を演じ、踊りの場を盛り上げる。平敷屋や与那城のエイサーは白衣のうえに黒衣を着けた「雲水僧《うんすいそう》」の姿で、古い念仏踊りを想起させる一方、屋慶名や勝《かつ》連南風原《れんはえばる》のエイサーは派手な衣装に複雑な隊列変化を見せどころとする「近代的な」エイサーに発展している。

③男女の手踊りエイサー

沖縄本島北部の本部半島全域（名護《なご》市、今帰仁村《なきじんそん》、本部町《もとぶちょう》など）に分布するエイサーで、男女入り混じって手踊りをする円陣エイサーである。広場にやぐらを組み、そのうえで地謡が歌と三線を担当し、踊り手衆がやぐらのまわりで踊る。調子づけに一台のやぐら太鼓か締め太鼓が加わることも多い。踊りのテンポはかなり速く、踊り手衆が扇やぜいなどの小道具をもって踊ることもある。

かつては円陣エイサーで門付けを行っていたが、社会状況の変化により、近年では門付けを行っている地域はまだあるものの、多くの地域ではやぐらを組んで踊る「広場の芸能」に変化してきている。

④女エイサー

沖縄本島北部西岸の国頭村、大宜味村にのみ分布するエイサーである。地謡の女性による鋲留《びょうどめ》太鼓あるいは締め太鼓の叩き歌いに合わせて（三線は使用しない）、女性のみの手踊り衆が右手指に手ぬぐいかハンカチをはさみながら踊る円陣エイサーである。七月舞（しちぐゎちもーい）とも呼ばれる。大きな特徴は、非常にテンポの速い曲と遅い曲を組み合わせて二〇曲ほどを踊ることで、とくに前者の曲は、四つのタイプのエイサーのなかではもっともテンポが速い。また、前述の「男女の手踊りエイサー」とともに、この手踊りの円陣エイサーはエイサーの古い形態を残していると言われる〈21〉。

さて、これら四つのタイプのエイサーのなかで、本書で詳細に議論する双葉エイサーと久部良エイサーは、テンポの違いはあるものの、ともに第一のタイプ、太鼓エイサーに属している。

四　エイサー文献を読み解く

ではここで、これまでのエイサー研究の特徴と傾向を概観しておこう。本書の巻末に、将来のエイサー研究発展のために作成したエイサー文献一覧を掲載しておいた。(22) おそらくこのリストは、今日入手できるエイサーに関するもっとも包括的にして網羅的な文献表と言えるものである。

まず、これらのエイサー文献の多くに目を通して言えることとは、日本におけるエイサー研究とは、沖縄芸能研究のなかではもっとも後発的な研究領域に属するということである。それには、いくつかの理由が考えられる。すでに前節で見たように、盆踊りとしての念仏踊りは沖縄に昔からあったものの、エイサーという語も今日見るようなエイサーの舞踊形態も明治時代に入ってから成立したものであって、研究対象自体が比較的新しい芸能であるということが挙げられる。また、特定分野の学術研究の消長は、社会的動向を敏感に反映する。エイサー文献一覧に掲載された多くの研究が一九九〇年代以降のものであることが、そのことを物語っている。日本本土で沖縄ブームに沸いた一九九〇年代から二〇〇〇年代、エイサー（とくに太鼓エイサー）は沖縄を代表する芸能として日本全国に拡散し、学校の運動会の出し物になったり、街角の祭りに登場したりして、急速にそして広範に知られるようになった。そのことが、遅ればせながら、九〇年代以降のエイサー研究の急激な発展の起爆剤になったと考えられる。さらに、これら二点と関連して、エイサー研究の分野では、芸能としてのエイサーそのものを「ライフワーク」としているような研究者がほとんど見当たらない。エイサーを主題とした博士論文も書かれてはいるが

〔巻末文献一覧、小林［香］1998：城田 2006〕、リストアップした研究者の多くは〔ぼく自身も含めて〕、ほかに研究領域をもちながら、副次的な領域としてエイサー研究に関わっている。この状況が、一面において本格的なエイサー研究の深化を遅らせているようにも思われる。

ただ、この点で唯一の例外は、小林幸男と小林公江《きみえ》である。二人は一九七〇年代半ばから四〇年以上にわたって、沖縄本島北部を中心に地道にエイサーのフィールド調査を続け、これまで各地のエイサーに関する音楽民族誌の膨大なドキュメントを蓄積している。詳細は後述するが、それらの記録は、エイサーが時代とともに急速な変化を余儀なくされる芸能であることを考えると、それぞれの時点での各地のエイサーの状況を書き記した貴重な資料として、後世、重要な意味をもつであろう。小林夫妻こそ、日本におけるエイサー研究の第一人者であり、それらのドキュメントを整理・編集して、一刻も早く書籍化することが望まれる。

さて、これまでのエイサー研究を鳥瞰すると、それらは主要な関心とアプローチの相違から、内容的には次の五つのカテゴリーに分けることができる。

(1)エイサー概観
(2)各地のエイサーの記録と分析
(3)エイサーの本土伝播と沖縄アイデンティティ
(4)エイサーの海外伝播と沖縄アイデンティティ
(5)エイサーの歴史研究

では、それぞれのカテゴリーについて、その内容を詳細に見ていくことにしよう〔なお、ここで文献一覧のすべての研究に触れることはできない。主要な研究のみを厳選して議論することにする)。

(1)エイサー概観

ここでいう「概観」とは、エイサーの「入門」とか「紹介」といった意味ではない。特定地域のエイサーではなく、沖縄のエイサー全般についてその状況や特徴を論じた書籍や論文のことを指している。まず、その典型として『エイサー三六〇度――歴史と現在』(沖縄市企画部平和文化振興課編 1998)を挙げることができる。この書には、専門家によるエイサーの歴史や分類などに関する論考(池宮 1998：岡本 1998b：久万田 1998：小林[幸] 1998)が収められているだけでなく、それ以上に重要なことは、本書が沖縄市を中心に沖縄県内外(海外も含む)のエイサー団体の実施状況を克明に記録に留めていることである。[23] 前述したように、エイサーが絶えず変容する芸能であるということを考えると、沖縄芸能史における その意義はきわめて大きい。また、より簡潔にまとめられたエイサー概観として数編の論文を挙げることができる(久万田 2011：小林[公]・小林[幸] 2004：小林[幸] 1991c)。英文のエイサー概観としてはヘンリー・ジョンソンのものがある(Johnson 2008)。こうしたエイサー概観の先駆的論文はやはり山内論文であり(山内 1993[1928])、エイサー研究の最初期であるにもかかわらず、ここには六曲のエイサー曲の採譜と歌詞が掲載されている。一方、一九八〇年代に出版された一般向き概観として『沖縄大衆芸能――エイサー入門』(宜保・嘉手川他 1984)があるが、分担執筆者が必ずしも芸能専門家ではないため、一部の記述や情報には注意を要する。ただ、当時のエイサー文化の担い手たちの体験がさまざまな角度から率直につづられていて、一般向け「エイサー入門」としては価値がある。

ここで特筆すべきは、岡本純也の一連の小論である（岡本 1997, 1998a, 2005, 2006a, 2007, 2008, 2012, 2013）。論述の専門性という点では、第二カテゴリーの研究と共通した性格をもつが、ほとんどの論考が特定地域ではなくエイサー一般を対象にしている点、またそれぞれの論考が非常に限られた枚数でまとめられているため、データ提示や論証が必ずしも充分とは言えない点などから、それらの小論をすべて「エイサー概観」のカテゴリーに含めることにした。しかしながら、それぞれの小論は、伝統的な「踊りくらべ」とエイサーコンクールとの連続性、「踊りのコード」の身体化、遠心化する身体文化（スポーツ）と求心化する身体文化（民俗舞踊）、戦前と戦後におけるエイサーの語り口の断絶など、他の論文には見られない岡本独自の視点と切り口からエイサー文化にアプローチしており、一読に値する。

(2)各地のエイサーの記録と分析

このカテゴリーに属するエイサー研究がもっとも多い。また、執筆者も芸能研究者から、民俗学者、作曲家、音楽学者と多岐にわたり、研究の焦点もさまざまである。まず、杉本信夫による本島南部、糸満市のエイサー歌と祝い歌の記録は集落別の採譜と歌詞がその大半を占めるが、今日ではすでに廃れてしまった念仏エイサーの曲が多く、資料的な価値は大きい（杉本 1996）。大城學は読谷村楚辺のエイサーを、また宜保はすでに述べたエイサーの歴史的な検討のほかに、本島南部、中部、北部のエイサーを扱っているが、大半はそれぞれの集落のエイサー曲の歌詞の記録に留まっている（大城 1996：宜保 1997）。池宮もエイサーに関連した史料を扱うなかで、ほかの研究者からの引用ながら、本島南部、安里のエイサーの念仏歌の歌詞をかなりの量、掲載している（池宮 1990）。こうした各地のエイサーの記録という点で特筆に値するのは、郷土誌として出版された『増訂 宜野湾市のエイサー――継承の歴史』（宜野湾市青年エイサー歴史調査会編 2015）である。これは、二〇〇七年から二〇一五年までの調査に基づく、宜野湾市内二九地区のエイサーの歴史と現況を詳細に記したドキュメントで、前述した『エイサー三六〇度――歴史と現在』と並んで、エイサーに関するたいへんすぐれた記録書となっている。

一方、こうしたエイサーの一般的な記録に留まらず、さらに踏み込んでエイサーのさまざまな要素を分析し、それによってこの芸能の特徴や傾向を浮き彫りにしようとする一群の研究がある。酒井正子は、本島北部本部町の字瀬底と字東の手踊りエイサーの歌詞に関して地謡と踊り手の掛け合いの構造を詳細に比較分析し、そうした歌掛けの歌唱形式が共通基盤となった「歌掛け文化圏」とでも呼び得るものを奄美から沖縄北部の地域に想定している（酒井 2011）。山本宏子は、「二合」や「酒」がキーワードになっている本島各地のエイサーの歌詞を詳細に分析し、祝儀の形態が変化したにもかかわらず、エイサーのなかで酒を集める習俗（酒瓶担ぎ）がなお芸能化しているのは、酒が報酬であると同時に神酒でもあったからだと結論づけている（山本 1994）。これは「伝統芸能の経済学」としての試論だが、他方、山本は読谷村のエイサーを事例にエイサーの伝承組織と社会・経済構造との相互関係についても調査・研究を行っている（山本 1993）。前述の岡本は、与勝半島の平敷屋エイサーに関して、パーランクー太鼓打ちの踊りの構造分析を試みているが、この論考のすぐれている点は、独自に開発した舞踊譜によって太鼓打ちの動きを徹底的に分析し、それによって固定レパートリーに見られる「舞踊素」の集合が新しい踊りの創作にどのように利用されているか、そのメカニズムを明らかにした点にある（岡本 1994b）。

小林幸男と小林公江のエイサーに関する研究は、本島北部の本部町、今帰仁村、名護市、大宜味村、国頭村の地域に集中するが、その業績は大きく二つに分けられる。ひとつは、特定の集落のエイサーの歌詞と音楽を詳細に記録し採譜して資料に残したことである（小林［公］2003, 2008：小林［公］・小林［幸］2006, 2007, 2008a, 2009a, 2010, 2011, 2014：小林［幸］1980a, 1980b, 1981, 2003, 2008, 2010）。もうひとつは、特定地域のエイサーについて、ほかの地域あるいはジャンルと比較しつつ、歌詞と楽譜を添えて、エイサーの諸要素を綿密に分析・記述したことである（小林［公］1996, 2010：小林［公］・小林［幸］1997, 2002, 2008b, 2009b, 2012, 2013a, 2013b：小林［幸］1986, 1990, 1991a, 1991b）。ここには、純粋に音楽学的に音の構造を分析したものから伝承状況、レパートリー、音楽・舞踊などを詳細に記述した「音楽民族誌」と呼んでよいものまで含まれる。たとえば、小林幸男は北部の女エイサーの四七種の旋律の音階分析を試み、その結果、琉球音階による曲が圧倒的に多いものの、四分の一程度は律音階に基づくもので、そのうちの半数は日本本土の歌謡（たとえば、《銚子大漁節》）との関連性を指摘することができるという。また興味深いことに、本来律音階と考えられるエイサー曲の多くが今日「琉球音階化」していることにも触れている（小林［幸］1986）。小林公江は、同系旋律をもつ沖縄の臼太鼓《うしでーく》とエイサーとの比較研究のなかで、同系旋律曲はエイサー曲としては一般的だが、臼太鼓曲としては特殊なものであること、同系旋律曲の臼太鼓の踊りの一部は明らかに女エイサーをとり入れたものであること、などを詳細な分析を通して示している（小林［公］1996）。また、今帰仁村の手踊りエイサーに関する共著の論文では、今帰仁村の一七区の伝承状況を記したのちに、レパートリー、同系旋律、舞踊構成の観点から、今帰仁村各区を比較するとともに、本部町と名護市の手踊りエイサーとの比較も行い、音楽と舞踊の両面から今帰仁エイサーの固有性を描き出すとともに、今帰仁村内でも東西で歌詞や足運びなどに相違があることを明らかにしている（小林［公］・小林［幸］2008b）。

(3)エイサーの本土伝播と沖縄アイデンティティ

このカテゴリーは日本本土で行われているエイサーに関する研究で、とくに本土の沖縄（県）出身者がエイサーの実践を通してどのように「沖縄人」としてのアイデンティティを構築していくかといった問題に関心が集中している。その先鞭をつけたのは成定《なりさだ》洋子の大阪市大正区の「がじまるの会」に関する研究である（成定 1998）。ここで成定は、異なる出生地域（沖縄本島、宮古、八重山）への同郷性と祭りの場で抽象的な「沖縄人」というカテゴリーに統合される同郷性という「二重の同郷性」が併存している点を強調し、こうした沖縄アイデンティティの問題探究のための大きな枠組みを措定した。第一章第六節でも触れた「がじまるの会」の結成事情は研究者の学的関心を刺激したと見えて、その後、「がじまるの会」ないしそれに類する関西のエイサー団体の研究が続く（井口 2000, 2002：岩田 2004：唐木 2009：寺田 2003a, 2008, 2015：Terada 2005, 2011）。また、首都圏で発足したエイサー団体「ゆうなの会」に関する論文もある（小林［香］2003）。しかしながら、これらの研究の多くは、明治期以降の沖縄から本土への移民史に始まり、エイサー団体の結成事情、実施状況、それにまつわる諸問題（本土人のまなざし等）を議論していくもので、それぞれ視点は微妙に異なるものの、記述の内容や方向性は大同小異で、基本的に成定論文の問題設定を越えるものではない。

そんななかで、早稲田大学に提出された博士論文を書籍化した高橋孝代の著書『境界性の人類学――重層する沖永良部島民のアイデンティティ』の第五章「芸能文化とアイデンティティ――「奄美

／沖縄」の境界性」は特筆に値する（高橋 2006）。ここで高橋は、行政区としては日本本土（鹿児島県）に属するが、他方、心情的には島民が沖縄文化に強い親近感を抱く奄美諸島の沖永良部島《おきのえらぶじま》にエイサーが移植された際、島民がそれをどのように受容し、それが彼らの文化的アイデンティティにどのような影響を及ぼしたかを分析的に描き出す。一九九三年、エイサーは「沖縄と奄美は一つ」と訴える沖縄の音楽家、喜納昌吉によって沖永良部島にもたらされたが、その受容のプロセスは「砂地に水が染み入るように」スムーズであったという。その文化的要因として高橋は、沖永良部島にはエイサーと類似したタイプの習俗「ミンブチ（念仏）」があること、島の代表的な芸能「やっこ」のなかですでに数曲の代表的なエイサー曲（《仲順流り》など）が使われていること、島の多くの民謡がエイサー曲と同様に、琉球音階からなり「あと打ち」のリズムをもつこと、など共通した文化的要素が多いことを挙げ、エイサーは沖永良部島民の沖縄への文化的帰属意識を高め、沖縄との文化的類似性をあらためて確認する契機となったと結論づけている。

(4) エイサーの海外伝播と沖縄アイデンティティ

日本本土への拡散と同様に、エイサーは海外へも伝播・拡散している。本カテゴリーに属する研究は、その状況に沖縄アイデンティティを中心としてさまざまな角度からアプローチしたものである。これに関しては、城田愛《しろたちか》と寺内直子の研究がある。まず城田は、沖縄からハワイへ移住した人々とその子孫がオキナワン・ボン・ダンスと呼ばれるエイサーの踊りを介して、日系とは異なる「オキナワン」という意識とアイデンティティをどのように創り出してきたか、またハワイのマルチ・エスニックな社会において、非沖縄系の踊り手が多数参加する「ハワイ化された」エイサーを通じて、沖縄系移民と他のエスニシティとの「つながり」がどのように形成されてきたかを通時的かつ巨視的な分析によって描き出す（城田 2000, 2004, 2006）。また、城田の英語論文では、アメリカ人読者を意識してか、エイサーを米軍基地のもとで抑圧された沖縄人の抗議と不満の表現として描出している点にやや論の強引さが感じられるものの、海外の沖縄ディアスポラ社会、とりわけハワイにおける琉球國祭り太鼓支部の活動を通して、ディアスポラ社会におけるエイサーの社会的・文化的意義を例証している点は重要である（Shirota 1999, 2002）。

一方、寺内の研究は、沖縄ディアスポラ社会としてアメリカ西海岸とハワイを扱っているが、研究対象やアプローチの違いから大きく二種の論考に分けることができる。ひとつは、沖縄ディアスポラ社会において創作エイサーや琉球國祭り太鼓のような派手な身体パフォーマンスを重視したエイサーが興隆している点に着眼した研究で、寺内はそれが沖縄系移民のアイデンティティ表現の場であるとともに、ホスト社会であるアメリカ社会の求めるエキゾチシズムに応える形で発展したものだと結論づける（寺内 1997, 2001, 2004）。もうひとつは、ハワイのホノルルにある沖縄系の仏教寺院、慈光園の盆踊りに関する研究で、この盆踊りはもともと本島北部の手踊り円陣エイサーであったが、八〇年代に入ると、本島中部の太鼓エイサーが導入され、さらに一九九九年以降は日本本土の盆踊りまで取り入れられた。そうした盆踊りに見られる様式上の重層構造の意味を、寺内は「往還するエキゾチシズム」や「異文化の交差」などの観点から分析的に解き明かしている（寺内 2000, 2002 : Terauchi 2002）。

(5)エイサーの歴史研究
このカテゴリーの研究はすでに本章第二節「エイサーの起源をたどる」で詳述しているので、ここでは省略する（池宮 1975, 1990, 1998：伊波 1975[1934]：宜保 1970, 1997：知名 1994, 2008：山内 1993[1928]を参照）。

五　瀬底エイサーの伝播から学ぶ

さて、本書の主題であるエイサーの伝播に関連して文献を渉猟するなかで、こちらの大きな関心をそそる一節に出くわした。それは、宜保榮治郎著『エイサー――沖縄の盆踊り』のなかの次のようなくだりであった。

「エイサーは瀬底から伝わった」と国頭地域で伝承されているように、古いエイサーの形を残しているとされる名護市世冨慶のエイサーの歌詞や、大宜味村喜如嘉エイサーの歌詞と殆ど同じである。この現象は、恐らく大正初期まで名護、喜如嘉辺りのエイサーも「仲順流れ」だけであったが、変化に富んだ楽しい「毛遊び型」の瀬底エイサーに変わったものと思われる。この「毛遊びエイサー」を山原の村々に広めたのは、季節労働者であった俗称「シークビヨウ・瀬底日雇い」の一群であった可能性がある。何故なら瀬底ビヨーが近くの農村に出稼ぎに出るのは、三、四月の田植えや、六、七月の稲刈りの時期であり、八月踊りやモーアシビの盛んなこの島の芸

能を夜の暇を利用して、出稼ぎ地の若者に教えたという伝承が名護周辺の村に残されている。〈24〉

これが事実であるならば、かなり昔のエイサーの伝播の様子を伝える格好の事例となるだろうと思われた。「瀬底《せそこ》」は、本部半島から西方五〇〇メートルほど離れた瀬底島にある古い集落（本部町の一字）である。一九八五年に瀬底大橋が完成して本部半島と離島がつながったが、それ以前は半島との行き来は渡し舟であった。長く離島であったため他に娯楽のようなものがなく、かつてはモーアシビが盛んであったと言われる。他方、人口に対して耕地面積が狭く、多くの青年男女は島外に出稼ぎに出た。瀬底人の季節労務は「シークヒヨー」（瀬底日傭）と呼ばれ、本島各地に広く知られていた。出稼ぎ先は、近くは本部町伊野波《いのは》、満名《まんな》から羽地《はねじ》、名護、国頭村、大宜味村、金武《きん》、遠くは本島南部の具志頭《ぐしかみ》（現・八重瀬町）、糸満あたりであった。そして彼らは、その出稼ぎ先で瀬底のエイサーを伝えたと言われている。

その後の文献渉猟によって、この問題に直接に関係する四編の論文のあることを知った。小林公江、小林幸男、酒井正子によるものである。〈25〉とくに、小林公江の論文「沖縄県名護市名護地区のエイサーと本部町瀬底エイサーとの関係」はこの伝播の問題に真正面から取り組んでおり、多面的な情報収集とレパートリーや歌詞その他の綿密な分析によってたいへんに優れた研究になっているばかりでなく、瀬底エイサーの伝播の問題に関してきわめて有益な示唆を与えてくれる。

瀬底エイサーの伝播に関してもっとも興味深い点は、伝播元である瀬底の伝承といくつかの伝播先の伝承が一致していることである。瀬底エイサー伝播に関するそもそもの情報は、瀬底の字誌《あざし》『瀬底誌』

から来ている。『瀬底誌』の「エイサー」の項には、名護市世冨慶《よふけ》のエイサーは、「その昔瀬底の日傭人夫《ヒヨーサー》たちが教えたものであるといわれ、瀬底《シーク》エイサーは名護・羽地・国頭などの各地に広められた」とある。また「季節労務」の項にはヒヨー経験者の話として、「名護の世冨慶や許田《きょだ》方面でヒヨーした瀬底人《シークンチュ》たちは、夜毎に数人集まって、歌、三線を奏で村の若者たちとの交流を図ると共に、シークエンサー（瀬底エイサー＝筆者）を伝授」したと記されている。[26] こうした情報は、何も字誌のような記録文書のなかにのみ見られるものではない。酒井の瀬底での聞き取りによると、一九三〇年生まれの古老の話からは、瀬底エイサーは明治四〇（一九〇七）年代以前から盛んに行われていたと推測されるという。そして、その当時エイサーの三線弾きの名手であった大城平八《へいはち》氏（一八九〇年生まれ）が本島中南部の宜野湾にヒヨー（日雇い）に行ったときに、土地の青年たちにエイサーを教えてくれと頼まれて、夜、村で教えたという話が伝えられている。[27]

一方、彼らの出稼ぎ先でも、シークヒヨーから瀬底エイサーを習ったという伝承が残っている。たとえば、名護市名護地区の大兼久《おおがねく》（現・大中、大東、大西、大南、大北）では、大兼久エイサーについて、「長老（故人）、宮城光徳郎（一八九五年生まれ）の生前の話によれば、本部瀬底の人（氏名不詳）の指導で始められたとのことである」と『大中誌』に記されている。また同じ名護地区の宮里《みやざと》でも、エイサーは「本部の瀬底から教わったと伝えられている。戦前までの瀬底は日傭人が多く、宮里にも瀬底日傭と言って、時節的農耕の手伝い人から聞いて、瀬底に行って教わってきたと伝えられている」と宮里の字誌にある。[28] ただ、この宮里の話は一一〇余年前のことである。一方、小林（公江・幸男）の名護地区城《ぐしく》での聞き取りによれば、城のエイサーは戦後に瀬底のエイサーを習い覚えたものであるという。[29] このように、同じ瀬底からのエイサーの伝播といっても、伝播の時期と伝承されている時間的な深度が大きく異なる。このことが、エイサー伝播に関わる問題を一層複雑にしている。

六 「地層」研究としての伝播研究

小林公江の前掲論文に丹念に目を通してわかることは、エイサー（あるいは芸能一般）の伝播の研究は、言ってみれば「地層」の研究に似ている、ということである。とくにエイサーのように時間の流れとともに芸態が変転する芸能の場合、たとえ瀬底からエイサーが伝えられたとしても、その後のさまざまな影響と変化が積み重なった結果として、現在のエイサーが行われているわけだ。したがって、瀬底からのエイサーの「地層」が深く沈み込んで、その痕跡がもはや地表には表れていないという場合もあり得る。その上に何枚もの別の「地層」が積み重なっているからである。それゆえ、由来伝承がどの「地層」のものであるかを探り当てることが、伝播研究の第一の課題となる。

この点で、小林公江（以下、小林）の資料の解釈は、即断を避け、概して慎重である。たとえば、戦後瀬底エイサーが伝わったとされ、その後にそれほど多くの伝播の「地層」が堆積しているとは思われない名護地区の城エイサーの場合を考えてみよう。小林は、瀬底と、城、世冨慶、大兼久、宮里など名護地区のエイサーの伝承曲、それに名護市の屋部《やぶ》地区、本部町、今帰仁村の伝承曲をそれぞれ比較できるように一覧表にまとめている。それを見ると、瀬底と城では、本調子と一二揚《いちにあぎ》のエイサー曲、計一五曲が共通であることがわかる。伝承の時間的深度が比較的浅いことから、これらの曲は瀬底から城に直接伝わったのではないかと解釈し得るところだが、小林はそうした短絡的な判断を避け、伝承曲が共通であることは必ずしも瀬底からの伝播を意味するものではないと主張する。それら共通曲のなかの《二合小《にんごうぐゎ》》《念仏》《久高万寿主》など九曲は、一覧表からも明らかなように、他の名護地区や屋部地区、さらに本部町や今帰仁村一帯に見出されるエイサーの主要曲で、多くは民謡としても一般によく知られているため、それらの曲がどこから城に伝わったのかは特定することができない、したがって、瀬底からの伝播とは言い切れない、というのがその理由だ〔30〕。

これは、小林の長年のフィールド調査に基づく幅広い知見を生かした合理的な解釈と言えるだろう。逆に言えば、本部町にも今帰仁村にもほとんど見られない伝承曲が瀬底と城に共通して見出されるとすれば、それらは瀬底から伝播した曲である蓋然性は高くなるのではないか。小林によれば、それは《板床《いたゆか》ドンドン》《イルサージナー》《下庫裡小《しちゃぐいぐゎ》》の三曲である。実際、《板床ドンドン》は今帰仁村にはなく、本部町でも他に二か所でしか見出されないうえ、城と瀬底のこの曲の旋律と歌詞がほぼ同一であることから、瀬底からの伝播であると考えられるとする〔31〕。また《イルサージナー》に関しては、今帰仁村で一般的な曲であるものの、名護地区では城と宮里にのみ伝承されており、しかもそれら名護の歌詞は瀬底のものと同じであるので、瀬底からの伝播と推測されるという。《下庫裡小》の場合には、本部町と今帰仁村では稀な曲であるにもかかわらず、名護地区全域に伝承されているので、瀬底から名護へ、あるいは名護から瀬底への伝播の可能性があると、小林はここでもなお慎重である〔32〕。ただ、前述のシークヒヨーの歴史的事実に鑑みれば、この曲は瀬底から名護への伝播の蓋然性の方がはるかに高いように思われる。

総じて、小林の瀬底エイサー伝播の研究は、瀬底と城に限定したものではなく、名護地区全域のエイサーを対象としたものなので、さらに多くのエイサー曲を詳細に議論している。それは、小林の幅広い情報収集能力と豊かな知見を遺憾なく示しているばかりでなく、芸能伝播の音楽学的な研究がいかにむずかしいかを物語っている。

小林は、エイサーのレパートリーの問題からさらに歌詞や旋律の構造的な問題に踏み込んでいる。たとえば、エイサーの「前囃子」に関して、本部町と名護地区では前囃子に二種の歌い方があるとして、《念仏》を例に、(a)囃子を三線弾きと踊り手衆が分け合う形、と(b)囃子全体を三線弾きと踊り手衆それぞれが歌う形、の二つを挙げている。そして、(a)は瀬底、崎本部《さきもとぶ》、名護地区などに見られ、(b)は伊野波、東などに見られるとして、(a)を共有していることから、名護地区の前囃子は瀬底から伝わった可能性が高いと断じる。[33] ここには小林がレパートリーの議論で示したような慎重さは見られない。そもそも前囃子は、個々のエイサー曲そのものから独立して伝播するものだろうか。《念仏》そのものの伝播の可能性を議論せずにこの問題を扱えるものだろうか。あるいは、この前囃子の形が瀬底ではなく、たとえば崎本部から名護に伝わった可能性は排除できるのだろうか、等々。

ただ、これはややマイナーな批判であって、小林論文の価値をいささかも減じるものではない。むしろ、伝播の「地層」の問題に関連して重要なのは、小林が「瀬底からの伝播」のあとの問題を論じている点である。

小林によると、瀬底で現在伝承されているが、名護地区では伝承されていないエイサー曲は、《海《うみ》やからー》《金細工《かんぜーく》》など、計六曲あるという。これらの多くが瀬底ないし瀬底周辺にしか確認できないことから、小林はこれらの曲の少なくともいくつかは瀬底から名護地区にエイサーが伝わった時にはまだ瀬底のレパートリーになっていなかった可能性があることを慎重な言い回しながら指摘する[34]。すなわち、伝播元の瀬底でも、その後に「地層」の堆積があったと推測しているわけだ。他方、名護地区の現在の伝承曲で瀬底には伝承されていない曲は、《越来節《ごえくぶし》》《加那《かなー》ヨー》など、計一七曲ある。小林によれば、種々の情報を総合すると、それらの曲の多くは、名護にエイサーが根付いたのちの明治から昭和初期にかけて流行した舞踊や歌劇[35]の曲を取り入れたものであることがわかるという[36]。すなわち、名護地区に瀬底からエイサーが伝わったあとに、その「地層」のうえに舞踊や歌劇の影響のもと、新たな「地層」が積み重なったと小林は解釈しているわけである。

いずれにしても小林論文は、瀬底と名護地区のどちらか一方だけに伝承されているエイサー曲は、瀬底から名護にエイサーが伝わったのちにそれぞれの土地で新たにレパートリーに組み入れられたものだと見ている。これこそが、エイサーの伝播研究をぼくが「地層」研究になぞらえる所以である。小林論文では、そのほか歌詞や旋律の比較分析から、《念仏》の歌詞の類似性、同系曲に見られる旋律や囃子の相違など、エイサー曲に関する瀬底と名護地区との興味深い関係をいくつか導き出しているが、本書の伝播研究にとって小林論文の中核的な貢献は、「地層」研究としての伝播研究という視点を提供した点にある。そしてこの視点は、あきらかに芸能の伝播を考えるうえで重要な示唆を与えるものである。

第三章　エイサーを分析する

一　伝承曲・編成・衣装

さて、本章ではいよいよ「謎解き」に着手する。その手始めとしてまず、与那国島に渡って久部良集落のエイサーを見たときのぼくの衝撃がどれほどのものであったかをわかりやすく説明してみたい。すなわち、双葉エイサーと久部良エイサーとの相違を具体的な事例を通して分析的に解き明かしていく。

最初にここで明記しておかなければならないことは、久部良から双葉へのエイサーの伝播の問題を検討する際、双方の伝承曲からのアプローチはまったく意味をなさないということである。両青年会のエイサー伝承曲はいずれもエイサーのもっとも標準的なレパートリーに属するため、たとえば、第二章第六節で触れた城エイサーの《板床ドンドン》のように、伝承曲の固有性から伝播経路の可能性を探る道ははじめから閉ざされていると言わざるを得ない。

すでに第一章第二節で述べたように、双葉エイサーのレパートリーは、盆エイサーと創作エイサーに分けられ、盆エイサーでは①《仲順流り》、②《久高万寿主》、③《とぅくい小（別名　てんよー）》、④《唐船どーい》の四曲が演奏される。他方、久部良エイサーでは創作エイサーは一切行わず、盆エイサーで演奏するのは①《ミンブチ》、②《久高》、③《蝶の舞（別名　スーリ東《あがり》）》の三曲である。曲名はそれぞれの青年会で使用されている名称を挙げたが、久部良の《ミンブチ》は《念仏》のことで、双葉の《仲順流り》と異名同曲である。そして、久部良の《久高》は双葉の《久高万寿主》と同曲。しかし、久部良の《蝶の舞》――より一般的には《スーリ東》として知られる曲――は双葉青年会ではまったく知られていない。他方、久部良青年会は双葉の伝承曲《とぅくい小》を知らない。ただ《唐船どーい》は、久部良エイサーの通常のプログラムには入っていないが、訪問先が豪邸で祝儀をはずむなど状況次第ではまれにプログラムの最後にカチャーシーの踊りを入れて演奏することはあるという。したがって、最後の《唐船どーい》を含めると、四曲中、三曲が双葉と久部良双方の共通エイサー曲ということになる。

問題は、これら共通の三曲、および双葉の《とぅくい小（てんよー）》、久部良の《蝶の舞（スーリ東）》はいずれも沖縄本島ではいたるところで演奏されるエイサーのもっとも一般的で標準的な伝承曲であるということだ。試しに、これらの曲がいかに一般的であるかを示すために、『エイサー三六〇度――歴史と現在』から沖縄市内の三七青年会のエイサー・レパートリーを調査した結果を引用してみよう[1]。それによると、三七団体のうちエイサー・レパートリーに含めているのは、《仲順流り》が二五団体（約六八％）、《久高万寿主》が三四団体（約九二％）、《唐船どーい》が三三団体（約八九％）、それに《とぅくい小（てんよー）》が二二団体（約五九％）、《蝶の舞（スーリ東）》が三一団体（八四％）と、いずれもよく演奏される曲であることがわかる。したがって、久部良と双葉に共通する三曲は一般的すぎて、久部良集落からのエイサー伝播を裏付ける根拠とはまったくなり得ないことがわかる。

そこで、双葉と久部良のエイサーを比較するにあたり、まずは外見上もっとも目に付く要素、すなわち、両エイサーの編成と衣装の相違を明らかにしておきたい。

エイサー演舞の編成は、双葉と久部良では大きく異なっている。双葉エイサーでは、すでに第一章で述べたように、男女混成による五、六台の大太鼓と一〇台ほどの締め太鼓の太鼓踊りのみで、手踊りは行わない。また、本島中部型の太鼓エイサーでよく見かけるチョンダラー（道化役）も登場しない。さらに歌と三線を担当する地謡もおらず、それに代わって地元の三線弾きの演奏を録音したカセットテープを使用する。

それに対して、久部良エイサーでは太鼓踊りと手踊りに分かれ、太鼓踊りはすべて男性が担当し、大太鼓衆四名、締め太鼓衆一三名を擁する。また手踊り衆は一五名の若い女性たちからなる。[2]この女性による手踊りの際立った特徴は、《ミンブチ》と《久高》では踊り手が市販のプラスティック製の「はたき」を両手にもち、また、《蝶の舞》では両手に日の丸扇をもって踊ることである（写真3-1、3-2。なお、久部良エイサーの「採《と》り物《もの》」[3]［踊りの際に手にもつ小道具］に関しては、第七章で詳しく検討する）。さらに、双葉エイサーと異なる点が二つある。ひとつは、二名のチョンダラーが登場して、踊り手衆の間をぬっておもむろに動き回り、場を盛り上げることである。もうひとつは、四名の地謡が歌と三線を担当することである。

エイサーの衣装に関しては、すでに述べたように、黒を基調とし、太鼓踊りの踊

写真３-１　久部良エイサーの「はたき」

写真３-２　久部良エイサーの日の丸扇

写真3-3　久部良エイサーのチョンダラーと地謡

り手が身に付けるTシャツ、スパッツ、スニーカー、脚絆はすべて黒色、それに盆エイサーの場合、大太鼓衆は黒地に赤衿の打掛（ウッチャキ）、締め太鼓衆は黒地に金衿の陣羽織をはおって、金帯を締め、金色鉢巻きをする。

　それに対して、久部良エイサーの衣装では双葉とは対照的に基調は白であり、太鼓衆は、大太鼓であれ、締め太鼓であれ、白色のワイシャツ、ズボン、足袋、それに白黒縦縞脚絆を身に付ける。打掛は羽織らず、ワイシャツの上に紫色のタスキをかけ、黒帯を締める。また頭には、紫色のマンサージ（頭に巻く布）を巻いて後ろに垂らす。一方、手踊り衆の女性たちは、紺色か水色の地に花柄をあしらった浴衣（クンジー）に黄色のタスキをかけ、赤帯か黄帯を締める。頭には手ぬぐいをかぶり、赤色のビーチサンダルを履く。また地謡は、四方に花飾りの付いたクバ笠をかぶり、黒衿の小紋染《こもんぞ》めの着物を着て、草履を履く。チョンダラーは、棕櫚《しゅろ》の繊維でできた先のとがった被り物（スルガー）を頭に付け、地謡と同様の黒衿の小紋染めの着物と白いステテコ、その上に赤ふんどしを垂らし、足には島草履（ビーチサンダル）、という出で立ちである。顔には白塗りの滑稽な化粧をし、クバ扇を手にしている（写真3-3）。

総じて、双葉エイサーが大太鼓と締め太鼓による太鼓踊りのみという簡素化された編成のエイサーであるのに対して、久部良エイサーは大太鼓と締め太鼓による太鼓踊りに、さらに女性の手踊りとチョンダラーが加わるという本島中部の太鼓エイサーのオーソドックスな編成を踏襲している。言い換えれば、久部良エイサーは、規模こそ小さいものの、外見的には「沖縄全島エイサーまつり」に出場する本島中部の典型的な太鼓エイサーに近いと言える。

ところが、実際の演舞を観察すると、その印象は大きく変わってしまう。「簡素化された」双葉エイサーの方が演舞自体ははるかに本島中部の太鼓エイサーに近く、久部良エイサーの方はかなり異なる印象を与える。その点を明らかにするために、次に双葉エイサーと久部良エイサーを音楽と舞踊の両面から比較検討することにしよう。

二　音楽分析(1)《仲順流り》と《ミンブチ》

ここでは、双葉エイサーと久部良エイサーの実際の演奏を採譜した資料をもとに、両者の音楽上および演奏上の違いを見てみることにする。巻末資料の楽譜3-1AとBは、双葉と久部良の《仲順流り》

（久部良では《ミンブチ》）の演奏を採譜したものである。〈4〉《仲順流り》（《念仏》）の歌詞には、多くのバージョンがあり、地域によってさまざまな歌詞で歌われているが、双葉エイサーの歌詞は、沖縄市の園田エイサーや具志川市の赤野エイサーで使用されている歌詞と同一である。また、久部良エイサーの《ミンブチ》の歌詞は、北谷町栄口《えぐち》エイサーの《エイサー節》とほぼ同一、沖縄市の登川《のぼりかわ》エイサーの《仲順流り》の歌詞とも一部重なる。〈5〉このように双葉と久部良では、《仲順流り》の歌詞のバージョンが異なるにもかかわらず、それぞれの歌詞の旋律線を追っていくと、両者が驚くほど重なり合っていることがわかる。

ほかに異なる点が二つある。ひとつは、大太鼓と締め太鼓の打つ間の違いである。もちろん、楽譜では双葉と久部良双方とも二拍子の「裏間」に打つ傾向が顕著であるが、しかし、久部良の《ミンブチ》の方は、双葉に比べて「表間」と「裏間」に一拍ずつ連打する打ち方がはるかに多い。もうひとつは、楽曲形式に関わることである。楽譜3-1Aから明らかなように、この歌は中間の囃子ことば「エイサー　エイサー　ヒヤルガエイサー　アスリササ」を境に歌詞の「上句」と「下句」の二つの旋律からなっている。仮に上句の旋律をⓐとし、下句の旋律をⓑとすると、さまざまな《仲順流り》の演奏を聞いてみると、ⓐ→ⓑと進むもの（ここではX形式と呼ぶ）とⓐ→ⓐ→ⓑと進むもの（Y形式）の二通りの演奏形式があることがわかる。〈6〉これは、おそらく歌詞の構成の違いによるものであろう。楽譜から明らかなように、双葉エイサーの《仲順流り》の演奏はX形式に、久部良エイサーの《ミンブチ》の演奏はY形式によっている。

しかし、《仲順流り》と《ミンブチ》の演奏には、こうした相違が瑣末なものに思えるほど、じつはそれよりはるかに決定的にして重大な相違がある。それは、テンポの違いである。エイサーの演奏は、いずれの演奏でも進行するにつれて微妙にテンポが速まっていく傾向がある。そのため、掲載している楽譜では、冒頭数小節の、つまりそれぞれの演奏のもっとも緩やかなテンポを速度表示に示してある。それを比べると、四分音符一拍の速度が《仲順流り》では六〇、《ミンブチ》では三九となる。この数字ではテンポの違いが具体的にイメージしにくいので、三線の八分音符ひとつ分の速度に置き換えて示すと、《仲順流り》が一二〇、《ミンブチ》が七八となって、同じ曲でも久部良エイサーが著しく遅いテンポで演奏されていることがわかる。実際、双葉の《仲順流り》の映像を見たあとで、久部良の《ミンブチ》の演奏を見ると、一瞬スローモーションで見ているような錯覚に襲われる。エイサーを知るものに久部良エイサーの映像を見せると、まず驚嘆するのは、そのスローテンポなのである。

そこで、久部良エイサーの《ミンブチ》のテンポがいかに遅いものであるかを理解する手掛かりとして、You Tube にアップロードされているエイサー団体の《仲順流り》のテンポを比較してみることにしよう。本島中部沖縄市のエイサーは戦後の「全島エイサーコンクール」での時間制限などの影響によって演奏のテンポが加速したと言われるが、[7] 同じ曲でも青年会によって微妙にテンポが異なることがわかる。たとえば、沖縄市の代表的なエイサー団体として、園田エイサー、久保田エイサー、登川エイサーの三団体を例にとると、このなかで《仲順流り》のテンポがもっとも速いのは久保田エイサーで四分音符一拍が七三、その次に速いのが園田エイサーで六九、もっとも遅いのが登川エイサーで六〇、となる。[8] この登川エイサーの四分音符一拍が六〇というテンポは双葉エイサーのそれと同じである。

また、四分音符一拍が六〇台というテンポは本島北部国頭村の女エイサーの異名同曲《念仏》の演奏でもよく見られることは、小林幸男の研究が明らかにしている。第二章第三節の「エイサーの四分類」で述べたように、国頭村の女エイサーではテンポの速い曲と遅い曲を組み合わせて演奏する。《念仏》が遅い曲に属する場合、たとえば与那《よな》の《七月念仏》は四分音符一拍が六六、宇嘉《うか》の《長念仏》は六五、辺土名《へんとな》の《七月念仏》は七二である。それに対して、数は少ないが速い曲に属する《念仏》の場合には、宇嘉の《山に咲く花（念仏）》の四分音符一拍が一八〇のように、テンポは法外に速い。〈9〉要するに、本島北部では念仏系のエイサー曲は遅いテンポの場合でも、四分音符一拍が六〇台か七〇台で演奏されるということである。

他方、うるま市与勝半島のパーランクーエイサーは本島中部のエイサーのなかでは比較的テンポが緩やかなことで知られている。You Tube でこの地域のパーランクーエイサーの《仲順流り》の演奏を調べてみると、たしかにほかの地域よりもかなりゆっくりと演奏されていることがわかる。平敷屋東《へしきやあがり》エイサーと屋慶名エイサーでは四分音符一拍が五三、平安名《へんな》エイサーでは四九、である。〈10〉おそらくこれらは、沖縄本島で演奏されている《仲順流り》のもっとも遅い演奏と言えるだろう。

こうして、ほかの地域の《仲順流り》（ないし《念仏》）の演奏のテンポを比較検討してくると、久部良エイサーの《ミンブチ》の四分音符一拍が三九というテンポがいかに遅いものであるかがおわかりいただけよう。そして、由来伝承によれば、この久部良エイサーが双葉エイサーの元となったエイサーなのである。

三　音楽分析(2)《久高万寿主》と《久高》

楽譜3-2AとBに、双葉と久部良の《久高万寿主》（久部良では《久高》）の演奏を示した。まず歌詞に関して言えば、一番目の歌詞は多くの青年会が使用する、この曲のもっとも一般的な歌詞で、両者とも同一である。しかし、二番目以降の歌詞は異なる。双葉の《久高万寿主》の二番目の歌詞は、大宜味村饒波《のは》の女エイサーで歌われる《久高》の二番目の歌詞および嘉手納町千原エイサー保存会の《久高節》の三番目の歌詞とほぼ同じである。一方、久部良の《久高》の二番目の歌詞は、北谷町栄口エイサーの《久高節》の二番目の歌詞および読谷村楚辺エイサーの《久高節》の三番目の歌詞と同一。また久部良の三番目の歌詞は、双葉の二番目と似ているが、双葉の「那覇ぬ行き戻り」が久部良では「那覇ぬ七《なな》戻り」になっている。この後者のバージョンは、栄口エイサーの《久高節》の三番目の歌詞に見出される。

一方、双葉と久部良の《久高万寿主》の旋律を比較してみると、《仲順流り》の場合よりも、はるかにその同一性は高い。小林（公江・幸男）は名護市のエイサー研究のなかで、「《久高》の旋律自体は全島ほとんど変わりがない」と述べているが[11]、双葉と久部良の事例はそのことを裏書きしている。あえて相違——それもマイナーなものだが——を挙げれば、冒頭の歌詞「くだか　スリササ（囃子）」の部分は、双葉エイサーでは反復されるが、久部良エイサーでは省略され、反復は次の小節の「くだか　まんじゅすや」から始まること、太鼓衆と手踊り衆の囃子が久部良では双葉よりはるかに多く挿入されること、などである。

この曲でも、《仲順流り》と同様、両者の演奏の決定的な違いはテンポにある。四分音符一拍の速度が双葉エイサーでは六〇、久部良エイサーでは四一、である。前節の《仲順流り》のテンポに関する議論の際に、沖縄本島におけるエイサーのテンポの地域的な差異についてはすでに触れたので、ここでは少数の例を挙げるにとどめる。You Tube によれば、《久高万寿主》の四分音符一拍の速度は、沖縄市の久保田エイサーが七〇、登川エイサーが五八、さらに付け加えれば、諸見里エイサーが七二、である。[12]与勝半島のパーランクーエイサーに関しては、You Tube その他の資料でかなり調べたが、《久高万寿主》はパーランクーエイサーのレパートリーに入ってはいない。太鼓エイサーであれば、通常《仲順流り》の次に《久高万寿主》が演奏されるが、パーランクーエイサーの場合には、どの青年会でも《仲順流り》のあとには別の曲を入れている。この情報の欠落を補う意味で、ふたたび本島北部の女エイサーの例を挙げれば、大宜味村饒波の女エイサーの《久高》は六六、国頭村宇嘉の女エイサーの《久高万寿主》は六五、である。[13]

したがって、《ミンブチ》の場合と同様、久部良エイサーの《久高》の四分音符一拍の速度が四一というのは、沖縄本島の《久高万寿主》の演奏と比べると、法外に遅いことがわかる。これが、双葉エイサーの「元となった」と伝えられる久部良エイサーの実態なのである。

四　音楽分析(3)《とぅくい小》と《蝶の舞》

楽譜3-3と3-4は、それぞれ三曲目に演奏される双葉エイサーの《とぅくい小》と久部良エイサーの《蝶の舞》の演奏を採譜したものだ。すでに述べたように、通常《とぅくい小》は《てんよー（節）》、《蝶の舞》は《スーリ（ー）東》と呼ばれている曲である。もちろん、両者は別個の楽曲だが、それぞれを見ていくと、いくつか注目すべき点がある（なお、ここでは前節と異なり、異名同曲の相違が問題ではないので、歌詞の検討は省くことにする）。

まず、それぞれレパートリーの三曲目に位置付けられた《とぅくい小》と《蝶の舞》には、いくつかの共通点がある。両曲とも、付点八分音符と一六分音符からなる弾むようなリズムで全体が構成されている。それぞれのエイサーで三曲目にこのように同一のリズムを特徴とする曲が配置されている理由については、いくつかの推論が可能ではあるが、確かなことは言えない。また、双葉と久部良双方とも、《仲順流り》と《久高万寿主》の演奏では、大太鼓と締め太鼓の打つ間はおもに二拍子の「裏間」であった。ところが、《とぅくい小》と《蝶の舞》（一回目）では、一貫して太鼓は「表間」（二拍子の一拍目）で打たれる。ただ、この点に関しては、《蝶の舞》の演奏には補足的な説明が必要だろう。久部良の《蝶の舞》の演奏では一回目では太鼓は「表間」で打奏されるが、最後の三拍子の変則的な拍子を境に太鼓は「裏間」で打ち始め、二番目の歌詞以降一貫して「裏間」で打ち続ける。当初、採譜しながらこの構造の変化に気づいたとき、ひょっとして一回目の「表間」の打奏は打ち間違いではないかと、久部良青年会のヤーマーイの異なる場での《蝶の舞》の演奏を何度も確認したが、いずれも楽譜に示すように演奏されていた。すなわち、久部良エイサーの《蝶の舞》における太鼓打奏の「表間」と「裏間」の転換は、固定した演奏形式になっているということである。

もうひとつの共通した特徴は、双葉エイサーの《とぅくい小》と久部良エイサーの《蝶の舞》は、それぞれの青年会のレパートリーの他の二曲よりテンポが倍近く速いということだ。双葉エイサーでは《仲順流り》も《久高万寿主》もともに四分音符一拍の速度は六〇であったのに対して、《とぅくい小》は一一七である。同様に、久部良エイサーでも《ミンブチ》は三九、《久高》は四一であったのに対して、《蝶の舞》は八一である。前述した「弾むリズム」と相まって、この速いテンポは楽想や曲の雰囲気を大きく変える。これは、エイサーの演舞の構成法として、三曲構成の場合、三曲目は前二曲とはまったく異なる性格の曲を配するという慣行があることを示唆しているのかもしれない。

これに関連して久部良エイサーのテンポに関しては、もう一点、注意を喚起しておかなければならないことがある。久部良エイサーの場合、《ミンブチ》と《久高》の演奏から読者は、久部良エイサーはつねに法外に遅いテンポで演奏されるという印象を受けたかもしれない。しかし、じつは《蝶の舞》のテンポは、たとえば本島中部の太鼓エイサーの久保田青年会の《仲順流り》の演奏（四分音符一拍の速度七三）、あるいは諸見里青年会の《久高万寿主》の演奏（同七二）よりはるかに速い。ちなみに、それら中部のエイサー団体の《スーリ東》の速度を示せば、久保田エイサーが一一九（終盤が一二一）、諸見里エイサーが一一七（終盤が一二二）であり、[14]《スーリ東》はもともと《仲順流り》や《久高万寿主》よりはるかに速いテンポで演奏される曲であるということがわかる。その意味では、久部良の《スーリ東》

《蝶の舞》は、相対的にはかなり遅いテンポ（四分音符一拍の速度八一）で演奏されているということは言える。

さらに、久部良エイサーの《蝶の舞》の演奏の特徴は、そのテンポの加速の度合いにある。前述したように、エイサーの演奏では、進行するにつれて微妙にテンポが速まっていく傾向がある。しかし、その速度変化はまさに微妙で、一拍の加速の度合いはせいぜい五ポイント程度、すなわち六〇が六五になるくらいである。この点は、双葉エイサーの三曲でも、また久部良エイサーのほかの曲でも、あるいは、ほかのエイサー団体の演奏でも確認済みである（前述の久保田エイサーと諸見里エイサーの《スーリ東》の速度変化を参照）。ところが、久部良エイサーの《蝶の舞》は、最初は四分音符一拍の速度が八一でありながら、一分二〇秒あまりの演奏のなかで、終盤には一〇二と二〇ポイント以上も加速する。《蝶の舞》のこの際立った速度変化も、久部良エイサーの著しい特徴のひとつと言えるだろう。

こうして双葉と久部良双方のエイサーの演奏を比較してくると、子細な点で両者の相違はいろいろあるものの、もっとも際立った決定的な違いはそのテンポにあるということは明白である。すなわち、久部良エイサーのテンポは著しく遅い。おそらく久部良エイサーは、沖縄諸島と先島諸島で行われているエイサーの中でもっともテンポの遅いエイサーに属すると言えるだろう。この久部良エイサーの法外に遅いテンポは、エイサー発展史の観点からも注目に値する。『エイサー三六〇度——歴史と現在』には、沖縄市内のエイサー団体に関して戦前と戦後に分けて、それぞれの活動状況が記載されている。そして戦後のエイサーに関しては、「戦前のエイサーに比べて、全体的にテンポが速くなった」といった指摘が散見される（嘉間良、胡屋、園田、美里など）。また、現在のエイサーの古形である念仏歌のエイサーが戦前行われていた本島の南部地域では、「当時のエイサーは、曲のテンポもゆったりとしていた」と記されている。[15] すでに本章の「音楽分析(1)」で述べたように、戦後、エイサーのテンポがどんどん速まっていったのだとすれば、久部良エイサーの法外に遅いテンポは、今日では珍しいエイサーの「アルカイック性」（古形要素）を残存させていると言えるのかもしれない。

他方、双葉エイサーのテンポは本島中部の典型的な太鼓エイサーのテンポで、今述べた久部良エイサーの注目すべき特徴が双葉エイサーには欠落している。

五　舞踊分析の方法

さてでは、双葉エイサーと久部良エイサーの踊りにはどのような相違が見られるのだろうか。ちなみに、双葉エイサーには手踊りがないため、手踊りはここでは比較の対象とはならない。そこで、本節では双方のエイサーの太鼓踊りに焦点を当て、手踊りに関しては簡単に触れるにとどめる。

これまでエイサーの踊りに関して、舞踊譜を利用して詳細に記述ないし分析した研究は二つある。岡本純也と小林幸男によるものである。岡本は、与勝半島の平敷屋エイサーのパーランクー太鼓衆の踊りの構造分析を行ったが、[16] その際、板谷徹による「再現の舞踊譜」と「解釈の舞踊譜」という概念的区分に注目した。板谷は、ラバノーテーションのような踊りの動きを再現する手段になり得る舞踊譜を「再現の舞踊譜」、舞踊を理解する枠組みとしてそれぞれの舞踊に固有の「分節の論理」を明らかにする舞踊譜を「解釈の舞踊譜」と名づけ、民俗舞踊研究における後者の重要性を強調した。[17] 岡本は、この「解釈の舞踊譜」の考え方に則って、「へーシ（囃子）」の掛け声が踊りの動きに対応しているとの認識のもと、さまざまなへーシによって分節された動きを「舞踊素」ととらえ、エイサーの踊りをそれら舞踊素の連なりとして独自の記号で記述した。この舞踊譜は、解説を詳細に読んでいけば、そこに記載されている内容は理解できるし、その有効性は認められるものの、しかし、外見的には「1Lg, 2Ag, 16Bg, 16Ag, 8Ac...」などと記号が連綿と続いていくだけの記譜法で、舞踊譜としてはたいへんにわかりにくい。双葉エイサーと久部良エイサーの踊りの比較検討にとって、このように高度に抽象化された記号による舞踊譜がふさわしいとは思われない。

一方、小林は彼の最初期のエイサー研究のなかで、本島北部の饒波、与那、奥間《おくま》の七月舞（エイサー）のドキュメントを三篇の論文にして発表しているが〈18〉、そのなかで各エイサー曲の楽譜の下に舞踊譜を併記している。その舞踊譜は基本的には前述の板谷のいう「再現の舞踊譜」であるが、楽譜の下に四段のスペースを設けて、それぞれ身体の方向、足の移動と重心の位置、体の傾斜、手の動きを独自に考案した符号を駆使して詳細に記している。これは、各符号の意味を会得したならば、かなり再現性の高い練り上げられた舞踊譜であると思われる。また、ラバノーテーションとはちがって楽譜と併記できることから、当初、本書の舞踊の比較検討でも採用することを考えていた。しかしながら、この小林版舞踊譜をよく検討してみると、たとえば、手の動きにしても「目の高さ」か「肩の高さ」か、あるいは「指先は上を向く」か「下を向く」か、「上体の傾斜」は前後左右のどちらか、など、動きの正確な再現性を目指しているだけに、記述の内容が詳細すぎる。双葉エイサーと久部良エイサーの舞踊の動きの主要な相違がわれわれの第一の関心事であるときに、そのような動きの詳細な記述が必要なのかどうか、内容が詳細すぎてかえってわれわれの知りたい事柄がわかりにくくなるのではないかという懸念が生じた。また、小林版舞踊譜のさまざまな符号の羅列が実際の舞踊の分析にどの程度有用であるかという点でもやや疑問が残った。そのため、本章の舞踊分析では舞踊譜を用いず、あえて通常の文章による記述をもとに比較分析を進めていくことにした。すなわち、舞踊譜の作成に要求されるのと同じ時間と労力を舞踊における動きの文章記述に傾注し、それによって双葉と久部良双方のエイサーの踊りにおける相違を明らかにすることを試みた。

ただ、文章による記述をもとに比較すると言っても、双方のエイサーの舞踊の動きを連綿と文章表現していくだけでは比較したことにならない。そのためここでは、前述の岡本と小林の舞踊譜の考え方を参考に、まず一連の舞踊の動きをいくつもの「動きのパターン」に分節していくことを試みた。そして、それぞれのパターンに記号をつけ、その動きを簡潔に文章化して、それを一覧表にまとめることにした（ちなみに、各エイサー曲の舞踊は、それらの記号の連続として表すことができる）。このような方法をとったのは、双方のパターンの文章記述を比較することによって、双方の舞踊の主だった相違が明らかになると考えたからである。

さて、前述した板谷の研究（具体的には、長野県大河内の「湯ばやしの舞」の研究）では、動きのまとまりを表すその土地の名称が、また岡本の研究（平敷屋エイサーの研究）ではエイサーのへーシ（囃子）がそれぞれ「動きの分節」を知る手掛かりとして有効に機能したようである。しかし、双葉エイサーと久部良エイサーの踊りに関しては、そのような「動きの分節」を見きわめる手掛かりを見出すことはできない[19]。そこで実際の踊りの映像を見ながら、それぞれのエイサーのレパートリー三曲のなかで反復される

「動きのまとまり」を「動きのパターン」と見なして、それぞれの舞踊における「動きのパターン」を分類・記述していくことにした。なお、ここでいう「動きのパターン」とは、岡本のいう「舞踊素」と同義ではない。むしろ、いくつかの「舞踊素」の集合が「一パターン」を形成していると考えた方がよい。この分析の方法は、久部良エイサーでは比較的容易であったが、双葉エイサーの場合には、のちに詳述するように、同じ動きのまとまりの反復がまれなため、困難をきわめた。その場合には、原則として二つの動作、すなわち、太鼓の二打奏に伴う一連の動作をひとまとまり（「一パターン」）と見なして分析を進めた（それは、久部良エイサーにおいて「動きのパターン」が二打奏でひとまとまりを形成する傾向が見られたためだ）。もちろん、これはやや恣意的な分析との誹りを免れないが、それぞれのパターンの動きを記述する文章に関する限り、どのように「動きの分節」がなされようと、文章記述の内容そのものに大きな差異が生じるとは思われない。したがって、この方法は、双葉と久部良のエイサーの踊りの比較検討には有効であると考えた。

なお、この踊りの分析に際しては、背景となる音楽との同期の問題は一切考慮せず、踊りの動きだけに焦点を絞った。また、締め太鼓の踊りは基本的に大太鼓の踊りのパターンに従っているため、特記すべき事項がない限り、締め太鼓の踊りに関しては記述を省略した。

六　久部良エイサーの舞踊分析

さて、表3-1は、久部良エイサーの《ミンブチ》《久高》《蝶の舞》の三曲の踊りに見られる「動き

表3-1　久部良エイサーの「動きのパターン」一覧

(a)	①正面
	②直立
	③左右の足は一拍ずつの太鼓打奏の裏間に，交互に前方に突き出しては戻す。
	④右手バチは，左から大きく弧を描いて頭上で一回転させてから振り下ろして鼓面を一拍ずつ打つ。
(a′)	(a)と基本的に同じ動きのパターンだが，音楽上の違いから，打奏するリズムは｜♪.♬𝄽｜♩　𝄽　｜となり，打奏後の裏間で右足を突き出しては戻す（左足は足踏みのみ）。
(b)	①左向き⇒右向き（打奏後回転）
	②前屈⇒直立（打奏後）　＊締め太鼓衆は前屈時に腰を落とす。
	③右足を左側に踏み出し，打奏後その右足を軸に時計回りに半回転して左足を地面に着く。
	④後頭部から振り下ろした右手バチは前屈時に太鼓を半拍の音価で二回打つ。
(b′)	(b)とまったく同じ「動きのパターン」だが，その直前に左足を左側に踏み込み，同時にバチをもった右手を右方向に大きく広げる。 ＊締め太鼓衆はバチをもった右手と太鼓をもった左手を大きく左右に広げる。
(c)	①右向き
	②直立
	③右足，左足と大きく一歩ずつ踏み出す（最後に両足そろえる）。
	④右手バチは(a)④と同じ要領で，足の着地とともに一拍ずつ打奏する。
(d)	①左後ろ向き
	②やや前屈（中腰）　＊締め太鼓衆は前屈時に腰を落とす。
	③左足を踏み込んで左後ろ向きになり，さらに右足を大きく上げて踏み込む。
	④右手バチは(a)④と同じ要領で，右足を踏み込んだ時に一回打つ。
(e)	①一回転半⇒正面
	②やや前屈（中腰）⇒直立（正面）
	③踏み込んだ左足を軸に反時計回りに一回転し，さらに右足を軸に同じ方向に半回転して正面向いて両足をそろえる。
	④右手バチは(a)④と同じ要領で，軸足の左足，軸足の右足，正面で両足をそろえた時の計３回，それぞれ一拍ずつ打奏する。
(f)	①一回転半⇒正面
	②やや前屈（中腰）⇒直立（正面）
	③左足と右足で大股にゆっくりと反時計回りに一回転半回って正面を向く。歩数は計８歩。
	④右手バチは(a)④と同じ要領で，左右の足で一歩踏み込むごとに一回打奏する。
(f′)	基本的には(f)と同様，回転する。ただし，姿勢が直立である点，一回転で正面を向く点，太鼓打奏のリズムが｜♪.♬𝄽｜♩　𝄽　｜である点が(f)と異なる。
(g)	①左向き⇒右向き⇒左後ろ向き⇒正面
	②前屈⇒直立⇒前屈⇒直立
	③右足を左側に踏み出し，打奏後左足を軸に時計回りに半回転して右足を右に踏み込む。二回目の打奏後，左足を右後ろに着いてから右足を左後ろに大きく踏み込む。三回目の打奏後，左足を軸に反時計回りに半回転して右足を着いて正面を向く。
	④右手バチは(a)④と同じ要領で最初の右足の踏み出しで♪.♬と打ち，半回転後の右足の踏み込みで一拍打つ。次に左後ろへの右足の踏み込みで♪.♬と打ち，半回転後の右足の着地で一拍打つ。

表3-2　久部良エイサーの踊りの構成

《ミンブチ》
(a)→(b)→(c)→(d)→(e)→(b′)→(c)→(d)→(f)→(a)
《久高》
(a)→(b)→(c)→(d)→(f)→(b)→(c)→(d)→(f)→(a)
《蝶の舞》
(a′)→(g)→(g)→(f′)→(b′)→(a′)

のパターン」を一覧表にしたものである。この一覧表では、小林版舞踊譜にならってそれぞれのパターンに四段の記述スペースを設けている。①は身体の向き（正面・後・左・右）、②は全身の姿勢（直立・前屈など）、③は足の動き（軸足はどちらかなど）、④は右手バチの打奏法（いつ、どのように打つか）を記している。また、表3-2は、実際のエイサーの踊りにおいて、それらの「動きのパターン」がどのように連なって演じられるか、すなわち、踊りの構成をパターンの記号によって示している。これは、もちろん「舞踊譜」を意図したものではないが、「動きの分節」を軸に記述している点で、板谷のいう「解釈の舞踊譜」に通じるところがある。

これらの表を見ると、三曲の踊りを合わせてパターン(a)から(g)まで計七つの動きのパターンしか見出されないことがわかる。このことは、久部良エイサーの舞踊がかなりパターン化した演舞であることを示唆している。ちなみに、パターン(a)、(b)、(f)にはそれぞれダッシュの付いたもの(a′)、(b′)、(f′)があるが、それらは原型パターンの一種のヴァリエーションと考えられるものだ。そうしたヴァリエーションが生じる理由のひとつは明らかに、三曲目の《蝶の舞》の一拍のリズムが多くの場合、四分音符ではなく付点八分音符プラス一六分音符によって構成されていることによる（ただし、(b′)はこれには該当しない）。

沖縄本島中部、沖縄市の太鼓エイサーは、すでに述べたように、戦後に始まった全島エイサーコンクールの影響で見栄えのするパフォーマンスとして勇壮・豪快な振り付けに発展しているので、久部良エイサーをこの中部の太鼓エイサーと比較するのは必ずしも適切ではないかもしれない。しかしそれにしても、中部の典型的な太鼓エイサーと比べると、久部良エイサーの三曲の演舞で「動きのパターン」がたった七つというのは極端にパターン数が少ないという印象を受ける。つまり、非常に限られた数のパターンを何度も反復しているということである。たとえば、表3-2からも明らかなように、《ミンブチ》の場合、踊りが一巡するのに前半（囃子の前まで）と後半（囃子部分）で(b)（あるいは(b′)）→(c)→(d)とほぼ同じ「動きのパターン」が同じ順序でくり返される。さらに、そのあとの(e)と(f)はパターンの分類では別個なものとして扱われているが、表3-1の記述を見ると、ともに「やや前屈」して「一回転半」回って「正面」を向く動きであることがわかる。つまりは、《ミンブチ》では前半と後半でほとんど同じ踊りの動きが反復されているのである。もっと極端な例は、《久高》に見ることができる。この曲では、前半（歌詞の部分）と後半（歌詞後の囃子部分）で(b)→(c)→(d)→(f)とまったく同一のパターンの連なりがくり返される。このことから、《ミンブチ》と《久高》では、まったく同一の動きの素材によって踊りが構成されていて、両者の舞踊上の同質性はきわめて高いと言うことができる。

ところが、《蝶の舞》はそれとは異なり、特徴的なリズムや速いテンポと相まって、視覚的にも躍動的で、異質な踊りという印象を与える。ここでも前二曲と同じパターンのヴァリエーション（(a′)、(b′)、(f′)）は現れるものの、パターン(g)の左右への敏速な足の移動が踊り全体に独特なダイナミズムを与えている。

締め太鼓の踊りに関しては、ほとんど大太鼓の踊りに従っているが、表3-1に特記したように、大太鼓衆が前屈のときには締め太鼓衆は腰を落とし（パターン(b)と(d)）、また直立して打奏するときには太鼓を頭上左側にかかげて打つ。

女性の手踊りは、すでに触れたように、《ミンブチ》と《久高》では両手に市販のプラスティック製の「はたき」をもち、また《蝶の舞》では両手に一組の日の丸扇をもって踊る。いくつか踊りの特徴を挙げれば、大太鼓衆が前屈して二回打奏するとき（パターン(b)）、それと連動して手踊り衆も前屈し、左手の「はたき」を下向きにして、その上を右手の「はたき」でトントンと二度軽くたたくこと、パターン(b′)で締め太鼓衆が太鼓とバチを両手で左右に大きく広げるとき、同様に女性たちも「はたき」を左右に大きく広げるため、全体の光景に一瞬ダイナミックな変化が生まれること、さらに《蝶の舞》では、女性たちが大太鼓の動きに従いながらも、両手の扇をつねにひらひらと動かしながら踊るため、「蝶が舞っている」ような印象を与えること、などである。

七　双葉エイサーの舞踊分析

表3-3に双葉エイサーの《仲順流り》《久高万寿主》《とぅくい小》の三曲の踊りに見られる「動きのパターン」を一覧表にまとめた。久部良のそれと比べると、かなり長いリストになっている。まず双葉エイサーの踊りに関して言えることは、踊りの振り付けがたいへん入り組んでいて、文章表現することがきわめて難しいということだ。かなりの時間をかけて記録映像をくり返し吟味して各動作を言葉で説明してみたが、それによって読み手に視覚的イメージを喚起することができているかどうかに関しては、不安が残る。さらに、双葉エイサーの踊りには同一パターンの反復が非常に少なく、次から次へと

新たなパターンが紡ぎ出されるように連なっていくために、結果的に「動きのパターン」の数が久部良のパターン数の二倍以上（二五パターン）になっている。また、パターンの記述項目③と④の説明がとくに長いことも、双葉エイサーの「動きのパターン」がいかに込み入った要素の複合であるかを物語っている。

さて、ここで双葉エイサーの踊りの特徴を表3-3から概観しておこう。

双葉エイサーの踊りの最大の特徴は、そのバチさばきにある。多くの本島中部型の太鼓踊りのバチの扱い方を見ると、例外なくバチは右上からストレートに下におろして鼓面を打つ、あるいは、打つ前にバチと手首を頭上で一回転させてからバチを振り下ろして鼓面を打つ、というのが一般的である（もちろん、これらは久部良と双葉、両エイサーにも見られる）。ところが、双葉の場合には、Ⓐ④のように「手首をくねらせ左右に（バチを）二回揺らしながら振り下ろして鼓面を打つ」、あるいはⒷ④のように「バチを一旦後ろに引いたのち、すぐに胸の高さで正面左側にもっていき、その直後に（バチを）右後ろに引き戻してから二回打つ」というように、複雑なしぐさが打奏直前に行われることが多い。しかも、このバチさばきは定型化していて、さまざまなパターンで何度もくり返される（Ⓒ、Ⓘ、Ⓙ、Ⓚ、Ⓜなど）。これは、双葉エイサーの踊りをもっともユニークに見せる双葉特有の独創的な振り付けと言えるだろう。

もうひとつの特徴は――これは先のバチさばきと関連するが――、双葉エイサーの踊りでは、バチを握った手首をつねにくねらせ、バチを回転させているように見せることである。この動作は、右上からストレートにバチを振り下ろす場合にも、バチを頭上で一回転させて打奏する場合にも見られる。それが結果的に、双葉エイサーの踊りはバチさばきに装飾的な動きが多く、複雑であるという印象を与え

表3-3　双葉エイサーの「動きのパターン」一覧

(A)	①正面
	②直立
	③左足を前に出し，指先を上に地面にかかとを着ける。それから軽く前方に蹴って元に戻す。右足でも，左足と同じことを行う。
	④右手バチは，頭上にかかげてから手首をくねらせ左右に二回揺らしながら振り下ろして鼓面を打つ。打つタイミングは，左右の足のかかとを地面に着けたときにそれぞれ一回ずつ打つ。
(A')	基本的に(A)と同じだが，一拍ずつ打つ太鼓の一拍の裏間に左右の足を交互に地面に着けずに，軽く蹴るようにして元に戻す点，右手バチは手首を頭の上で一回転させてからバチを小さく振り回して鼓面を打つ点が異なる。
(B)	①左向き⇒右向き
	②やや中腰
	③右足を大きく左側に踏み出し左向きになり，右足を軸に左足を大きく上げ，上半身をのけぞり少し宙を蹴ってから左足を下ろす。次に右足を後ろに踏み込んで右向きになる。
	④右手バチは右足を左に踏み出した時に半拍の音価で二打奏する。その際，右手バチを一旦後ろに引いたのち，すぐに胸の高さで正面左側にもっていき，その直後に右後ろに引き戻してから二回打つ。次に右足を後ろに踏み込んだ時に右向きで一打奏し直ちに正面を向く。 ＊締め太鼓は，右足を後ろに踏み込んで一打奏した時に，打った勢いで太鼓を時計回りに下から上に大きく一回転させる。
(C)	①正面⇒右向き
	②やや中腰
	③正面向いて左足を着き，次に右足を大きく踏み込んで，その足を軸に左足を宙に浮かせて下ろす。次にその左足を軸に右向きになり，浮かした右足を右後ろに着く。
	④右手バチは正面向いて右足を踏み込んだ時に(B)④と同じ要領で一回打つ。そのあとバチを前方に真っすぐ伸ばして一瞬静止し，次に右向きになって，右足を着いた時に一打奏する。
(D)	①一回転⇒正面
	②やや中腰
	③左足，右足とゆっくり四回足踏みをしながら反時計回りに一回転して正面を向く。その際，上半身を少し後ろにのけぞって，もう一方の足は大きく宙に蹴り上げる。
	④右手バチは，四回の足踏みのたびに，上にかかげた手首を頭の上で一回転させてからバチを小さく振り回して鼓面を一回ずつ計四回打つ。
(E)	①正面⇒一回転⇒正面
	②直立
	③左足を前に踏み込んで，その左足を軸に反時計回りにクルッと半回転して後ろを向き右足を着く。さらに左足を踏み込んで，その左足を軸にさらに反時計回りに半回転して正面を向き，右足を左足にそろえる。
	④右手バチは後ろ向きになって右足を着いた時に，上にかかげた手首を頭の上で一回転させてからバチを小さく振り回して鼓面を半拍の音価で二回打つ。次に正面を向き，右足を左足にそろえた時に(A)④と同じ要領で一回打つ。
(F)	①右向き⇒正面
	②直立⇒中腰
	③右足を後ろに踏み込んで右向きになり，少しのけぞって左足で宙を軽く蹴ってから左足を正面前に着く。次に正面を向いて右足を左足にそろえて中腰になる。
	④右手バチは右向きになった時に右後ろに高くかかげ，それからバチを頭上で一回転させてからバチを小さく振り回して一回打つ。打奏時は，両足をそろえて膝を曲げて中腰になっている。また，打奏後は，直ちにバチを前方に伸ばして静止する。
(F')	基本的に(F)と同一だが，異なる点は，打奏が一回ではなく，半拍の音価で二回であること，打奏後にバチを前方に伸ばして構える動作がないこと，である。
(G)	①右向き⇒左向き
	②直立
	③右足を右側に踏み出し，右向きの姿勢から左足を大きく浮かせて左側に踏み込み，反時計回りに半回転して左向きになる。それから左足と交差させて右足を踏み込む。
	④右手バチは右側に右足を踏み出した時に右後ろから勢いよく一回打つ。次に半回転して左向きになり，右足を踏み込む時に右手バチを胸の左側にもっていき，直後に右後ろに引き戻して，手首を一回転させて一打ちする。 ＊締め太鼓は，右足を右側に踏み出した時に左手の太鼓を左側から右側に移して一打奏して，そのまま時計回りに大きく下から上に一回転させる。

(H)	①右向き
	②腰を落とす⇒中腰（左屈・右屈）
	③(G)の最後に踏み込んだ右足を軸にクルッと時計回りに半回転して右向きになり，両足をそろえてしゃがむ。次に立って，左足を軸に右足を大きく宙に浮かせて全身を左側に傾け，次に右足を軸に左足を宙に浮かせて全身を右側に傾ける。
	④右手バチはしゃがんだ時に一打奏し，次に全身を左側に傾けた時にバチを右上にかかげて全身を右側に傾けたときに一打奏する。
(I)	①後ろ向き⇒正面
	②腰を落とす⇒直立
	③左足を左側に踏み出し，その足を軸に時計回りに半回転して後ろ向きになって両足をそろえてしゃがむ。次に立ち上がって左足を前に大きく踏み出し，その足を軸に時計回りにクルッと半回転して正面を向く。
	④右手バチは後ろ向きになってしゃがんだ時に一打奏し，立ち上がって左足を前に踏み出した時にさらに一打奏する。次に半回転して正面を向いた時に(A)④の要領で一回打つ。
(J)	①正面
	②前屈⇒直立
	③左足を軸に右足を正面左側に踏み出し（左足は少し浮く），次に後ろに踏み戻す（左足は少し浮く）。
	④右手バチは右足を左側に踏み出した時に前屈して(A)④の要領で半拍の音価で鼓面を二回打ち，右足を後ろに戻した時に直立して同じ要領で一回打つ。
(J')	(J)とまったく同様だが，正面ではなく，右向きである。
(K)	①正面⇒左向き
	②直立
	③左足を軽く宙に蹴り上げてから右足を前に出し，かかとを地面に着ける。次に右足を右側に踏み出し，左足を大きく左側に踏み込んで左向きになる。
	④右手バチは，右足のかかとを地面に着けた時に(A)④の要領で鼓面を一回打ち，左足を左側に踏み込んだ時に同様に(A)④の要領で一回打ち，直ちにバチを高くかかげて次の打奏の準備に入る。
(L)	①後ろ向き⇒右向き
	②腰を落とす⇒軽いジャンプ
	③左向きから反時計回りに後ろ向きになり，右足を左足にそろえてしゃがむ。次に大きく伸びをしてバチを真っすぐに上に伸ばしながらジャンプをする。ジャンプをしながら反時計回りに右向きになり，ジャンプの反動を利用して再び両足そろえてしゃがむ。次に再び同じ要領でジャンプをする。
	④右手バチは，高くかかげてしゃがむたびに(A)④の要領で一打奏する（計二回）。
(M)	①右向き⇒左向き
	②中腰
	③右足を大きく後ろに踏み込んで右向きになり，顔だけ正面向いて左足を正面に向かって半歩前進し，さらに半歩前進したら，踏み込んだ左足を軸に反時計回りに半回転して右足を大きく蹴って正面前方に踏み込んで左向きになる。
	④右手バチは，右向きになった時に真っすぐに後ろに伸ばして一瞬静止する。次に(B)④の要領で左足で半歩踏み出した時に半拍の音価で二回打ち，さらに半歩踏み出した時に(A)④の要領で一回打つ。そして左足を軸に半回転して左向きになったら正面前方にバチをまっすぐ伸ばして一瞬静止する。
(N)	①左向き
	②中腰⇒腰を落とす⇒直立
	③左向きの姿勢で二打奏したのち，小さくジャンプして両足そろえてしゃがむ。一打奏後ジャンプして立ち上がり，左足のかかとを地面に着け（指先は上を向く）全身をややのけぞらせる。
	④右手バチは，(B)④の要領で振り回してから一拍の音価で二回打ち，その直後にしゃがんで一回打つ。打奏後，すぐに立ち上がりバチを斜め後ろに高く構えて一瞬静止する。
(O)	①左向き⇒正面
	②直立
	③左足を後ろに向かって半歩踏み出し，さらに左足を半歩踏み出したら，その左足を軸に反時計回りにクルッと回転して正面を向く。
	④右手バチは，左足を半歩踏み出した時に半拍の音価で二回打ち，さらに半歩踏み出して左足を着いた時にもう一回打ち，回転しながらバチを頭上で一回転させて正面を向く。

表3-4　双葉エイサーの踊りの構成

《仲順流り》
(A)→(B)→(C)→(D)→(B)→(E)→(A)
《久高万寿主》
(A')→(F)→(F')→(G)→(H)→(D)→(B)→(I)→(A')
《とぅくい小》
(1)　(J)→(K)→(L)→(J')→(J) (2)　(J)→(M)→(N)→(O)→(J)

る。また、本島中部の太鼓エイサーの踊りと同様、双葉エイサーの振り付けはダイナミックな動きで構成されるが、双葉の場合、その傾向は一層顕著で、「動きのパターン」の記述の詳細からも明らかなように、頻繁な向きの変更、複雑な足の動き、半回転・一回転の頻出、前屈・左屈・右屈、腰落としにジャンプと、その構成は多彩な動きの連鎖からなっている。

また、締め太鼓の踊りは基本的に大太鼓の動きに従っているが、時折打奏したのち締め太鼓を時計回りに下から上に大きく一回転させるダイナミックな動きが見られる（パターン(B)と(G)）。これは、久部良エイサーの踊りには見られなかったものだが、中部の太鼓エイサーでは締め太鼓の典型的な動きのひとつを構成している。

では次に、それぞれの曲の踊りを具体的に見ていくことにしよう。

表3-4「双葉エイサーの踊りの構成」から明らかなように、《仲順流り》では、パターンの反復は(B)の一パターンしか現れない。ただ、ここに見られる(D)→(B)というパターンの流れは一種の定型になっているようで、《久高万寿主》にも現れる。久部良エイサーでは、《ミンブチ》と《久高》の舞踊上の同質性がきわめて高いと述べたが、双葉エイサーでも、冒頭のパターン(A)と(A')の出現を含めて、《仲順流り》と《久高万寿主》の間にわずかながら踊りの動きに共通性は見出される。

一方、《とぅくい小（てんよー）》の踊りには、歌詞によって二通りの振り付けがある。表3-4の(1)に示したものがこの踊りの基本形と考えられるものだが、「テンヨー　テンヨー　シトゥリトゥテン」の歌詞になると、身体位置の移動が特徴的な⑵の振り付けに変わる。実際の演舞では⑴と⑵を交互にくり返す形をとるが、⑵にはさらに振り付けのヴァリエーションがある。ただ、煩雑になるので、ここではその記述を省略した。いずれにしても、《仲順流り》と《久高万寿主》に比べると、この《とぅくい小》の踊りは、回転やジャンプ、腰を落としてしゃがむ動作が頻出し、それらがこの曲の速いテンポと相まって、踊り全体にたいへんエネルギッシュな躍動感を与えている。

さて、久部良エイサーと双葉エイサーの踊りの違いは、これまでの検討で明白となった。すでに見たように、踊りの「動きのパターン」は久部良が七パターン、双葉が一五パターンで、パターン数では双葉が久部良の二倍以上に及ぶ。それが結果的に、両エイサーの踊りの違いを一層際立ったものにしている。すなわち、久部良エイサーの踊りでは極端に同一パターンの反復が多く、動きのパターン化とその結果としての一様性が目立つ。それに対して、双葉エイサーの踊りでは、パターンの反復はきわめて限定的で、次から次に新しいパターンが連なり、しかもそれぞれのパターンが入り組んだ動きの複合からなっており、中部型太鼓エイサーの一般的な踊りと比べても、たいへん斬新に映る。

八　久部良エイサーと双葉エイサーの乖離

これまでエイサーの編成、衣装、音楽、舞踊の観点から、双葉エイサーと久部良エイサーとの相違を詳細に検討してきた。たしかに本章冒頭で見たように、レパートリーに関する限り、《仲順流り》、《久高万寿主》、《唐船どーい》と四曲中三曲を両エイサーは共有している。しかしながら、それ以外は、ほとんどあらゆる点で対照的と言ってよいほど、両エイサーは異なっている。衣装の基調の色は双葉が黒、久部良が白、編成に関しては双葉が大太鼓と締め太鼓のみの「簡素化された」形態であるのに対して、久部良はそれにさらに女性の手踊りとチョンダラーが加わるという中部型太鼓エイサーのオーソドックスな形になっている。

音楽に関しては、何よりも演奏するテンポがはなはだしく異なる。双葉エイサーのテンポは中部型太鼓エイサーの一般的なテンポと同一だと言ってよい。ところが、久部良エイサーのテンポは法外に遅く（とくに《ミンブチ》と《久高》）、沖縄地方のエイサーとしてはもっとも遅い部類に属する。また、舞踊に関しても、双葉エイサーは多くの「動きのパターン」から構成され、複雑なバチさばきと入り組んだ動きの組み合わせが特徴であるが、久部良エイサーでは「動きのパターン」の数は少なく、同一パターンを反復する傾向が著しい。

あらゆる面でこれほど異なる二つのエイサーが、一方から他方へ伝播したということが果たしてあり得るだろうか。本章の比較分析が明らかにした「著しい相違」の事実と双葉地区で収集した由来伝承とは、どのように折り合うことができるのだろうか。

第四章　久部良からのエイサー伝播

一　由来伝承は裏書きされた

　さて、与那国島の久部良集落のエイサーを知って衝撃を受けて以来、何度となく石垣島と与那国島を往復し、双方のエイサーに関係する人々への聞き取りを続け、また関係資料を収集していくなかで、ひとつの事柄が確実となった。それは、つまり、双葉地区で収集したエイサーの由来伝承は歴史的事実であったということである。ちょうど、第二章第五節で検討した瀬底エイサーの伝播の事例と同様に、伝播元（久部良）と伝播先（双葉）の伝承がぴったりと一致していたのである。

　双葉エイサーの由来伝承のなかでキーパーソンと言ってよい「徳田政治」という人物は、一九四四年久部良生まれであることが判明した。これは、一九六〇年に久部良青年会長でエイサー活動にも関わり、かつ政治氏の弟を小学校で教えたこともある糸数《いとかず》敏秀氏からの情報である。さらに、徳田氏に関して決定的に重要な情報を提供してくれたのは、これまで久部良エイサーの伝承に大きな役割を果たしてきた川田一正《かずまさ》氏であった。川田氏は沖縄本島北部東村《ひがしそん》の出身で、一九五五年一〇歳で久部良に移住してきた人物である。一九六〇年から久部良エイサーに関わっており、川田氏によると、久部良エイサーで徳田氏は締め太鼓を担当していたという。カジキ漁の漁師であった徳田氏は、両親が亡くなると、一九六〇年代後半にほかの兄弟とともに石垣島に移住したということを彼ははっきりと記憶していた（ちなみに、その後の聞き取りで、徳田氏は本土復帰前の一九七〇年代初頭に双葉地区から大阪に引っ越したことが判明した）。漁師である川田氏も久部良と石垣島を頻繁に行き来しており、一九六八年頃と推測されるが、一度川田氏が石垣市街の「ヤキナ部落」（双葉地区）を訪れて、徳田氏に再会したことがあった。その時の会話は、ほぼ次のように流れたという。

政治：カズ。おれさ、こっちでエイサー教えるから。
一正：何エイサー、教えるん、おまえ。
政治：与那国のエイサー、教えるさ。
一正：じゃ、教えればいいさ。
政治：おまえも一緒にやらんか。女役のエイサー、おまえ、教えてくれ。
一正：おれ、暇ないよ。あした島に帰るから。じゃ、頑張れよ。

徳田氏二四歳、川田氏二三歳の時である。その後、徳田氏からはまったく音沙汰がないという。そこで、双葉エイサーの由来伝承の話をすると、「じゃ、あれから、徳田さんはたしかにエイサー教えたんだな」と合点した様子であった。ちなみに、当時、川田氏は久部良エイサーで女性が少なかったため、女性の手踊りを担当していて、とくに《蝶の舞》の日の丸扇の踊りを得意としていた。そんなわけで、徳田氏は川田氏に双葉で手踊りを教えるよう頼んだのである。一方、川田氏によると、徳田氏は久部良では締め太鼓専門だったものの、大太鼓も手踊りもある程度教えることができたはずだという。

さて、久部良エイサーに関して地元の人々に聞き取りをしていくと、かつての久部良エイサーがどんなものであったか、その像がひとつの方向に収束していった。徳田氏が久部良エイサーに加わっていたと考えられる一九六〇年代の久部良エイサーを知る人々が一致して言うことは、当時のエイサーはいろいろな面で現在の久部良エイサーとそれほど変わっていなかったということである。たとえば、前述の糸数氏は、毎年見る機会のある現在のエイサーと自分が若い頃やっていたエイサーとは、振り付けの細部は多少異なるものの、歌も踊りもほとんど変わっていない、昔のエイサーのテンポも同じようにゆっくりとしたものだったという。糸数氏より三歳年上で、やはり久部良エイサーのメンバーであった前新《まえしん》城《じょう》政信氏も、とくに歌そのものはゆっくりしたテンポで今日のエイサーとそれほど変わっていないと同意見である。さらに、一九六〇年代から今日まで継続的に久部良エイサーと深く関わってきた川田氏も、腰の落とし方や太鼓の打ち方など細部が昔と比べるときちんとできていないと厳しい指摘はするものの、太鼓踊りの振り付けそのものは基本的に昔と同じだという。川田氏によると、当時のエイサーの衣装は白いズボンと白いワイシャツにタスキをかけたもので、現在の衣装と同じであったが、足には現在のように白足袋を履かずに裸足であったという。また手踊りの採り物に関しては、久部良エイサーが始まった一九六〇年頃は《蝶の舞》で日の丸扇をもって踊ったが、《ミンブチ》と《久高》では「はたき」はまだ使っていなかったとのことである。川田氏は、この久部良のエイサーは、沖縄本島でよく見かける民謡に合わせて踊るようなエイサーとはちがって、昔の伝統的なエイサーをそのまま受け継いできた貴重なものだという。

二　視覚資料が語る伝播

さて、久部良集落の人々が指摘したように、現在の久部良エイサーが一九六〇年代のそれとさほど変わっていないのだとすれば、かつて徳田氏が双葉地区で教えたエイサーは外見上も芸態上も現在の久部良エイサーと似通ったものであったと考えて良いのであろうか。

久部良での初期の調査を終えて双葉地区に戻り、多方面の情報を収集していく過程でたいへん貴重な資料を入手することができた。双葉エイサー発足当時の写真である。双葉エイサーが発足した翌年の一九七〇年、石垣市の新川小学校が石垣小学校から分離新設されて第一回運動会が開催された際、双葉青年会がエイサーを披露している。[1] 写真4-1はその時の写真である。一方、写真4-2は、二〇〇四年に撮影した現在の久部良エイサーの写真である。

両者を比較すると、太鼓衆の衣装が細かな点まで驚くほど類似していることがわかる。まず、両者とも頭にはマンサージ（頭に巻く布）を巻き付け、白色のシャツとズボンを身に付けている。そして黒帯を締め、タスキをかけ、脚絆は白黒縦縞脚絆である。唯一の違いは、前節で川田氏が述べているように、現在の久部良エイサーでは白足袋を履くが、当時の双葉エイサーでは裸足である。また地謡の格好も、

写真４－１　1970年の双葉エイサー

（亀谷善一氏提供）

写真４－２　現在の久部良エイサー（2004年）

写真４－３　双葉エイサーの手踊り（1970年）
（亀谷善一氏提供）

着物の柄は異なるものの、現在の久部良の地謡と同様に、四方に花飾りの付いたクバ笠をかぶり、草履を履いている。また、写真４－１ではようにに見えるが、写真４－３では、太鼓衆の隊列に何人もの手踊りの女性が混じっているのがわかる。この手踊り衆の衣装も、基本的には現在の久部良の手踊り衆の衣装と同じである。すなわち、膝までの短い浴衣にタスキをかけ、太めの帯を締めている（ただ、これは女性手踊り衆のかなり一般的なスタイルだと言ってよい）。特徴的なのは、女性たちが頭に手ぬぐいをかぶっていることである。これは、おそらく徳田氏が久部良のスタイルを伝承したものであろう。この手ぬぐいかぶりは、さまざまな記録写真を見る限り、沖縄本島のエイサーの手踊りでも一九六〇年代くらいまではかなり一般的だったようだが、現在ではあまり見られない。その意味では、

写真４－４　双葉エイサーの日の丸扇（1971年）

（郷土誌『双葉』より）

一九六〇年代末に発足した双葉エイサーの手ぬぐいかぶりは当時としてはむしろ普通で、逆に現在の久部良エイサーのスタイルがやや特殊で、古形を残しているといえるのかもしれない。

もうひとつの重要な点は、手踊り衆が「はたき」をもっていないことである。第七章で詳述するように、たしかに一九六〇年の久部良エイサー発足当時はまだ「はたき」は使用されていなかったが、一九六九年に徳田氏が双葉地区にエイサーを伝えた頃にはすでに久部良の手踊りで「はたき」は使われていた。したがって、徳田氏は「はたき」は双葉地区に伝えていなかった可能性が高い。では、日の丸扇はどうなのだろうか。当時の写真をいろいろ調べてみると、日の丸扇は双葉に伝わっていたことがわかる。写真4-4は、新川小学校の運動会でのエイサー披露の翌年、つまり、一九七一年に撮影された双葉エイサーの旧盆記念写真である。ここには、たしかに手ぬぐいかぶりをした手踊りの女性たちが日の丸扇を広げて写っている。そのほかに二点、この写真で注目すべきことがある。ひとつは、前列の中央にひとり、チョンダラーがいることである。一九七〇年の双葉エイサーではチョンダラーがいなかったことが当時のほかの写真で確認されているから、この年にはじめてチョンダラーがエイサーに加わったことがわかる。もう一点は、二列目の太鼓衆六人がパーランクーを手にして写っていることである。これは、もちろん、双葉青年会でいわゆる「パーランクーエイサー」をやっていたということではない。ほかの青年会の例にもある通り、これはおそらく締め太鼓の数が不足していたためにパーランクーを代用していたものと思われる。〈2〉

三　伝播当時の双葉エイサー

さて、その後、発足当時の双葉エイサーに関わった人々と同じ時期に久部良エイサーに関わった人々に聞き取りを進めていくと、双方の伝承曲（レパートリー）には相違のあることがわかった。すでに前述の川田氏の言説からも明らかなように、久部良エイサーでは一九六〇年代も現在も、伝承曲は《ミンブチ》、《久高》、《蝶の舞》の三曲である。ところが、双葉エイサーの発起人である亀谷善一氏によると、発足当時与那国島の徳田氏から教わったエイサー曲は、《仲順流り》、《久高万寿主》、《いちゅび小《ぐゎ》》の三曲であったという。ちなみに、当時は《仲順流り》のことを双葉では《ニンブチャー》と呼んでいた。「ニンブチャー」とは言葉としては「念仏者」のことだが、ここでは「念仏者」の意ではなく、おそらく小林幸男の記している「念仏《にんぶち》ゃー」のことで〈3〉、久部良の名称《ミンブチ》（念仏）と同義だと考えられる。双葉エイサー発足当時演奏していた曲として亀谷氏の挙げる《ニンブチャー（仲順流り）》、《久高万寿主》、《いちゅび小》の三曲に関しては、当時地謡を担当していた栄野川盛宏氏への聞き取りにおいても確認された。

しかし、ここでひとつの疑問が起こる。もし当時の双葉エイサーで《蝶の舞》を演奏していなかったのだとすれば、双葉の手踊り衆の女性たちが写真のなかで広げている日の丸扇は、では、どの曲で使われたのであろうか。《スーリ東（蝶の舞）》と《いちゅび小》のさまざまなエイサーの演舞をYou Tubeで比較してみると、《スーリ東（蝶の舞）》では両手に扇（日の丸扇でないことも多い）をもって踊る手踊りの例が一般的であることから、久部良の《蝶の舞》の演舞は昔であれ現在であれ、ある程度慣例に従っているように思われる。ところが、《いちゅび小》に関しては、扇をもった手踊りの例は見当たらない。ただ、一九六〇年代末の双葉エイサーが上記の三曲のなかで扇をもった手踊りをしたとすると、その曲はおそらく《いちゅび小》であろうと推測される。というのは、第三章の音楽分析において、《スーリ東（蝶の舞）》はほかの二曲とは異なり、付点八分音符と一六分音符からなる「弾むようなリズム」で全体が構成されている点に特徴があると述べたが、《いちゅび小》もリズム構造の面では同様の特徴をもっているからだ。とはいえ、この共通した特徴が、扇をもった手踊りに直接結びつくものかどうかに関しては、今のところ確証はない。

一方、前述の栄野川氏への聞き取りでは、一九七〇年に新川小学校の運動会で撮影された双葉エイサーの写真（4-1）には地謡の一人として栄野川氏が写っているが、一九七一年の写真（4-4）に写っている二人の地謡はいずれも栄野川氏ではないということが確認された。すでにその年には彼は、仕事で那覇に移っていたからである。双葉エイサー発足当時の数年でも、すでにエイサーの構成メンバーに変化があったことがわかる。

さらに重要なことは、現在の久部良エイサーの映像を見せたときの彼の反応である。栄野川氏によれば、当時の双葉エイサーは、テンポがゆっくりしていて現在の久部良エイサーのテンポに似ていたという。太鼓踊りに関しては、久部良のそれと似てはいるが細部が異なるとして、久部良エイサーで締め太鼓が中腰になって打奏する箇所は、当時の双葉エイサーでは腰を完全に落として地面近くで打っていたとデモンストレーションを交えて示してくれた。ちなみに、第三章第六節の舞踊分析において、久部良エイサーでは大太鼓衆が前屈打奏のときに締め太鼓衆は「腰を落として」打つと述べたが（表3-1のパターン(b)と(d)参照）、栄野川氏の指摘は、当時の双葉の締め太鼓衆がさらに深く腰を沈めて地面近くで打奏していたことを指すものと思われる。

いずれにしても、これまでの検証によって、多少の言説上の食い違いはあれ、与那国島の久部良集落のエイサーが徳田氏によって石垣島の双葉地区にもたらされたことは否定しようのない事実であることが明らかとなった。

四　新たな疑問

さて、第一章の最後に提示した「謎解き」の「謎」のひとつがここに決着を見た。すなわち、双葉エイサーの由来伝承は歴史的事実であったのである。ところが、この「謎解き」の決着は、双葉エイサーをめぐる問題の最終的な解決に向かうどころか、逆にさらに大きな二つの問題を生み出していることに気づく。

ひとつは、双葉エイサーそのものに関して、である。双葉エイサーの由来伝承が事実と判明した今、そして久部良エイサーの芸態が昔とさほど変わっていないことが明らかとなった今、現在の久部良エイサーと似たものが当時双葉地区に伝播したという結論に至る。では、一九六〇年代末に双葉に伝わったエイサー、すなわち、現在の久部良エイサー（と似たもの）と現在の双葉エイサーとのはなはだしい乖離はどのように説明することができるのだろうか。第二章第六節で瀬底エイサーの伝播について議論した際、ぼくはエイサーの伝播の研究を「地層」の研究になぞらえた。双葉エイサーに関しても、双葉地区に久部良エイサーが伝播した後に、さらに新たな「地層」が堆積したと想定すべきなのであろうか。もしそうであるならば、では、どのような「地層」がどのような経緯で堆積したのだろうか。

第二の問題は、久部良エイサーそのものに関して、である。久部良の人々への聞き取りでは、久部良エイサーが一九六〇年代当時と現在とでそれほど変化していないということがくり返し強調された。そして、当時の久部良エイサーが伝わったとされる発足当初の双葉エイサーの写真（4-1）と現在の久部良エイサーの写真（4-2）との驚くべき一致が、そうした言説の信憑性を裏付けている。このエイサーの時間を超えた同一性、連続性は、エイサー文化をよく知る者にとってはまさに吃驚に値することである。『エイサー三六〇度――歴史と現在』に記録されている数々の青年会のエイサーの状況と芸態の変化の事例を見てみればよい。戦前と戦後の違いは言うに及ばず、戦後の状況だけに限っても、青年会の浮沈によってエイサー活動の中断と再開がくり返され、そのたびに芸態を変えているところも少なくない。小林幸男は、エイサーが「時代とともに大きく変貌する」芸能である点を強調し、エイサーの理解には「どこの」ものかという場所の視点ばかりではなく、「いつの」ものかという時代の視点と認識が必要であると説く[4]。それは、同じ集落でも世代（時代）によって踊り方やレパートリーなど伝承内容が大きく異なっているからである。小林によると、本島中部、与勝半島のパーランクーエイサーのように、数年ごとに大半の曲をその時々の青年会の好みに合わせて入れ替えてしまう例もあり、また本島北部の手踊りエイサーのように、一旦伝承が途絶えると前の世代のスタイルを完全に捨て去って、太鼓エイサーをとり入れて再出発する例もある。その結果、集落によっては、四世代にわたってレパートリーや踊りの振り付けが異なるエイサーを残している場合もあるという[5]。

このような芸能としてのエイサーの特性を考えると、久部良エイサーの時代を超えた同一性は、まことに稀有な事例ということができる。このエイサーの芸態上の同一性を可能にしているものは、いったい何なのであろうか。そして、このエイサーはそもそも、どこから、どのような経緯で与那国島の久部良にもたらされたものなのだろうか。さらに、久部良エイサーの女踊りに特徴的な市販の「はたき」とは、どのような由来を持つものなのだろうか。

続く第五章では第一の問題を、そして第六章と第七章では第二の問題をそれぞれ詳細に検討し、解明していくことにしよう。

第五章　双葉エイサーの復活とその背景

一　新たな「地層」の発見

さて、久部良エイサーと双葉エイサーとのはなはだしい乖離の背景を探ろうとさまざまな手立てで情報収集を進めるが、ほとんど何の手掛かりもつかめないまま一年が経過した。その間、たとえば双葉エイサーの発起人である亀谷善一氏にも一連の事情を話して、発足当時と現在の双葉エイサーになぜこれほど開きがあるのか、その理由を尋ねたりもした。しかし、その返答はきわめて漠然としたもので、必ずしもこちらを充分納得させるものではなかった。亀谷氏は、その変化は双葉の青年たち自身が時代の変化に合わせて、新しいものを取り入れてエイサーをつくり変えてきた結果であり、「今（二〇〇四年現在）から一四、五年くらい前」に起こったことだと説明する。この説明では実際何が起こったかの詳細は不明なものの、すべての事情を了解した今となっては、このような説明も人によってはあり得るとの印象を抱く。

この亀谷氏への聞き取りのほぼ半年後、新しい「地層」の発見は、何の前触れもなく突然やってきた。かつての双葉エイサーの状況を知ろうと、一九八九年から九〇年に双葉青年会長を務めていた東浜妃敏《ありはまひとし》氏に聞き取りをした時である。東浜氏は与那国島の久部良出身で、一九六五年八月に八重山を襲った台風一八号「メアリー」の甚大な被害を受けて、幼少期に石垣島の双葉地区に引っ越してきた人物である。彼によると、自分の中学・高校時代、すなわち一九七〇年代半ばから後半、エイサーを含めて双葉青年会が活動していたという記憶がないという（ただ、郷土誌『双葉』には一九七六年に撮影された双葉エイサーの写真が掲載されているので、少なくともこの年までは青年会活動が行われていたことは確かだろう）。東浜氏によると、その後一〇年以上青年会活動が途絶していたことを亀谷氏からも確認したという。また、双葉エイサー発足当時地謡を担当していた栄野川盛宏氏が一九七〇年代初頭に那覇に転居したことは第四章で触れたが、この栄野川氏も一九八一年に双葉地区に戻った時には双葉青年会が名実ともに消滅していたことを確認している。すなわち、一九六九年に発足した双葉エイサーは一九七〇年代半ば頃まで続いたが、その後一〇年以上活動を中断していたということである。そうしたなか、一九八七年、東浜氏が発起人となって双葉地区に青年会をふたたび立ち上げようと呼びかけ、その結果、双葉青年会が再結成され、双葉エイサーもそれによって復活したのである。

この「双葉エイサー復活」のニュースは、当時の『八重山毎日新聞』や『八重山日報』でも「エイサーを復活　再建した双葉青年会」（『八重山毎日新聞』一九八七年九月五日付け）、「双葉青年会　エイサーを復活」（『八重山日報』一九八七年九月七日付け）などの見出しで報じられている。一九八七年八月三日付け『八重山毎日新聞』では「双葉青年会が〝復活〟　地域振興の原動力に」（写真5-1）との見出しのもと

双葉青年会が〝復活〟

地域振興の原動力に

会長に長浜氏　若い会員ら活動に意欲

青年の役割りを自ら果たそうと双葉青年会が一日夜、石垣市新川の有志宅で発足。役員を選出し積極的に地域活動に乗り出すことを確認しあった。同青年会は二十年ほど前に新川青年会から分離創立したが盛衰を繰り返し、ここ数年は組織そのものもなかった状態。この発足式では出席した若者一人ひとりが会活動への意欲を述べ、双葉公民館役員らが激励。地域振興の基礎となるものとして大きな期待を寄せた。

「地域振興に尽くしたい」と結成された双葉青年会（東浜妃敏さん宅）

以前あった双葉青年会が新川青年会から分離したのは昭和四十三年（初代会長・仲里清保氏）。その後、活動が停滞状態になった時期に亀谷高一氏（現双葉公民館長）が会長となり再発足し、十二、三年活動を継続。しかしここ六、七年ほどは組織そのものも全くなく、公民館の年度目標の中に青年会は部落の諸行事の上からも、また人口の急激な増加による都会化の弊害から共同体意識を高めるためにもぜひ必要なものとして早急再建が課題として挙げられていた。そうした時期、若者たち自らの間に発足の機運が高まったもので、正式には再々発足ということになる。

結成式は発起人の東浜妃敏宅で行われ、同氏が結成の趣旨を説明。役員を選出し会長に推された長浜一治さん（32）が「今まで青年会活動がなかった分、部落の縁の下の力持ちになって支えていこう。諸会活動が有意義に出来るよう頑張っていきましょう」と力強くあいさつ。一人ひとりが自己紹介を兼ねながら「青年会のために頑張りたい」「地域に尽くしたい」と意欲的に決意を述べあった。

この後、真喜良三十三区の高宮城実正区長、双葉公民館の新里実昭館長、亀谷館長が激励の言葉を送ったが、その中で高宮城区長は「これまで部落に青年会がなかったというのは心細くて忍びなかっただけに感激に耐えない。陰ながら応援もするので、青年会も部落の基礎であることを自覚して貰いたい」。また亀谷館長が「皆さんが自から結成したのは大変うれしい。青年会活動は波があり、継続させるには難しい時もあるが、困った時には色々と相談に来て欲しい。全面的にバックアップしていきたい」と公民館長として、青年会OBとして親身にアドバイスし参加者たちを激励した。

当面の事業計画はクリーン作戦やカ、ゴキブリの駆除、そしてエイサーを復活させ、青年会の伝統にもっていきたい、としている。会員は次の各氏。

長浜一治（会長）、譜久村義成（副会長）、石垣喜士江（同）、与儀成子（書記）、東浜妃敏（会計）、上原良光（文化部長）、山根政秀（レクリエーション部長）、与那覇栄三（体育部長）、比嘉信幸、砂川健治、砂川盛健、玉

写真５－１　『八重山毎日新聞』（1987.8.3）

に、近年青年会の組織そのものも存在せず、公民館の年度目標に青年会の再建が課題として挙げられていたこと、そうした時期に若者自らの間に青年会発足の機運が高まり、青年会の再結成に至ったこと、結成式は発起人の東浜妃敏氏宅で行われ、氏が結成の趣旨を説明したこと、当面の事業計画としてクリーン作戦やエイサーの復活などを挙げていること、などが記されている。さらに、同年九月五日付け『八重山毎日新聞』の「エイサーを復活　再建した双葉青年会　会員の団

吉原務課長は、「本土のみかんと同じように、夏になるとみんながパインを食べるようにする必要がある。もちろん来年も大々的に売っていきます。それが地域産業の振興につながりますから…」となお意欲をみせているが、そこで気になるのがパイン工場との関係。

農協関係者は、「もちろん出荷原料がベース。工場立たない。青果販売で新たな販路を開拓することでパインの生産意欲もわくし、生産量も増える。それに青果販売と言っても量に限りがある」と工場との"競合"を否定する。

八重山のパインは適熟で出荷できるため、追熟の輸入品よりも甘く味で勝負できる上、沖縄本島との関係でも収穫は八重山が一カ月性があり、青果販売は極めて有望といえる。

やんばる生果出荷組合関係者も、「二大産業にするには、当面はN67-10を利用するが、将来的には青果用品種を導入し、さらに周年出荷体制にもっていく必要がある。そして当面は五百トンの一億円出荷が目標だが、将来は十億円」とデッカイ希望をみせている。

エイサーを復活
再建した双葉青年会

会員の団結に一役
地域と一体になった活動へ

復活したエイサーの練習に取り組む双葉青年会の会員ら

先月一日、十年ぶりに再結成された石垣市の双葉青年会（長浜一治会長、会員数三十五人）でかつて盛んだったエイサーが復活。旧盆の五、六、七の三日間、各家庭を回って勇壮なエイサーを披露することになった。

同青年会のエイサーの歴史は長く、青年会OBで公民館長を務める亀谷長一さんらが十七年前、活動が停滞していた青年会を再建したさい、沖縄本島や与那国から寄留した会員の中にエイサーの心得のある会員が何人かいたことから「双葉エイサーをつくろう」と相談。太鼓や衣装など小道具を買い集めて旧盆に各家でエイサーを披露して回ったのが、双葉のエイサーの始まりといわれる。

ところが、そのエイサーも青年会活動が下火になるにつれ、今日まで途絶えていた。

伝統のエイサーが、今回、再び陽の目を見ることになったのは再発足した青年会のメンバーに、亀谷さんらが「青年会活動を活発にするためにやったらどうか」と話したのがきっかけ。二つ返事で先輩たちからこのエイサーを引き継ぐことになった会員らに、先輩らが当時、使っていた太鼓、衣装など小道具をバトンタッチ。さっそく、OBの栄野川盛宏さんと棚原幸栄さんが三味線の係となり、亀谷さんと比嘉政光さんが踊りの手を指導するなど、先月初めから会員三十五人が毎晩、公民館広場に集まり、みっちり練習を積んできた。

エイサーを踊るのは、会員とも初めてだったが、約一カ月にわたる練習で太鼓のバチさばきや身の振りがすっかり上達。三日夜の練習では女性はパーランクー、男性は小太鼓、大太鼓を手に最後の調整に余念がなかった。

旧盆三日間の夜は、双葉地区の約六百世帯から申し込みのあった家庭を回り、「無蔵念仏節」「久高マンジュウスー」など四つの曲に合わせエイサーを披露する。長浜会長は「エイサーを通じ、青年会の再発足を地域の人たちにアピールし、青年会活動の一環として会員の結束を図って

写真5－2　『八重山毎日新聞』（1987.9.5）

結に一役」（写真5-2）の記事には、一〇年ぶりに再結成された双葉青年会（長浜一治《かずはる》会長、会員数三五名）がかつて盛んであったエイサーを復活させたこと、旧盆の三日間に各家庭を回って勇壮なエイサーを披露すること、そのために栄野川盛宏氏らOBの指導のもと、八月初旬から毎晩公民館広場で練習に励んでいること、などが記されている。

こうした記事からも、双葉エイサーが一九七〇年代後半から一〇年近く途絶していたこと、そして一九八七年に青年会の再結成とともにエイサーが再開されたことが歴史の一コマとして明白になる。研究者のぼくにとって衝撃的であったことは、東浜氏に出会うまでこうした重要な情

報が、あたかも意図的に隠されたかのように、一年間の長きにわたって自分のもとに達することがなかったことだ。さらに衝撃的で、しかもこの「双葉エイサー物語」の佳局と言ってよい、もっともスリリングな展開は、この復活した第二次双葉エイサーが、じつは沖縄本島をはるかに飛び越えて、何と日本本土、愛知県の豊田エイサーが石垣島に伝播したものであったという事実である。

二 Uターン型エイサー伝播

さて、東浜氏への聞き取りを進めていくと、この第二次双葉エイサーの地謡を担当したのは前述の栄野川盛宏氏、そして振り付けを担当したのは赤山（現・南風野《はえの》）三枝子氏であるということがわかった。赤山三枝子氏は字石垣出身で、母親が石垣市で「八重山民俗舞踊練場」を主宰しており、幼い頃から八重山舞踊を身に付けていた。第二次双葉エイサーが発足した際に友人が双葉エイサーに加わっていたため、その友人を介してエイサーの振り付けを依頼されたのである。では、八重山舞踊専門の赤山氏がどこで、どのようにしてエイサーを習得したのだろうか。当時第二次双葉エイサーに関わっていたものでも、この間の事情を正確に知るものはいない。

赤山氏自身によれば、一九八四年高校を卒業すると、氏は集団就職で愛知県岡崎市に転居し、某紡績会社に勤めるかたわら、岡崎女子短期大学幼児教育学科の三年コースで学ぶ[1]。その主たる目的は大学での就学であり、就職はあくまでも学資稼ぎであったという。そして一九八七年春に学業を修了するまでの三年間、豊田市の芸能団体「豊田沖縄民踊同好会」に所属し、頻繁に豊田市に通って同好会の仲間とエイサーの演舞に励む。このエイサー（以後、豊田エイサー）は、のちに詳述するように、沖縄市の登川エイサーの影響を大きく受けたエイサーであった。この豊田エイサーで、赤山氏は《仲順流り》、《久高万寿主》、《とぅくい小（てんよー）》、《スーリ東》、《あやぐ》などを学ぶ。そして、一九八七年大学を卒業して石垣市に戻ると、折しも双葉青年会が再結成され、双葉エイサーが再開されるところであった。こうして本来関わりのない二つの「物語」が結びつき、愛知県の豊田エイサーが石垣市の双葉地区に伝播することになったのである。

本書第一章第七節「エイサー伝播の四パターン」において、ぼくは青年会のエイサーの伝播には四つのパターンがあることを指摘した。(1)エイサーを伝授する側が伝授される側に行って指導するもの、(2)伝授される側が先方の青年会に学びに行くもの、(3)移住した個人が移住元の青年会のエイサーを移住先の青年会に伝えるもの、(4)移住した個人が移住先の青年会のエイサーをUターンして自分の故郷にもち帰るもの、である。すでに述べたように、与那国島久部良集落のエイサーを徳田氏が石垣島の双葉地区に伝えた事例は、このうちの第三パターンに当たる。それに対して、赤山氏が愛知県の豊田エイサーを学んで故郷の石垣市にもち帰った今回の事例は、豊田沖縄民踊同好会がいわゆる青年会ではないものの、第四パターンに当たる。

また、今回のエイサー伝播の事例のように、エイサーの発祥地である沖縄本島の遠隔地から沖縄地方にエイサーが「逆輸入」される例もまったくないわけではない。たとえば、本島中部の北中城《きたなかぐすく》村《そん》の仲順《ちゅんじゅん》では、一九八〇年頃愛知県の沖縄県人会で演じられていたエイサーが導入されている。〈2〉さらに極端な例は、沖縄市与儀の戦前のエイサーの事例である。与儀では一九三四（昭和九）年にハワイから帰国した仲宗根文通氏と宮里松氏がハワイ沖縄県人会で行われていたエイサーを手ほどきし、本格的なエイサーが始まったと言われる[3]。

三　復活エイサーの紆余曲折

では実際、赤山氏は第二次双葉エイサーにどのような影響をもたらしたのだろうか。

赤山氏によると、一九八七年に双葉青年会にエイサーを指導した際、自分の学んだ豊田エイサーを何の改変もせずに教えたという。教えた曲は、《仲順流り》、《久高万寿主》、《とぅくい小》、《いちゅび小》、《かたみ節》などであった。ところが、現在の双葉エイサーの映像を赤山氏に見せると、《仲順流り》、《久高万寿主》、《とぅくい小》の三曲とも、一九八七年当時の太鼓踊りの振り付けとはまるで違い、豊田エイサーの面影はほとんどないという。

一方、双葉エイサー発足当時もまた第二次双葉エイサーでも地謡を務めた栄野川氏によると、一九六九年発足当時ゆっくり演奏していた曲を、第二次双葉エイサーでは赤山氏の指導のもと、かなり速いテンポで演奏したという。栄野川氏は、第二次双葉エイサーに加わった際に「本当の盆エイサーはこうしてやるものだ」と昔のエイサーのゆっくりしたテンポで演奏して見せたが、皆から「遅すぎる」と反対されて、結局速いテンポで演奏することになったと当時の事情を話してくれた。若者のなかで一人年配であった栄野川氏は、その後一九九七年まで地謡を務めたが、後継者がなく、自分の地謡の録音テープを残して青年会を去った、そのテープが現在の双葉エイサーでも使用されている。

さて、幸いなことに、発足当時の第二次双葉エイサーの写真を入手することができた。写真5-3と5-4は、一九八七年一二月一三日に石垣市で開催された青年文化発表会での双葉エイサーの演舞の模様である。この第二次双葉エイサーの演舞では、ほかの写真も参照すると、チョンダラー一人、大太鼓衆二人、それに締め太鼓衆と女性の手踊り衆がそれぞれ一五人ほどいることがわかる。本格的なエイサーの編成になっているが、ただ衣装は一九六九年発足の双葉エイサーとも現在の双葉エイサーとも大きく異なっている。このエイサーが愛知県の豊田エイサーをモデルとして発足したエイサーであり、しかも現在の双葉エイサーの「原型」だとすると、ひとつの疑問が生じてくる。つまり、赤山氏が言うように、現在の双葉エイサーの振り付けが第二次双葉エイサーのそれとはまるで違い、豊田エイサーの面影がほとんどないのだとすると、第二次双葉エイサー発足後、双葉エイサーに何が起こって現在のような芸態になったのだろうか。

ひょっとして、一九八七年の双葉エイサーの復活の状況と同様に、第二次双葉エイサー発足後にふたたび青年会が途絶し、その後新たな（第三の）「地層」（別系統のエイサー）が堆積したのであろうか。双葉エイサーに関わる多くの人々への聞き取りの内容を思い返してみると、どうもそのようには思われない。前述したように、栄野川氏は一九八七年から九七年に引退するまで双葉エイサーを続けていたし、また、現在の双葉エイサーで振り付け担当として活躍している前原浩美氏（第一章第二節参照）は一九九三年に双葉エイサーに入会し、それ以降今日まで活動を続けている。こうしたことを考えると、第二次双葉エイサーが短期間であれ、その活動を中断した時期があったとは思われない。

一方、ぼくは第二次双葉エイサーが一九九二年に石垣市の青年文化発表会に出演した際の映像資料も

写真５－３　第二次双葉エイサー(1)

（赤山三枝子氏提供）

写真５－４　第二次双葉エイサー(2)

（赤山三枝子氏提供）

入手している。それを見ると、一九八七年の青年文化発表会の写真とはまるで様子が違っていることがわかる。チョンダラーも手踊り衆もおらず、二人の大太鼓衆と六人の締め太鼓衆、計八人が踊っているだけである。この時は赤山氏も参加しているので、本来の豊田エイサーに近い芸態を披露していたと思われるが、それは典型的な本島中部型の太鼓エイサーの踊りである。赤山氏によれば、この時の出演メンバーは双葉青年会の数人のほかは、みな寄せ集めメンバーであったという。

第一章第一節で述べたように、一九九二年に双葉青年会から分派する形で琉球國祭り太鼓八重山支部が結成されている。その結果、かなりの数の双葉青年会の会員が「祭り太鼓」八重山支部に移籍して、双葉エイサーは存立の危機に瀕することになった。この青年文化発表会での第二次双葉青年会の八人による演舞は、まさにこの時期のものである。とてもチョンダラーや手踊り衆を加える人数的な余裕はない。しかも、翌九三年には赤山氏自身が青年会を退会している。そして、それと前後して同年、前述の前原氏が青年会に加わるのである。しかも、前原氏自身の言によれば、彼女は盆エイサー演舞のための「寄せ集めメンバー」の一人として加わったという。つまりは、第二次双葉エイサーは一九八七年に華々しく復活したものの、その五年後にはすでに活動を中断してはいないものの、たいへんな衰退期に入っていたということである。九〇年代に何人か青年会長が交代するなかで、一九九七年に安慶名《あげな》誠氏が会長になり、安慶名氏と前原氏のリーダーシップのもと、積極的に創作エイサーをとり入れるようになると、にわかに多くの若者が青年会に加わるようになった。それが、その後の双葉青年会の隆盛につながっていったようである。

現在の双葉エイサーの振り付けが第二次双葉エイサー発足当時のものと異なる点に関して、赤山氏はその変化を前原氏の指導によるものだとする。一方、前原氏自身の説明は、次のようなものだ。つまり、九〇年代後半になって双葉青年会の練習の仕方が変わって毎日練習するようになると、みな踊りに慣れて余裕が出てくるため、みなで振り付けの細部を改良するようになった。振り付けは毎日練習していくなかで自然に変化していったものだ、と。

これは、エイサーの芸態の進化と発展を考えるうえできわめて重要なポイントだと言わなければならない。エイサーの変化をこれまで「地層の堆積」（異なるエイサーの伝播）の問題として説明しようとしてきたが、じつはそれだけでは不十分で、エイサーを主体的に実践する青年会の内発的変化と発展についても同様に考慮する必要がある。本章冒頭で触れた亀谷善一氏の説明も、青年会の活動をつぶさに観察するなかで得られた貴重な知見に基づいたものなのであろう。

さて、これまでの検討で、現在の双葉エイサーにいたるまでにはいろいろな紆余曲折があったものの、一九八七年発足の第二次双葉エイサーそのものは赤山氏を介して愛知県の豊田エイサーが石垣市街の双葉地区に伝播したものだということが明らかとなった。

では、愛知県の豊田市にどうして沖縄本島の盆踊りであるエイサーが伝わっているのだろうか。次に、この問題を詳細に検討していきたい。

四　日本本土へのエイサー伝播

愛知県の豊田エイサーがどのような過程を経て成立したものであるのかを調べていくと、エイサーの伝播に関してまた新たな地平が開けてくる。一九八四年から三年間赤山氏が所属していた豊田沖縄民踊同好会は、豊田市のトヨタ自動車の沖縄県出身社員によって一九六〇年代に結成された芸能団体である。一九八四年当時同好会の会長を務めていたのは港川繁氏であった。港川氏は沖縄本島北部東村の出身で、高校を卒業した一九六四年に集団就職でトヨタ自動車に入社し、仕事のかたわら三線師範となって琉球民謡研究所を主宰する人物である。当時トヨタ自動車には沖縄県人会があり、そのなかで「豊田沖縄健児の会」と「豊田沖縄民踊同好会」という二つの団体が組織されていた。前者はスポーツに専念する団体であるが、後者は沖縄芸能を専門に活動しており、その種目のひとつとしてエイサーがあった。港川氏によると、同好会でエイサーを始めたのは一九六九年頃からで、当時は名護市の辺野古エイサーや港川氏の出身地、慶佐次《げさし》のエイサーをやっていた。それら本島北部のエイサーは、第七章で詳述する「ぜい」(棒の先にフサフサをつけた採り物)をもって踊るエイサーで、八ミリカメラで撮影してきたビデオを見ながら練習していたという。こうした豊田のエイサーの流れに大きな変化をもたらしたのは、沖縄本島沖縄市登川出身の仲宗根昇氏であった。

仲宗根氏は一九八三年に高校を卒業すると、集団就職でトヨタ自動車に入社し、豊田沖縄民踊同好会に加わる。仲宗根氏によれば、集団就職では同じ高校から三人、そのほか読谷村、那覇市、糸満市などから多数が採用され、同期でトヨタに就職した。彼らのほとんどが高校時代にエイサーを経験していた。仲宗根氏自身は、高校三年から登川エイサーで締め太鼓を演奏していたという。仲宗根氏がトヨタに就職した当時は、同好会の会員は減少傾向にあり三〇名ほどで、そのなかの約半数がエイサーに関わっていた。当時の同好会では、《仲順流り》、《サフエン節》、《いちゅび小》、《スーリ東》などをレパートリーとしていたが、同好会での仲宗根氏の影響力は大きく、これらの曲に加えて、《久高万寿主》、《越来《ごえく》節》、《谷茶前節《たんちゃめ》》、《あやぐ》など、故郷の登川エイサーの演目と振り付けを移植している。

特筆すべきは、仲宗根氏がこの豊田エイサーに女性の手踊りをとり入れたことである。当時の同好会のエイサーは太鼓踊りだけで、手踊りは入っていなかった。しかし、登川エイサーには女性の手踊りが入っている。太鼓踊りの「動」に対して女性の手踊りは「静」で、その対照が美しい。そこで、仲宗根氏は何とか豊田エイサーにも女性の手踊りを入れたいと考え、さまざまな仲介を経て紹介されたのが、赤山氏が学ぶ岡崎女子短期大学の学生たちであった。

仲宗根氏によれば、当時沖縄県出身の女性は豊田市にはおらず、周辺の一宮市や岡崎市などで繊維工業関連の会社に勤め、夜間に大学に通う女性たちがほとんどであった。そのようななかで、赤山氏が一九八四年に愛知県に移ってきたことは、仲宗根氏も港川氏もはっきりと記憶している。赤山氏は大学のほかの女性たちと一緒に豊田沖縄民踊同好会に所属し、週末になると同好会に練習に来ていたという。そして、琉球舞踊に長けていたので、もう一人の年配の女性と手踊りの振り付けを担当した。ただ、太鼓踊りには直接関わっていなかったので、もし赤山氏が石垣市でエイサーを教えたのだとすれば、彼女が豊田で見て覚えた太鼓踊りを教えたのだろうと仲宗根氏は言う。留意すべきは、仲宗根氏が豊田に登川エイサーを移植したとはいっても、これまで見たように、演目にしろ、女踊りにしろ、豊田エイサーはさまざまな要素の複合であって、完全に登川バージョンになったわけではないということである。

ちなみに、豊田エイサーの演舞母体である豊田沖縄民踊同好会は、赤山氏が去った後、一九九〇年代半ばに三つの演舞団体に分裂した。仲宗根氏は、一九九四年に同好会のメンバーを中心に岡崎女子短期大学など周辺の大学の学生たちを動員して「愛知琉球エイサー太鼓連」というエイサー団体を立ち上げた。発足後、この団体は、同好会よりも一層登川エイサーの影響を強めていった。一方、それからほどなくして、港川氏は自分の主宰する民謡研究所の三線学習者を中心に「黒潮エイサー愛鼓連」というエイサー団体を結成した。他方、それまでの豊田沖縄民踊同好会はその後、トヨタ自動車の社員中心という組織から社外の参加者を広く受け入れる演舞組織へと発展していった。

五　系譜の分析

さて、これまでの検討から系譜としては、第二次双葉エイサーは豊田エイサー（豊田沖縄民踊同好会）に、さらに豊田エイサーは登川エイサーにさかのぼることが明らかとなった。では、これら三つのエイサーは、相互に共通性なり連続性を保持しているのであろうか。

ここで、双葉、豊田、登川の三つのエイサーを映像資料をもとに比較してみよう。現在のところ、豊田沖縄民踊同好会のエイサーの映像資料は入手していない。その代わり、同好会から分派して結成された愛知琉球エイサー太鼓連（以後、太鼓連）が二〇〇五年に愛知県リトルワールドで行ったエイサー公演の映像記録は所持している。そこで、すでに触れた一九九二年の第二次双葉エイサー、二〇〇五年の太鼓連のエイサー、それに二〇一二年の沖縄全島エイサーまつりでの登川エイサー[4]、それぞれの《仲順流り》の演舞を比較検討することにする。ただ、第三章の舞踊分析で試みたような舞踊の振りを「動きのパターン」に分節して比較するような詳細な議論はここでは必要ない。それぞれの振り付けの大まか

表5－1　締め太鼓の打奏パターン

打奏パターン	双葉エイサー	太鼓連	登川エイサー
1）太鼓衆の回転打ち	○	○	○
2）太鼓大回転	○	○	×
3）腰落とし	○	×	×

○：見られる　×：見られない

な共通性と差異が明らかになれば、それで充分である。なお、大太鼓より締め太鼓の振りの方が比較のためにはわかりやすいので、ここでは締め太鼓衆の振り付けに焦点を当てる。

まず、締め太鼓衆の三つの特徴的な「振り」を取り上げ、それが三者のエイサーに現れるかどうかを検討することにしよう。第一の振りは、「太鼓衆の回転打ち」と呼ばれるもので、これは太鼓衆が反時計回りにゆっくりと四、五回打奏しながら一回転するものだ。このパターンは中間の囃子ことば「エイサーエイサー」の前の「七流り」（あるいは、それに相当する歌詞）の部分で現れる。第二の振りは、左手にもった締め太鼓を時計回りに下から上に大きく一回転させる動きである。これをここでは仮に「太鼓大回転」と名づけておこう。このパターンは、冒頭の「仲順流りや」（あるいは、それに相当する歌詞）の後半部分と囃子ことば「エイサー　エイサー　ヒヤルガエイサー」の「ヒヤルガエイサー」の部分の二か所で現れる。第三の振りは、前述の「太鼓衆の回転打ち」の最初の一打ちを深く腰を落として打奏する振りで、「腰落とし」と名づけておこう。表5‐1は、これら三つの振りが三者のエイサーに見られるかどうかを示したものである。この表によると、「太鼓衆の回転打ち」は双葉、太鼓連、登川のエイサーのいずれにも登場する。より厳密に言えば、この振りは双葉と登川では囃子が終わった後の間奏部分でもくり返されるので二回現れるが、太鼓連では一回のみである。締め太鼓をダイナミックに下から振り上げる「太鼓大回転」は見る側にとってもたいへんに印象的な振りであるが、これが双葉と太鼓連には二度現れるが、登川には一切出てこない。また、「太鼓衆の回転打ち」の際の「腰落とし」は双葉にのみ見られ、ほかの二つのエイサーには現れない。ちなみに、現在の双葉エイサーの《仲順流り》にも「腰落とし」は出てこない。

じつは双葉の「腰落とし」に関しては、エイサーの系譜を考えるうえで興味深い点がある。久部良エイサーの《ミンブチ》でも、同様に「太鼓衆の回転打ち」の最初の一打ちで腰を深く落とす「腰落とし」の動作が現れるからである（表3-2《ミンブチ》の(d)→(e)参照）。すでに述べたように、第二次双葉エイサー発足時には、赤山氏とともに、第一次双葉エイサーで地謡を務めた栄野川盛宏氏も指導に加わっていた。ひょっとして、赤山氏の振り付け指導の際に、一九六九年の第一次双葉エイサーの振り付けを記憶していた栄野川氏が久部良エイサーから伝承された通りの振りをそこに加えたということがあったかもしれない。ちなみに、第四章第三節で触れたように、栄野川氏は第一次双葉エイサーにおける「腰を深く落とす」振りをはっきりと記憶している（一〇八頁参照）。したがって、第二次双葉エイサー発足時にも、かつての第一次双葉エイサーの振りの一部が継承されていた可能性は否めない。

さて、第二次双葉エイサーにしても太鼓連にしても、すでに述べたように、系譜的には登川エイサーにさかのぼるものだ。では、登川エイサー独自の要素が両者のエイサーに見られるだろうか。これは、たいへん難しい問題である。というのは、本島中部型の太鼓エイサーは、どの青年会にしても、かなり共通した振りのパターンが使われていて、細部は異なるにしても、全体として見れば、差異よりも共通性の方がはるかに大きいからである。たとえば、前述した「太鼓衆の回転打ち」にしても、「太鼓大回転」にしても、ほかの多くの中部の青年会のエイサーにも同様に見られるものだ。むしろ、この振り（「太鼓大回転」）が双葉と太鼓連に見られて、登川に見られないのが不思議なくらいである〈5〉。

これまでの議論では、第二次双葉エイサーに関して、豊田エイサーとの関連から登川エイサーの系譜と影響を強調してきたが、実際に復活後の双葉エイサーのなかに登川エイサーの痕跡をたどることは、ほとんど不可能に近い。たしかに、歴史的には第二次双葉エイサーの系譜を登川エイサーにまでたどることはできるが、しかし、双葉エイサーのなかに客観的な構成要素として登川エイサー独自の要素を見出すことはできないというのが、本節の結論である。

第六章　「密貿易」とエイサー

一　久部良集落の成り立ち

久部良エイサーに関わるさまざまな問題を解き明かすためには、まず久部良集落そのものの成立の歴史と久部良エイサー誕生の社会的な背景を見ておかなければならない。

与那国島は、八重山諸島のなかにあっても、その歴史や民俗において特異な位置を占める。石垣島から約一二七キロメートル、台湾からは約一一〇キロメートルと、ほかの八重山諸島よりも距離的には台湾の方が近い。一五世紀以前にはほかの地域からの支配を受けることはなく、一五世紀末には女性首長サンアイ・イソバが島を統治していたと伝えられる。当時は八重山諸島との交流はなく、むしろ宮古からの集団移住によって宮古諸島との関係を深めていた。しかし、一五一〇年になると琉球王朝の支配下に入り、その後ほかの八重山諸島と同様、人頭税に苦しめられる時代が明治期後半まで続く(1)。

さて、現在与那国島には、比川《ひがわ》、祖納《そない》、久部良の三集落がある（図6-1）。このなかで比川が一番古

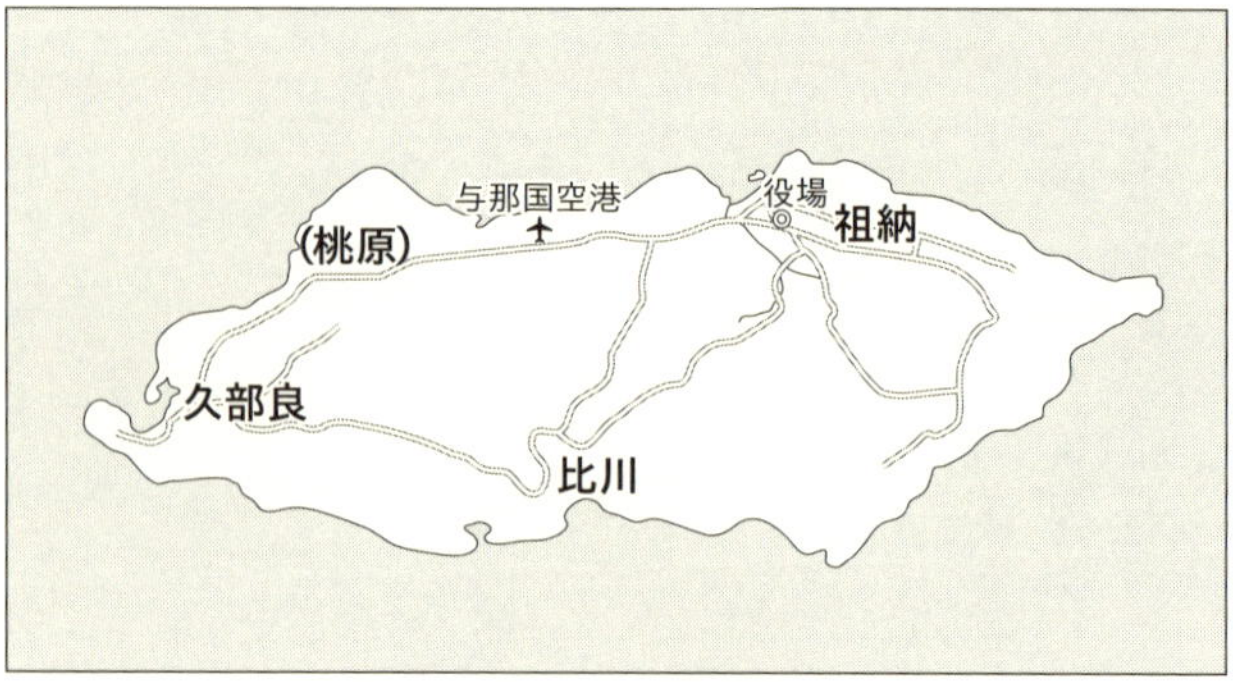

図6-1　与那国島

写真6-1　現在の久部良漁港

い集落であることはわかっているが、その創立年代は定かではない。祖納はかつて川の河口が船着き場として利用されていたため、近隣の人々が移り住み、しだいに集落が形成されたところで、現在は町役場や警察署などのある島の中心地になっている。

一方、久部良は石垣市の双葉地区と似て、カツオ漁に従事する「寄留民」の集落として発展したところである（写真6-1）。しかし、双葉地区とは異なり、集落の形成史はつまびらかでない。久部良集落の始まりに関しては諸説あるものの、久部良集落が大正期に沖縄本島の糸満や久高島の漁民を中心に創設されたという点では、諸家の意見はほぼ一致している〈2〉。

一説には、明治三四（一九〇一）年に鹿児島県枕崎出身の寺前嘉次郎という人物がくり舟一〇隻で引き縄漁を始めたのが、与那国島のカツオ漁の最初だと言われている。その後、寺前は祖納の波多浜《なんた》沿いにカツオ節工場を建て、そこで多くの島民を雇って働かせていた。その後、台風や季節風を避けるため、カツオ節工場を波多浜から島の南西部の久部良の地に移した。その頃から、本島の糸満や久高島からカツオ漁の漁師が久部良に移り住むようになったと言われている。大正五、六（一九一六、七）年のことである。こうしたことから、寺前嘉次郎を「久部良集落の創始者」とする説がある〈3〉。

一方、池間栄三は与那国島のカツオ節製造の始まりをもっと早い時期に設定し、明治二八（一八九五）年頃宮崎県人によって始められたとする。また同じ時期に糸満出身の玉城（屋号ナビサ）という人物が久部良でカツオ業を行ったとも記している〈4〉。この「カツオ業」とは前後の文脈からカツオ節製造ではなく、カツオ漁を意味すると解釈することができるが、その場合でも、この「玉城」という漁師が久部良近海で漁労をしただけだったのか、あるいは久部良に「寄留民」として滞在していたのか、定住していたのかなどの詳細は不明である。しかしながら、かなりの高い確率で、この頃（明治二八年）にはまだ久部良に集落は形成されていなかったと断言することができる。というのは、その二年前の明治二六年八月、『南嶋探験』の著者として知られる青森県出身の探検家、笹森儀助《ぎすけ》が久部良を訪れており、その際に久部良に集落がないことを確認しているからだ〈5〉。

また、寺前より少し後のことであるが、宮崎県日向出身の初田定彦《はったさだひこ》（発田貞彦とも書かれる）兄弟のカツオ節製造工場も久部良集落の形成と発展に大いに貢献した。初田兄弟は最初祖納に製造工場を建てたが、久部良に沖縄各地から漁民が集まってくるため、三年後に久部良に移り、そこに当時「東洋一」とうたわれた製氷施設を備えた近代的な大規模カツオ節製造工場を建設した。そして大正末期には、久部良の四か所でカツオ節製造工場が操業していたと言われる。またその頃には、久部良近海にいくつものカツオ漁の好漁場が発見され、久部良港には常時発動機船一〇数隻に加え、くり舟も群がるようになった。[6]この時期、久部良集落がすでにかなりの人口を擁していたことは、大正一四年に与那国小学校の分教場が久部良にできたことからもわかる。

久部良集落の形成史に関してはなお不明な点が多いが、こうしていくつかの情報を突き合わせると、おそらく大正五、六年頃に久部良にカツオ節製造工場ができたのをきっかけに糸満を中心に沖縄各地から漁民が集まってきて、その後大正末期までにカツオ漁とカツオ節製造で急速に発展し、一定規模の人口を有する集落になったと考えることができよう。

二　久部良エイサーの系譜をたどる

さて、久部良集落がその後、どのような栄枯盛衰をたどったかは後に詳述することにして、久部良エイサーの成立に関しては、「定説」と言ってよい、文献上一致した言説がある。たとえば、『エイサー三六〇度――歴史と現在』の「与那国島のエイサー」の項には、「桃原《とうばる》エイサーは、桃原集落から久部良集落に移住した金城幸明《きんじょうこうめい》氏らによる指導のもと、久部良集落の青年会に受け継がれていった」と記されている。[7] また、与那国町史編纂委員会が編んだ記録写真集『与那国　沈黙の怒濤　どぅなんの一〇〇年』のエイサーの写真解説には、「エイサー踊りは、戦前、桃原集落でささやかに催されていたが、戦後、桃原に住んでいた金城幸明、平識《へしき》善吉といった沖縄島出身の方々の指導で、久部良でも戦後行われるようになった」とある。[8] さらに与那国島の郷土誌家で与那国町史編纂委員でもある米城《よねしろ》恵《めぐむ》氏もエイサーをめぐる小論のなかで、「戦後、桃原のエイサーは、平識亀の子息、善吉（中略）といった手練《てだ》れの指導のもと、祖納や久部良で演舞を披露し、島にひろく根付いていった」と記している。[9] こうした記述に共通の「桃原集落から久部良集落にエイサーが伝承された」という言説は、ぼく自身の久部良での聞き取りでも何度も確認された。

　そこでまず、この「桃原集落」とは何かを明らかにしなければならない。桃原集落とは、図6-1の地図で与那国空港西の（桃原）と記した場所に戦後のある時期まで存在していた集落である。現在はそこに桃原牧場ができ、牧草地になっている（写真6-2）。久部良集落と同様に、桃原集落の形成史に関しても、確定的なことはわかっていない。ただ、桃原生まれの人々への聞き取り調査を行った前述の米城氏によると、桃原集落が形成されたのは明治三八（一九〇五）年頃で

写真6-2　桃原牧場

あるという。〈10〉また、米城氏が取材した桃原生まれの古堅宗栄《ふるげんそうえい》氏によると、桃原集落はもともと「屋取《やーどぅい》」集落として創設されたという。屋取とは、近世後期に琉球王朝の士族が首里や那覇から農村地域に移住して農業を営んだことをいい、それによって新たにいくつもの集落が形成された。桃原の場合には明らかに、明治初期の「琉球処分」によって崩壊した琉球王国の失職した士族が与那国島に都落ちして集落を創ったことをいう。もちろん、それは桃原の初期の成り立ちにすぎず、その後一般の農民その他も加わって集落として発展していったと考えられる。住人の多くは読谷村出身者で、黒糖づくりと稲作を生業としていた。

一方、ぼく自身が久部良で収集した桃原集落についての情報は、これとは微妙に異なるものだ。第四章で触れた前新城政信氏は、一九三四（昭和九）年桃原生まれで、久部良では最年長の桃原出身者である。久部良に移住してきたのは二〇代半ばであったから、今でも桃原集落のことはよく覚えている。前新城氏の母方の祖父は桃原生まれである（ちなみに、前新城家は那覇出身の家系であるが、士族ではない）。ということは、一九三四年生まれの人物の二世代前には、すでに桃原集落は存在していたことになる。ざっと一世代を二〇年と考えても、それより四〇年前の一八九四年、つまり、日清戦争より以前に集落は存在していたということになり、米城氏の創立推定年代よりも一〇年以上も前になる。他方、前新城氏の知る口碑では、桃原集落の起こりは、沖縄本島で生活の苦しかった「ガージャグヮ」（「ガージャ」は屋号で「我謝」、「グヮ」は「小」か）と呼ばれる人物が一〇人ほどの下男を引き連れて桃原に住み着き、開拓移民としてさとうきび畑を始めたことだったという。この状況からすると、この「ガージャグヮ」という人物は士族であった可能性が高く、桃原集落の始まりを屋取集落とする古堅氏の説明と一致する。

さて、米城氏は聞き取りその他の調査から、桃原エイサーの由来についても明らかにしている。〈11〉それによると、桃原エイサーは、一九一三（大正二）年一一月に大正天皇即位奉祝祝賀会の催しとして役場横広場で披露されたのが最初であったという。このエイサーを組織したのは古堅宗近《ふるげんそうきん》氏（古堅宗栄氏の祖父）と津波実保《つはじつほ》氏であった。古堅氏は嘉手納、千原《せんばる》の隣接集落「野国の後《のぐんぬくし》」出身の女性と結婚して、そこで暮らしているうちに千原エイサーを習得した。他方、津波氏は「野国の後」出身で、幼い頃から千原エイサーに親しんでいた。〈12〉この二人が、その後与那国島の桃原集落に移住してきたのである。ともにかなりの年配にはなっていたが、千原エイサーを手本に桃原の若者たちにエイサーを指導した。このエイサーは、地謡を伴った大太鼓と締め太鼓によるエイサーで、とくに空手の動作を多くとり入れているのが特徴であったという。ちなみに、『嘉手納町史　資料編二　民俗資料』には、戦前の千原エイサーに関して、「一九一二（大正元）年に大正天皇の御即位祝賀会が北谷小学校で催されたとき、各字から芸能を出すことになり、千原はエイサーを披露し（中略）高く評価された」との記述がある。〈13〉古堅氏と津波氏が与那国に移住後も、移住元の千原とコンタクトを取っていたことは充分に考えられるので、この記述は、大正天皇即位祝賀に際して桃原エイサーが演じられたという伝承の信憑性を一層裏づけるものと思われる。

前述した前新城氏も、自らの体験から桃原エイサーのことをよく記憶している。ただ、詳細に関しては、米城氏の情報と若干異なる点もある。前新城氏は、比川や祖納は旧集落で棒踊りなど伝統芸能が伝承されているが、桃原は本島各地からの移民の集落でとくに芸能がなかったため、故郷の芸能であるエイサーを始めたのではないか、と桃原エイサーの起こりを説明する。前新城氏は古堅氏のことも津波氏のことも記憶していた。自身は前述の古堅宗栄氏（一九二九年生まれ、宗近氏の孫）とほぼ同世代なので、前新城氏にとって彼ら二人は祖父の世代に近かったはずだ。前新城氏によれば、桃原エイサーは現在の久部良エイサーと同様にゆっくりとしたテンポで、三線はたくさんあったが、太鼓は三台しかなく、二〇数名の男性だけで空手の手の入った手踊りを踊ったという。曲目としては《ミンブチ》も《久高》も《蝶の舞》（当時は扇を使わなかった）も踊ったことを覚えているが、それらの歌は現在の久部良エイサーのそれとさほど変わっていなかったこと、しかし、太鼓踊りの振り付けは久部良のものとは大きく異なるものであったことを明らかにした。また、桃原エイサーが津波氏の故郷（嘉手納）のエイサーをもとにしているという点でも、前新城氏の説明は米城氏のそれと一致していた。

三　久部良エイサーをめぐるロマン

さて、ここに一枚の写真がある。これは、前述の記録写真集『与那国　沈黙の怒濤　どぅなんの一〇〇年』に掲載されている桃原エイサーの写真で、与那国町史全四巻のなかで唯一のエイサーの写真である（写真6-3）。しかしこの写真は、桃原出身者の記憶のなかにある桃原エイサーの情報を収集した人間を大きく混乱させる。写真から得られる視覚的な情報が聞き取りで収集した情報とあまりにも乖離しているからだ。桃原エイサーは、空手の動作の入った男性だけの手踊りではなかったのか。写真には、男性三人の地謡のほかは、多くの女性による手踊りの様子が写っている。

実際、桃原エイサーが嘉手納の千原エイサーをもとにしているという芸能の系譜を考えると、この

写真6-3　桃原エイサー

（『与那国　沈黙の怒濤』より）

「空手の動作の入った男性だけの手踊り」という特徴は、きわめて重要な点だと言わなければならない。というのは、屋取として形成された千原集落では士族のしきたりとして女性のエイサーへの参加を許さず、男性だけで踊ること、曲の随所に空手の型を取り入れていることが、千原エイサーの特徴とされているからだ。たとえば、宜保榮治郎は、千原エイサーについて「士族の流れを誇りに伝統エイサーの形を残し（中略）、参加者も男性のみに限定し（中略）、振りは空手を基礎にしたもの」で、その勇壮さと豪快さが特徴であると述べている〈14〉。すでに触れた「定説」に従えば、久部良エイサーは桃原エイサーの流れを汲むものである。芸態の系譜として、久部良エイサーが桃原エイサーをもとにし、桃原エイサーが千原エイサーをもとにしているのだとすれば、第三章で触れた久部良エイサー

写真6－4　千原エイサー

（『かでなの民話』嘉手納町教育委員会より）

の、ある種の「アルカイック性」（古形要素）はかつての千原エイサーの名残りである可能性はあるのであろうか。ここでいう「アルカイック性」とは、戦後加速度的にテンポを速めてきた今日の太鼓エイサーの潮流のなかでの、久部良エイサーの法外に遅いテンポや、また今日太鼓エイサーで一般化している派手でカラフルな打掛や陣羽織を身に付けない久部良エイサーの白一色のシンプルな装束、などを指している。[15]

たしかに、今日の千原エイサー保存会の YouTube の映像を見ると、[16]紫色のマンサージを巻いて白装束にタスキをかけ、黒帯を締める、といった格好（写真6－4）は、現在の久部良エイサーのそれとたいへんよく似ている。ただ、曲のテンポに関しては、千原エイサー保存会の演奏は久部良エイサーのようにゆっくりとしたものではなく、ほかのエイサー団体と同様の本島中部型太鼓エイサーに典型的な速いテンポである。ところが、一九九九年に千原エイサー（保存会）のフィールド調査を行った井口淳子は、千原エイサーの特徴のひとつとして、千原エイサーの七曲の伝承曲が「他村と共通する曲目であるにもかかわらず、テンポが遅い」ことを挙げている[17]。この情報が保存会メンバーへの過去の千原エイサーに関する聞き取りによるものなのか、あるいは井口自身の比較分析によるものなのか、詳細は不明であるが、いずれにしても、かつての千原エイサーが（現在より）テンポの遅いエイサーであったということはあり得る。こうして見てくると、われわれの主題のひとつである久部良エイサーが、遠い過去に行われていた千原エイサーの芸態を一部継承しているという可能性があるのかもしれない。

ところが、そうした学問上の「ロマン」（あえて「ロマン」と言おう）を根底から吹き飛ばしてしまうのが、先述の写真なのである。写真に写っている「桃原エイサー」は、伝承上その「もと」となったと言われる千原エイサーとは根本的に異なる。また桃原エイサーの流れを汲むと伝えられる久部良エイサーともまったく違う。エイサーでもっとも目に付くはずの太鼓踊りがこの写真には写っていない。もちろん、写真のフレームの外に太鼓踊り衆が何人かいることは可能性としてはあり得るが、写真の構図から言って、太鼓踊りが地謡からこれほど離れているという状況も、エイサーの演舞を知るものにとってはやや解しがたい。この写真のもっとも自然な解釈は、これが地謡のついた女性だけの手踊りエイサーである、ということだろう。したがって、これまで述べた「千原エイサー→桃原エイサー→久部良エイサー」という系譜の流れにおいて、「千原」と「久部良」はある程度類似性が指摘できるものの、中間の「桃原」はまったく異質な「得体の知れない」エイサーということになる。

実際、写真のキャプションにははっきりと「年代不詳」と記されていて、この写真がいつ撮影されたものであるのかはわからない。桃原集落でエイサーが始まったのは、前述の通り、一九一三年でそれ以降、後述するように、一九五〇年代半ばの廃村までエイサーが継承されていたとすると、桃原でエイサーが四〇年あまり行われていたことになる。この間に、桃原エイサーに例の「新たな地層」の堆積があったのであろうか。その可能性を否定させる要素は今のところ見つかってはいないけれども、しかし、そうであるとすると、また新たな疑問が湧いてくる。つまり、第四章で触れたように、そして第七章で詳述するように、現在の久部良エイサーは桃原から伝わった頃（すなわち、久部良エイサー発足当時）のエイサーとそれほど変化していないことが聞き取り調査から明らかになっている。では、写真の「桃原エイサー」と現在の久部良エイサーとの根本的な相違はどのように説明することができるのだろうか。いや、それ以上に大きな問題は、もし「新たな地層」の堆積があったとすると、現在の久部良エイサー、すなわち、桃原から伝わった頃の久部良のエイサーが、堆積が起こる前の桃原エイサー、すなわち、千原から移植された当時の桃原エイサーと思われるものにある点で類似しているという事実である。一体、これはどうしたことだろう。あえて図式化すれば、エイサーのタイプはA（千原）→B（桃原）→A′（久部良）となり、両側のAの類似性は系譜の流れとして見ればある程度理解できるものの、Bの異質性はまったく理解を越えている。

しかしながら、桃原集落も桃原エイサーもすでに完全に消滅してしまっている以上、これ以上詮索しても意味がない。写真の「桃原エイサー」は永遠の謎としておくほかないだろう。

むしろここで重要なのは、桃原集落から久部良集落にエイサーが伝わった社会的背景である。ここに、久部良エイサーの成立をめぐるもっとも興味深い、そしてもっともドラマティックな歴史の一コマが刻まれている。

四　久部良の「密貿易」の興隆

さて、久部良集落は現在、人口およそ四六〇人のさびれた漁村である。しかしながら、終戦直後の混乱期、ここは一万数千人がひしめき、活況を呈する港であった。なぜならば、日本の最西端の国境に位置する久部良は当時、俗にいう「密貿易」の中継基地だったからである。のちに詳述するように、久部良エイサーの成立を考えるうえで、この「密貿易」の問題は避けて通ることができない。したがって、ここで「密貿易」について少々くわしく見ておくことにしよう。

久部良を含む沖縄地方の戦後における「密貿易」に関しては、すでにかなりの調査研究が行われているが、その一方で、「密貿易」という呼称自体が問題視され、「私貿易」「復興交易」「非正規交易」などさまざまな代替語が提示されている。しかしながら、与那国町史編纂室は、この語が庶民の生活用語としてすでに定着していて、「密貿易という表現こそが、時代の息吹を伝えるもの」とこの用語に積極的な評価を下しているため、[18]本書でも括弧つきの「密貿易」という表現を用いて議論を進めることにする。

「密貿易」という語を定着させ、久部良の「密貿易」を一般に知らしめた最初の学術的研究は、膨大な数の当事者への聞き取り調査に基づいてまとめられた石原昌家の『大密貿易の時代――占領初期沖縄の民衆生活』(一九八二年)であるとされるが、[19]久部良の「密貿易」が実際どのようなものであったかは、「密貿易」に直接関わった当事者として回想録を出版した大浦太郎の次の言葉に要約されているように思う。

　敗戦に伴い、日本政府の機能が混乱、硬直した結果、中央から見放された日本最果ての島は無法状態となって、原始的な手法で人と物資が自然に環流したのである[20]。

　戦前の台湾領有時代には、与那国島と台湾との間は往来が自由で、久部良港の漁民は近海で採れた魚を台湾の港に水揚げし、市場に降ろしてから台湾で日用品を購入して久部良に戻るといった生活をしており、与那国経済は台湾経済圏に組み込まれていた。そして、戦後になってもなお与那国の漁民は、戦前ながらの台湾との経済関係と生活形態を続けていた。もともと海を移動する漁民は国境意識が希薄で、彼らにとってみれば、それまで築いてきた生活圏における営みを延長しているにすぎなかった。ところが、戦後台湾に大陸の国民政府軍が上陸してくると、状況は一変した。台湾の港の警戒が厳重になり、兵士が与那国の漁民を銃撃したり、港で品物を略奪したりする、ということが起こるようになる。こうして、台湾と与那国との間の取引はいわゆる「ヤミ取引」の形になり、とくに台湾からの日本人引き揚げが完了した一九四六年五月以降、本格的な「密貿易」の形態に変化していった[21]。石原によると、これが「密貿易」が起こるきっかけであり、その後、久部良集落は南西諸島の一大「密貿易」中継基地に発展し、国際的ヤミ市場として隆盛をきわめることになる。

　これまでの研究者の聞き取りでは、当事者自身は自らの行為を一般的な意味でいう「密貿易」とは捉えていない場合が多いが、官憲の目をくぐりながら行われるという意味では「不法交易」と言えるものであり、それは、次のような状況下で行われた。

夜、港外に船が現れると、素早くはしけ舟が出て、暗闇の海上で積み荷を移す作業が始まる。六〇キロ詰めの米俵がはしけ舟に積み込まれ、荷が満杯になると、船側から二人が乗り移って来て、はしけは船から離れる。はしけに灯はなく、暗闇のなか三〇分ほどで岸辺に着くと、そこに黒い固まりとなって待機していた人夫たちが寄ってきて、はしけ舟の荷揚げに取り組む。岸辺に降ろされた米俵は、今度はまた別の人夫の一群が肩にかついで村のなかへ消えていく〈22〉。

こうした、おもにバーター(物々交換)による「ヤミ取引」は、その後台湾ばかりではなく、宮古、糸満、日本本土、香港と交易ネットワークを拡大し、各地の漁船や商人が久部良港に出入りするようになる。終戦直後、沖縄地方全体が物資の不足と貧困にあえいでいるなか、「密貿易」中継基地としての久部良は、衣食住に必要な生活物資のもっとも豊富な繁栄した場所であった。石原のリストによれば〈23〉、久部良を介して沖縄から台湾へはオーバー、毛布、たばこ、薬品類など、台湾から沖縄へは米、砂糖、ビール、バナナ、電池など、さらに沖縄から日本本土へは真鍮、銅、砂糖、時計など、日本本土から沖縄へは瀬戸物類、各種材木、自転車、ミシン、レコードなどの物資が豊富に流れたと言われる。当時の関係者の証言からは、沖縄警察はこの「密貿易」に対して黙認する基本姿勢を取っていたことがわかる。それは、警察がこれを徹底的に取り締まっていたら、沖縄は餓死者が続出しかねない飢餓状況にあり、黙認がとりもなおさずその飢餓状況を救っているという認識が警察側にあったからである。それゆえに、石原はこの「密貿易」を「超法規的行動」と捉える〈24〉。

「密貿易」時代の久部良の様子は、次のように語られている。

久部良湾の護岸通りは、はしけ業者や担ぎ屋たちのたまり場になっていた。二〇〇メートルほどの護岸通りの両側には屋根もない屋台や露店がズラリと並び、食べ物類、菓子類、果物類、ウィスキー、日用雑貨類などが所狭しと並べられていた。大量の「密貿易」品も業者同士のバーターのために梱包のまま地べたに置かれたままだ。真っ昼間から飲み屋街のように酔っ払いがうろうろしているのが目に付く。飲み屋や食堂は一〇〇軒ほどあったが、いつもいっぱいだった。昔は、ここには古びた料亭が二軒しかなかったのに、今ではそれが三八軒に増えている。「ゆあさ」だの「松のや」だの、思い思いの名がつけられ、いくつかの小部屋に仕切られた料亭には、沖縄各地からやって来た娘たちが「酌婦」として住み込みで働いていた。また、「みなと劇場」という娯楽館が建てられ、芝居が上演されたり、映画が上映されたりもした[25]。

こうした久部良の状況について、子供の頃それを目にした前述の郷土誌家、米城氏（祖納出身）はのちに、「一昔前の那覇市牧志の市場通りみたいな混み合い具合」だったと回想している[26]。

五　「密貿易」の終焉とその背景

ところが、この久部良の繁栄も長続きはしなかった。しかもそれは、当時の国際情勢の変化と密接に結びついていた。一九四六年に中国大陸で蔣介石率いる国民政府軍と共産党軍による武力衝突が全面的な国共内戦に発展すると、大陸では薬きょうを中心とした軍需物資用の非鉄金属の需要がにわかに高まった。蔣介石の亡命前後の台湾は警戒が一層厳重になり、ヤミ取引が困難になる一方、敗戦後の沖縄の山野には大量の非鉄金属類が散在し、米軍の兵器や弾薬の集積場も野放し状態であった。これに目を付けたマカオや香港の貿易商人たちがそれらの軍需物資を中継基地である久部良を介して大陸に流す「密貿易」ルートを開発したのである。これが、その後の「密貿易」の命運を決することになる、いわゆる「香港ルート」と呼ばれるものだ。[27]

久部良を含む沖縄地方の戦後における「密貿易」に関する最新の研究書は、小池康仁の『琉球列島の「密貿易」と境界線 一九四九―五一』(二〇一五年)であるが、[28] この書の主要な関心のひとつは、沖縄の「密貿易」を当時の国際情勢のなかに明確に位置づけて理解しようとすることだ。関係者への聞き取り、当時の各種新聞、琉球軍政局資料などの調査を通じて小池が明らかにしているのは、戦後冷戦が始まり、中国大陸で国共内戦が拡大するなかで、当時の沖縄の米軍政府は「密貿易」された軍需物資が香港を通じて大陸の共産党軍に流出すること、さらに共産主義勢力が香港ルートの「密貿易」船に同乗して琉球列島に侵入してくることを恐れ、警戒していたということである。[29] それゆえ、米軍政府は沖縄警察に「密貿易」船を取り締まるよう厳達するが、前述したように、沖縄警察は意識的にそれをサボタージュした。しかし、やがてそうした米軍政府の懸念が現実のものとなる。

一九五一年九月一六日発のＡＰ電は次のように伝えている。

米上院商業委員会の輸出管理小委員会は極東における現地調査の結果を一六日、次のように発表した。

太平洋の米国管理下の地域から中共へ物資が輸出されていることが判明した。たとえば、米国の大軍事基地のある琉球諸島からは、発動機船で石油、軍トラック用タイヤ、飛行機のくず、アルミくず、鉛その他の物資が輸出されている。琉球から輸出される物資の大部分は巨大な米軍の倉庫から盗まれたものか、不正な手段で入手されたもので、その際米人がそれに協力していることも考えられる。[30]

ここから、久部良を含む沖縄における「密貿易」の実態がアメリカ議会でも問題になっていたことがわかる。しかし、それにしても、米軍の軍需物資がどのような経緯で中国の共産党軍に渡るというようなことが起こったのだろうか。当時の関係者の証言を収集した石原によると、米軍政府が沖縄に駐屯させた国民政府軍の兵士の一部が業務のかたわら「密貿易」にも従事していて、軍需物資をバーターで手に入れると、中国本土に戻った際にことをもあろうに交戦相手の共産党軍にそれを売り渡していたという。[31]国共内戦は結局国民政府軍の敗北に終わるが、アメリカ政府はその敗因を「国民政府自身の腐敗によるもの」と分析している。この分析の背後には、そのような事実の認識があったのであろう。

さて、前述したAP電は一九五一年のものであるが、米軍の軍需物資の共産党軍への流出の事実を米軍政府がそれよりはるか以前に把握していたことは確実である。というのは、一九五〇年六月、米軍政府が米軍武装部隊（CIC）を与那国島に送り込み、久部良集落に急襲をかけて徹底捜査をしているからだ。その様子は、大浦太郎の回想録『密貿易島』に生々しく描かれている。朝もやのなか、集落では「ハチの巣をつついたような騒ぎ」となり、貿易商人たちは野や森に逃げ込んだが、米軍は隠れ場所への水と食料の補給を断ち、三週間ほどの作戦でほぼ全員（ほとんどが台湾人）が逮捕され、組織は壊滅したとされる。〈32〉しかし、こうした米軍の強襲取り締まりにもかかわらず、衰退したとはいえ、「密貿易」が依然として続いていたことは、さまざまな文書から裏づけることができる。琉球軍政局資料には一九五〇年以降も与那国島近海における「密貿易」船は減少していないことが報告されているし、香港ルートの「密貿易」は一九五二年末になってもまだ米軍によって根絶されてはいなかったと言われる。〈33〉ただ、一九五三年五月二九日付け『沖縄タイムス』には、久部良の「密貿易」がほぼ終息したことを伝える記事が掲載されている。そこには、数年前まで「密貿易」中継基地として栄華をきわめた琉球列島最西端の与那国島は今ではまったく「密貿易」の跡を絶ち、島は閑古鳥の鳴くただの孤島に返っていると記されている。〈34〉

さて、読者諸氏は、この久部良の「密貿易」の物語を読みながら、エイサーの芸能研究にどうして「密貿易」の話が必要なのか、これがエイサーとどう関係しているのかと大きな疑問を抱かれたにちがいない。しかし、この「密貿易」をここまで詳細に議論したのは、この「密貿易」こそ、じつは久部良エイサー成立の遠因になっているからに他ならない。

六 「密貿易」とエイサーの関わり

久部良集落に住む年配（生年が一九四〇年代以前）の人々への聞き取りのなかで、「密貿易」は折に触れて話題にのぼる。その場合でも、「密貿易」という直接的な表現よりも、「景気時代」という表現が使用されることの方が多い。また「ヤミ（時代）」という言葉も用いられる。先の『沖縄タイムス』の記事は一九五三年時点ですでに久部良の「密貿易」は完全に終了していたかのような印象を与えるが、彼らの語りから明らかになるのは、実際にはその後も一九五〇年代半ばくらいまで細々とではあるが、「密貿易」の「余波」と言えるような活動は続いていたということである。たとえば、第四章で久部良エイサーの継承者として触れた川田一正氏は一九五五年に一〇歳で本島の東村から久部良に移住してきた人物だが、久部良に移った時には「密貿易はまだやっていた」と明言し、自分は少年として（小遣い稼ぎのためか）よく砂糖などの入った樽運びをやったものだと当時を振り返る。また、桃原生まれで一九五七年に久部良に引っ越してきた田本秀章氏も、引っ越してきた時にはすでに「密貿易」は終わっていたものの、貿易の「名残り」のようなものはまだあったという。

久部良エイサーの成立を考えるうえで、「密貿易」がいつ幕を閉じたかはことのほか重要な意味をもつ。というのは、桃原集落を知る人々が一致して言うことは、桃原の廃村は「密貿易」の衰退と連動していた、ということである。なぜ連動していたかと言えば、「密貿易」の中継基地として巨大な人口を擁する久部良に桃原集落は農産物を供給していたからである。戦後、与那国町の初代町長となった浦崎栄昇氏は当時を回想して、「景気時代」に桃原集落が農作物を高値で売って大きな利益を上げていたことを明らかにしている。〈35〉それゆえ、久部良の「密貿易」が衰退し、やがて終焉するということは、桃原集落にとって経済的な破綻と凋衰を意味した。一九五〇年代に入ると、桃原集落の世帯は一抜け、二抜けと転出が相次ぐ。一九五七年と五八年にそれぞれ久部良に転入してきた田本氏と前新城氏は、桃原集落からの最後の転出組に属する。それは、久部良の「密貿易」が完全終結する時期とほぼ一致する。

では、桃原集落から転出した住民はどこへ移住したのであろうか。多くは、彼らの出身地の沖縄本島であった。折しも、沖縄本島では戦後の大規模な米軍基地建設に伴い、巨大な労働市場が誕生していた。こうして、職を求めていた桃原集落の旧住民は、この労働力需要に応える形で本島に戻っていった。当時、沖縄本島で創出されたこの大規模な労働市場が、桃原集落の廃村のもうひとつの要因であったという可能性は否定できない。そして、本島に移住しなかった旧桃原住民は、久部良を中心として島内のほかの集落に散っていった。

こうして、久部良エイサー成立の「定説」に登場する人物、すなわち、金城幸明氏と平識善吉氏が桃原から久部良に移住してくるのである。そして、この二人こそ、のちに桃原エイサーを久部良に伝えた当の人物なのであった。

第七章　久部良エイサーの「はたき」をめぐって

一　久部良エイサーの始まり

久部良集落に移住してきた金城幸明氏と平識善吉氏に関しては、生前の二人を知る久部良在住の年配の人々への聞き取りから――もちろん、人によって記憶や情報に多少の齟齬はあるが――、いくつかの重要な点が明らかとなった。金城氏は沖縄本島南部、糸満市の旧・三和村《みわそん》（現・三和地区）の出身で、桃原、久部良と移り住んだ後、晩年は家族とともに郷里の糸満に戻り、当地で亡くなっている。久部良に移ってきたのは一九五七、八年頃で、前章で触れた田本秀章氏や前新城政信氏と同様に、桃原からの最後の転出組に属する。当時、金城氏は四〇代で、久部良では農業のかたわら、たたみ屋を営んでいた。人々の語りで一致しているのは、金城氏が卓越した三線弾きであったということである。また三線のほかに、歌や踊りにも秀でた多芸な人物であったと評する人もいる。前章で触れた川田一正氏によれば、金城氏のエイサーの指導は、微に入り細に入りきわめて厳格なものであったという。

一方、平識氏に関する情報は、それほど多くはない。平識善吉氏の父親、平識亀氏は、前章で触れた古堅宗近氏らと並んで桃原エイサーの卓抜した地謡で、その息子の善吉氏もすぐれた三線弾きであったばかりでなく、久部良では三線製作者としても知られていた。ただ、人々の語りからは、久部良での桃原エイサーの伝承に関しては、金城氏が主導的な役割を果たし、平識氏の役割は比較的マイナーなものだったとの印象を受ける。

さて、久部良エイサーの誕生は、一九六〇年にさかのぼる。当時二三歳で久部良青年会長を務めていた糸数敏秀氏らが青年会の活動資金調達のために、エイサーを始めることを発案した。そこで、その数年前に桃原集落から引っ越してきた金城幸明氏が三線の名手でエイサーに精通していたことから、当時青年会の中心メンバーであった糸数氏や鹿川《かがわ》義明氏ら五名が金城氏宅に赴いてエイサーの指導を依頼したのが、久部良エイサーの始まりであったという。金城氏は快諾し、さっそく金城氏宅の庭先でエイサーの練習が始まった。

ここで桃原集落と久部良集落との関係について、少々説明しておく必要がある。前章の記述では、両村はまったく別個の集落であるとの印象を与えたかもしれないが、両集落は車で五分足らずの近接距離にあり、当時は日常的に人の行き来があった。前新城氏によれば、当時両集落の子どもたちは同じ久部良小学校に通っており、密な人間関係が醸成されていて、桃原エイサーをやっている時に久部良の青年たちが見物に行くということもあった。現に、東村から久部良に移ってきた川田氏は子供の頃（一九五五年当時）、桃原エイサーを見に行ったと語っている。このことは、桃原集落では廃村間近までエイサーが行われていたことを示唆している。他方、久部良の青年たちが桃原エイサーに加わることはなかったし、また桃原エイサーが久部良に遠征に来るということもなかったという。久部良エイサーの場合には、発足当初から祖納や比川にまで遠征して演舞を行っているので、それを考えると、この桃原エイサーの状況はやや解しがたい。おそらく、前章で議論した「桃原エイサー」の写真のキャプションにあるように、エイサーは「桃原集落でささやかに催されていた」[1]ということなのであろう。しかし、いずれにしても、金城氏と平識氏は、久部良への移住前からすでに桃原エイサーの地謡として久部良の青年たちに知られていたはずである。

これまでの議論から、金城氏らを介して桃原エイサーが久部良へ伝播した事例は、第一章で挙げた四つの伝播パターンのうち、ちょうど徳田政治氏が久部良エイサーを双葉地区に伝えた場合と同様、「移住した個人が移住元の青年会のエイサーを移住先の青年会に伝えた」パターンであると見ることができる。しかしながら、桃原エイサーが伝承されて成立した直後の久部良エイサーの状況を詳細に調べてみると、久部良エイサーが双葉地区に伝承された状況とはいろいろな点で大きく異なっていることがわかる。

では次に、その点を検討してみることにしよう。

二　芸能の進化を考える

第四章で見たように、一九六九年に徳田氏によって久部良エイサーが双葉地区に伝えられた当時の双葉エイサーは、衣装の点でも、編成の点でも、またテンポの点でも、原型である久部良エイサー（現在の久部良エイサー）とたいへん良く似たものであった。ところが、一九六〇年に発足した久部良エイサーとその原型と考えられる桃原エイサーとの間には、そのような類似性は見出されない。

前章で明らかにしたように、桃原エイサーは地謡を伴った大太鼓と締め太鼓によるエイサーで、空手の動作の入った男性だけの手踊りが特徴であった。また、ゆっくりとしたテンポで、《ミンブチ》《久高》《蝶の舞》（扇は使用せず）を踊ったと言われる。糸数氏や川田氏など、発足当時の久部良エイサーを知る人々への聞き取りから明らかになるのは、久部良エイサーには最初から手ぬぐいかぶりをした夕スキがけの女性たちの手踊りがあり、また何人ものチョンダラーがいた、ということである。さらに手踊りに関しては、空手の動作に対する言及はまったくない。たしかに、ゆっくりとしたテンポの大太鼓と締め太鼓の踊りである点、また伝承曲も共通している点など、桃原エイサーから久部良エイサーへの連続性はある程度認められるものの、もっとも目に付くエイサーの編成の点では、女踊りとチョンダラーが加わるなど、桃原エイサーと久部良エイサーの間には大きな相違が見られる。このような事情から、両エイサーを知るものの間には、桃原エイサーが久部良に伝わったとする口碑の信憑性を疑って、たとえば、田本氏のように、別系統のエイサーの影響を考えるものもいる。

実際、『エイサー三六〇度——歴史と現在』の「与那国島のエイサー」の項には、「久部良青年会は、桃原エイサーをそのまま受け継いだわけではなかった。金城氏らは、首里のエイサーなどを取り入れ、独自の久部良エイサーを作り出した」とある。〈2〉ただ残念なことに、この記述の情報源は明らかではない。しかしながら、この項の執筆者で与那国の民俗文化を研究する原知章〈3〉が、かつてエイサーの取材のために川田氏宅を訪れていることは、川田氏への聞き取りの際に確認されている。実際、川田氏自身、金城氏が教えていたエイサーは「首里のエイサー」だと金城氏から言われたということを強調する。しかし、ここで注意を要するのは、先島諸島の辺境に位置する与那国島では、遠く離れた沖縄本島の文化に言及する際に、(意識的であれ、無意識的であれ)その文化の「真正性」を強調したり、あるいはその文化を権威づけたりするために、本島の文化的中心である「首里」や「那覇」の名をもち出すことがよくある、ということである。つまり、「首里」や「那覇」という名称の文化的代表性ゆえに、これらの地名は必ずしも文字通りの「地名」を意味しているわけではないということだ。

一方、糸数氏は、金城氏が始めたエイサーは沖縄本島中部のエイサーがもとになっているという可能性を示唆する。ただ、その根拠は、金城氏が本島中部出身であるという誤った情報によっているため、ただちにこの糸数説に与するわけにはいかない。しかしながら、発足当初の久部良エイサーの編成、すなわち、大太鼓と締め太鼓の太鼓踊りにタスキがけの女踊りとチョンダラーが加わるという編成は、今日から見ると、本島中部型の太鼓エイサーの編成そのものである。

ここで、第五章第五節の「系譜の分析」で議論したポイントを想起する必要があるだろう。そこにおいてぼくは、第二次双葉エイサーが愛知県の豊田エイサーをもとにしたものであり、またその豊田エイサーが沖縄本島中部の登川エイサーの大きな影響のもとに形成されたものであることを歴史的に跡づけることに成功した。しかしながら、結局、第二次双葉エイサーのなかに客観的な構成要素として登川エイサー独自の要素を見出すことはできなかった。エイサーという芸能の伝播と芸態の進化とは、おそらく、そのようなものなのであろう。すなわち、伝播のそれぞれの段階で、エイサーはさまざまな契機を通じて多様な要素を取捨選択し、選択した要素を吸収・統合しながら、前とは異なる形に発展していく。

したがって、エイサーが伝播したある段階で、伝播元のエイサーの芸態がまったく原型のまま保持されているということは想定しがたい。たとえば、桃原エイサーが千原エイサーを継承していると考えられる場合、伝播した時点で「空手の動作の入った男性だけの手踊り」という要素は存続させたとしても、それ以外の要素はすべて捨象されるかもしれない。逆に、「それ以外の要素」を存続させて、「空手の動作の入った男性だけの手踊り」という要素は継承されないかもしれない（その意味では、発足当時の第一次双葉エイサーが伝播元の久部良エイサーとあれほど高い同一性を示していたのは、やや特殊な事例と言えるのかもしれない）。

同様に、桃原エイサーが久部良に伝わった場合にも、「ゆっくりとした太鼓踊り」という桃原エイサーの要素は存続させたとしても、ほかの要素、たとえば「空手の型が入った手踊り」といった要素は捨象されるかもしれない。この「捨象される」ということは、それに代わる何か別の要素がそこに取り入れられる可能性があることを示唆している。桃原エイサーでは、「はたき」も日の丸扇も使用していなかったことが聞き取りから明らかになっている。しかし、久部良エイサーでは、もっとも目立つ採り物として「はたき」と扇が使用されている。あきらかにこれらの採り物は、桃原エイサーとは無関係に久部良エイサーに取り入れられた要素である。

これまで見たように、エイサーの芸態の系譜をたどり、明らかにすることは、まことに困難な課題である。あまりにも多様な要素が、伝播と発展の過程に介在しているからである。しかし、こうして見てくると、「はたき」と扇という採り物の導入が、久部良エイサーの成立過程で、桃原エイサーのほかに、どのような系統のエイサーが吸収・統合されたのかを特定する手掛かりになるのではないか。

次に、その問題を考えてみることにしよう。

三　「はたき」の由来をたずねて

久部良エイサーを最初に目にしたとき、法外に遅い踊りのテンポと、そして女踊りで女性たちが手にしている市販のプラスチック製の「はたき」がこちらに強烈な印象を与えた（写真3-1参照）。当時、沖縄本島のエイサーの全体像をまだ充分に把握していなかったぼくは、この「はたき」をもちながら踊る女踊りが久部良エイサーの芸態に固有の要素であると勘違いをした。しかも、久部良エイサーの女踊りの格好、すなわち、手ぬぐいかぶりにタスキをかけ、手に「はたき」をもつという出で立ちが何とも「昭和時代の日本本土の掃除をする婦人」を連想させたため、女踊りの「はたき」への興味は一層掻き立てられ、久部良エイサーの研究初期の段階から、この「はたき」の由来をめぐる探索に力を注いだ。

写真7－1　久部良エイサーの「はたき」

現在の久部良エイサーに使用されている「はたき」は、写真7-1に見るように、雑貨店でふつうに購入できるプラスチック製のはたきである。青年会のメンバーもこれを文字通り「はたき」と呼んでいる。伝統芸能の演舞に日常生活で用いる掃除用具を取り入れるとはいったいどういうことか。この「はたき」の導入の時期や経緯をめぐっては、人々の説明に若干の齟齬が見られる。たとえば、東村から移住してきて、エイサー発足当初からエイサーのメンバーであった川田氏は、エイサー発足時は《蝶の舞》で日の丸扇をもって踊ったものの、《ミンブチ》と《久高》ではまだ「はたき」は使わずに、ただの手踊りであったという。ところが、一九六〇年に久部良エイサーを立ち上げた糸数氏は、発足当初から《ミンブチ》は手踊りであったが、《久高》では「はたき」をもって踊っていたという（ちなみに、糸数氏は当時青年会長としてエイサーの世話役に徹していて、実際に太鼓踊りや手踊りを経験してはいない）。一方、田本氏によれば、少なくとも自分の記憶している久部良エイサーに関する限り、「はたき」はエイサー発足当初から使用されていたという。ただ、一九六〇年のエイサー発足時に田本氏は八歳くらいであり、その「記憶」の確かさは疑わしい。いずれにしても、糸数氏と川田氏の言説を相互に補完しながら市販の「はたき」導入にいたる過程をまとめると、次のようになる。

久部良エイサー発足当時、少なくとも糸数氏の青年会長在任中（一九六〇―六一年）に、ただの手踊りでは手持ち無沙汰で見栄えがしないとの理由で、金城氏の指導のもと、細長く切った布切れの束を先にとり付けた二本の竹棒を両手にもって踊るようになった。それをしばらく続けたのち、今度は青年会の発案で竹棒の先に布切れではなく、色とりどりのビニールテープをとり付けて、テープをたなびかせて踊るようになった。その後、一九七〇年代前半になると、ビニールテープのついた竹棒に代えて、市販の「はたき」を購入してエイサーの踊りに使うようになった。ちなみに、川田氏はこの市販の「はたき」の導入を自分自身の発案としているが、ほかの人々への聞き取りからはその確証が得られていない。

いずれにしても、与那国島ではたきが店頭に並ぶのは一九七〇年代前半になってから（本土復帰後）であり、「はたき」の導入はそれと時期的に一致する。

以上が、久部良エイサーへの「はたき」導入の経緯であるが、そもそも久部良エイサーの女踊りで布切れをつけた二本の竹棒をもって踊るといった発想は、金城氏のものであれ、誰のものであれ、どこから生まれたものだろうか。当時、この「はたき」が久部良エイサー固有の採り物であると考えていたぼくは、この発想のヒントを与那国の文化的伝統のなかに見出さなければならないと考えた。そこで想定したのが、エイサーの「はたき」と与那国の民俗舞踊で用いられる「ざい」との関係であった[4]。

写真7-2　与那国民俗舞踊の「ざい」

与那国島では民俗舞踊の《ながく節》などで一対の棒の先に細長い布片のついた「ざい」と呼ばれる採り物を用いる（写真7-2）。祖納在住の与那国民俗舞踊の師匠、小嶺《こみね》シゲ氏にこの点をただした。小嶺氏によると、久部良エイサーの「はたき」と民俗舞踊のざいとは関係がない、もし「はたき」がざいに由来するのであれば、エイサーでも実際にざいを使用しているだろうし、それをざいという名称で呼んでいるだろうという。他方、糸数氏も両者の関係については否定的で、エイサー発足当時、民俗舞踊に「はたき」（ざいのこと）が使われていることは知らなかったとし、エイサーの「はたき」と民俗舞踊の「はたき」とはまったく関係がないという。また、川田氏は現在にいたるまで民俗舞踊で用いられるざいについてはまったく知らず、「はたき」はエイサーの踊りを美しくみせるために導入されたもので、民俗舞踊とは無関係であると明言する。

四　本島エイサーの「採り物」の分布

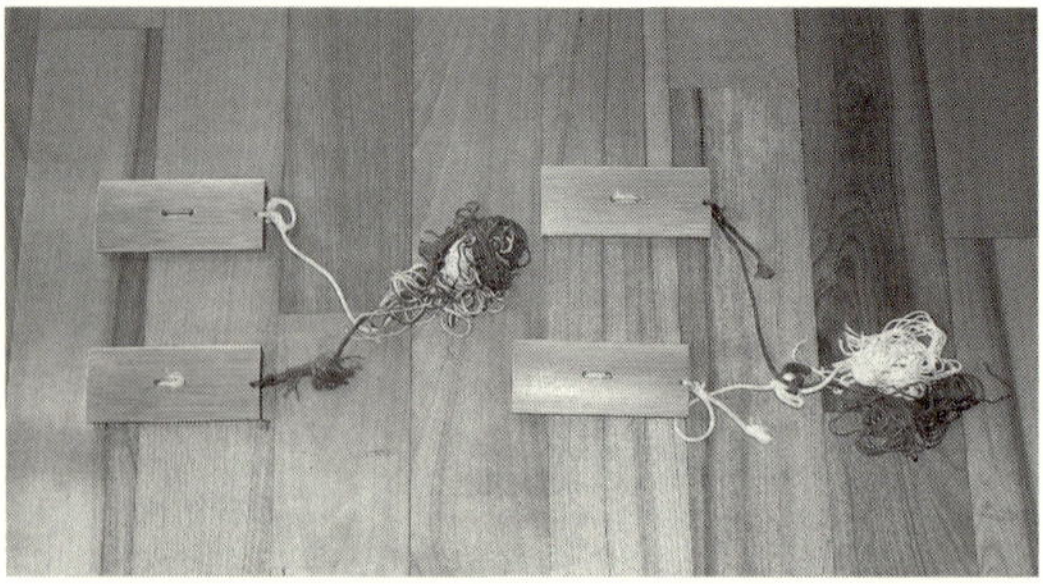

写真7－3　四ツ竹

こうして、与那国の伝統芸能のなかに「はたき」の発想のヒントを見出すことのできなかったぼくは、その後、研究の進展に伴い、この「はたき」がじつは沖縄本島のいくつかの地域のエイサーによく用いられていることを知る。そこで次に、この問題を沖縄本島のエイサー文化全体のなかに据えて考えてみることにしよう。

小林幸男によると、「ぜい」は名護市やその周辺での使い方がもっとも発達しているという。〈5〉この「ぜい」とは、琉球古典舞踊の若衆踊り〈6〉や二歳踊り《にーせーうどぃ》〈7〉の演目のひとつで、踊り手は同じく「ぜい」と呼ばれる先に布片をとり付けた棒を振りながら踊る。この「採り物」（踊りの小道具）としてのざいは、前節で述べた与那国のざいと同一物である。沖縄本島のエイサー文化では、久部良で「はたき」と呼んでいた採り物は、一般にはぜいと呼ばれている。『エイサー三六〇度』のエイサー団体の記録から明らかになるのは、エイサーの踊りではぜいのみならず、ぜいとともに曲によって扇や「四ツ竹」[8]（写真7-3）もよく使用されるということである。そこで、ここでは考察の対象をぜいに絞るのではなく、ぜい、扇、四ツ竹を採り物の一セットとして考察することにする。[9]

この採り物の一セットのさまざまな事例を調べてみると、地域や団体によって採り物の使用は、次の七つのタイプに分かれることがわかる。

(1)三つの採り物すべてを使用するもの、
(2)ぜいと扇を使用するもの、
(3)ぜいと四ツ竹を使用するもの、
(4)扇と四ツ竹を使用するもの、
(5)ぜいのみを使用するもの、
(6)扇のみを使用するもの、
(7)四ツ竹のみを使用するもの、

である。

これら七つのタイプの採り物の分布地域と該当する地区ないし青年会を示したのが、表7-1である。このデータの作成には相当な時間を要した。『エイサー三六〇度』（一九九八年）のデータはすでに古すぎるため、最新の状況を把握すべく沖縄本島の市町村ごとに、アップロードされているYou Tubeのエイサーの膨大な量の映像を一つひとつチェックすることによって作成したのが、この表である。もちろん、データ収集をYou Tubeに依存することは、最良の方法とは言えない。それらのデータは幸いにも

表7－1　採り物の使用タイプと分布地域

タイプ	使用する採り物	分布地域
(1)	ぜい・扇・四ツ竹	東村(川田)/名護市(屋部・名護・久志)/金武町(中川)/北谷町(北玉)/宜野湾市(野嵩三)/　計7
(2)	ぜい・扇	今帰仁村(渡喜仁)/宜野座村(漢那)/金武町(屋嘉・伊芸・金武)/うるま市(石川旭・石川前原)/沖縄市(与儀)/宜野湾市(愛知・喜友名)/那覇市(首里真和志)/　計11
(3)	ぜい・四ツ竹	北谷町(栄口)/宜野湾市(普天間一・普天間二・新城)/　計4
(4)	扇・四ツ竹	大宜味村(饒波・大兼久・根路銘)/名護市(城・世冨慶)・名護市(東江)＊/うるま市(石川伊波)/読谷村(座喜味)/沖縄市(東・知花・高原)/宜野湾市(大謝名・普天間三・伊佐・大山・宇地泊・嘉数・真栄原・宜野湾)/中城村(久場)/　計20
(5)	ぜい	今帰仁村(天底)＊/名護市(仲尾次)＊/うるま市(勝連比嘉・与那城屋慶名)/北谷町(謝苅・上勢)/北中城村(島袋)/宜野湾市(安仁屋・神山)＊＊/那覇市(安次嶺)/南風原町(津嘉山)/南城市(親慶原)/　計12
(6)	扇	今帰仁村(上運天)/本部町(伊豆味)/名護市(安和)＊/恩納村(南恩納・前兼久・仲泊)/うるま市(石川曙・石川城北)/読谷村(楚辺・高志保・宇座・渡慶次)/沖縄市(中の町・松本・池原・越来・嘉間良)/北中城村(喜舎場・仲順)/中城村(泊)/　計20
(7)	四ツ竹	今帰仁村(仲宗根・湧川)＊/名護市(伊佐川・宮里)＊/うるま市(勝連平敷屋西・天願・江洲・西原・与那城)/沖縄市(南桃原・諸見里)/宜野湾市(中原・我如古・長田)/中城村(津覇)/南風原町(新川・神里)/八重瀬町(東風平・富盛・新城)/糸満市(大里)/南城市(大城)/　計22

＊印の付いた地区は，本来の円陣手踊りエイサーが太鼓エイサーに取って代わられた地区を示す。
＊＊印の付いた安仁屋と神山(ぜいの欄)は，1963年の行政区再編成によってほかの区と合併し，消滅した地区を示す。

表7－2　採り物の使用地域順位

	採り物	地域順位
①	ぜい	宜野湾市（8）／名護市（4），金武町（4），うるま市（4），北谷町（4）／今帰仁村（2），那覇市（2）／東村（1），宜野座村（1），沖縄市（1），北中城村（1），南風原町（1），南城市（1）／　計34
②	扇	宜野湾市（11）／沖縄市（9）／名護市（7）／読谷村（5），うるま市（5）／金武町（4）／大宜味村（3），恩納村（3）／今帰仁村（2），北中城村（2），中城村（2）／東村（1），本部町（1），宜野座村（1），北谷町（1），那覇市（1）／計58
③	四ツ竹	宜野湾市（15）／名護市（8）／うるま市（6）／沖縄市（5）／大宜味村（3），八重瀬町（3）／今帰仁村（2），北谷町（2），中城村（2），南風原町（2）／東村（1），金武町（1），読谷村（1），糸満市（1），南城市（1）／　計53

アップロードされた情報にすぎず、収集すべき情報がYou Tubeにアップロードされていないことはいくらでもあり得るからである。したがって、まず先行研究で基本的な情報を収集し、それを確認する形でYou Tubeの映像に接し、そこにさらに新しい情報が見つかれば、それを付加していくという方法を取った[10]。その意味で、表7－1は本書出版時点での最新の状況を反映したものだということができる。

一方、表7－2は、表7－1に基づいて各採り物を用いた踊りの分布地域の順位を示したものである。カッコ内の数字は、分布地域のなかでの各採り物の使用地区数・団体数を表している。ここで一目瞭然なのは、宜野湾市のエイサーにおいて各種の採り物を用いた手踊りがもっとも盛んに行われているということである。概して、採り物付き手踊りは、本島の南部と北部（名護市を除く）では少なく、沖縄市とその周辺（金武町、うるま市、読谷村、北谷町、宜野湾市など）に集中的に分布しているという印象を受ける。

さらに、今回の調査で、沖縄本島のエイサーのぜいには、三つのタイプがあることが明らかとなった。第一のタイプは、与那国の久部良エイサーの「はたき」と同系統のぜい、すなわち、棒の先に布切れなどのフサフサをとり付けたもので、大多数はこのタイプに属する。呼称はぜいばかりでなく、地域によって「はたき」、「はたきのようなもの」（金武町屋嘉《やか》区、中川区）、あるいは「ボー」、「ボーグヮー」（宜野湾市野嵩三区、普天間二区）などと呼ばれることもある。〔11〕第二のタイプは、琉球古典舞踊で用いられるぜいと同一のもので、棒の先に細長いひし形の小旗のような布がとり付けられている。表7-1に関する限り、このタイプのぜいは、沖縄市の与儀、うるま市の勝連比嘉、金武町の金武区のエイサーにのみ見られる。いずれも、布地に日の丸があしらわれている。第三のタイプは、棒の先に大きな黄色い綿毛のような球形の素材をとり付けたもので、これも宜野湾市の愛知区やうるま市の石川前原区のエイサーなど、使用の事例は限られている。

五　「はたき」の出自の特異性

さて、表7-1と2から明らかになるのは、一方で扇と四ツ竹の、他方でぜいの使用頻度における大きな相違である。表7-2からは、扇と四ツ竹の使用事例はそれぞれ五八例と五三例であるが、ぜいの使用事例は三四例と前二者に比べて極端に少ないことがわかる。また表7-1によると、「ぜいと扇」のペア使用の事例は一一例、「ぜいと四ツ竹」のペア使用の事例は四例であるのに対して、「扇と四ツ竹」のペア使用の事例は二〇例に及ぶ。前節の議論ではぜい、扇、四ツ竹を採り物の一セットと見なしたが、こうして考察を進めてくると、本島のエイサー文化においては、ぜいは別物で、むしろ扇と四ツ竹がセットとして扱われてきたのではないかという可能性が出てくる。

事実、もっとも初期のエイサー研究と言ってよい山内盛彬の論文「琉球の盆踊」（初出一九二八年）には、次のようなくだりがある。

> 女は同じく紺地の単衣に兵児帯を締め、袖は袂でない広袖に、頭には手製の麦藁笠を被って、手製の手巾を肩に打かけ、手には扇子と四つ竹を持ち、頸には首飾のシシ玉をかけたのも居る。[12]

そして、この論文の後半で山内は、エイサーの演目として一曲目に《仲順流り》、二曲目に《久高万寿主》、と演奏の順序は定まっているが、三曲目以降は自由であるとして、三曲目に《伊佐へいよう節》の歌詞を挙げ、「之は女は四つ竹をカチカチ鳴らし乍ら踊る」と、また五曲目には《蝶小節《はべるぐわぶし》》の歌詞を挙げて「之は扇子を拡げて蝶の飛ぶ動作をなす」と記している。[13] しかしながら、ぜいに関する記述は、どこにも見当たらない。本論文の序によると、首里出身である山内自身、盆の時期はいつも祖先伝来の領地である現・沖縄市越来で過ごし、一二、三歳頃までエイサーに参加していて、本稿は「自らの体験を記述した様なもの」であるという（ちなみに、山内の記述からは、当時の越来エイサーは円陣エイサーであったことがわかる）。これが文字通り真実であるとすれば、山内は一八九〇年生まれであるので、右に引用した記述は、一九〇二（明治三五）年頃のエイサーの状況を表しているということになる。よしんば序の言にやや誇張があるとしても、論文が『民俗藝術』に発表されたのは昭和三年であるから、記述されているエイサーの状況はその前の時代、すなわち大正年間か明治末期ということになるだろう。[14] いずれにしても、第二章で触れたように、今日のエイサーの形態が明治時代半ばに成立したとすると、成立後ほどなくして扇と四ツ竹という二種の採り物が導入されていたことになる。〈15〉

このような手踊りにおける扇と四ツ竹の積極的な使用は、ほかの論文でも確認することができる。小林（公江・幸男）は、名護市の手踊りエイサーの研究のなかで、名護地区と屋部地区における採り物の使用状況を一覧表にまとめている。〈16〉この表は、名護地区一〇地域、屋部地区六地域で《スーリ東》《三村節》など一三曲の手踊り円陣エイサーのなかで扇、四ツ竹、ぜいが使用されているかどうかを調査し、その結果をまとめたものである。それによると、地域や曲目によって異なるが、概して扇と四ツ竹は頻繁に使用されている（たとえば、《スーリ東》では扇は八地域、四ツ竹は七地域で用いられている）。ところが、ぜいに関しては、字安和《あわ》の《念仏》においてのみ、すなわち、一地域一演目でのみ使用されているにすぎない。採り物のなかでのこのぜいの「特異性」は何を意味するのであろうか。

現時点でぼくは、このぜいの「特異性」はぜいの出自が扇や四ツ竹とは異なるためだと考えている。第二章において、明治三〇年代の風俗改良運動を経てかつての念仏芸能は改編され、民謡やはやり歌など娯楽性の強い曲目をとり入れることによってエイサーは今日の形に発展したとする知名定寛の説を紹介した。〈17〉エイサーにとり入れられた民謡やはやり歌は、雑踊り《ぞうどい》〈18〉や創作舞踊などの舞踊曲としても演奏されることが多い。そして、そうした舞踊には、手巾《しゅきん》（手ぬぐい）や扇、四ツ竹などさまざまな小道具（ここでいう「採り物」）が使用される。たとえば、扇は《かたみ節》《めでたい節》《江佐節》《秋の踊り》などに、また四ツ竹は《南獄節《なんだきぶし》》などに用いられる。明治後期にさまざまな民謡がエイサーに同化・吸収されていった際に、舞踊曲としての民謡とともに、舞踊の小道具（採り物）としての扇や四ツ竹もエイサーの手踊りに転用されていった可能性が高い。このように考えると、山内の描く、明治末から大正時代のエイサーの状況を理解することも可能となる。

ところが、エイサーにおけるぜいの導入は、これとはまったく異なる過程をたどったのではないか。すなわち、ぜいは琉球舞踊から転用されたものではなく、エイサー独自の内発的発展によって案出されたものであるというのが、ぼくの考えである。そう考えるのには、いくつかの理由がある。まず、ぜいはすでに触れたように、形態上三つのタイプに分けられる。このぜいの形態上の多様性は、エイサーの扇や四ツ竹には見出されない。扇に関しては、扇面の柄はほとんどが日の丸（まれに白地に弓型の紫）で、形態も柄も一様である。また四ツ竹に関しては、古典舞踊に用いられる四ツ竹と変わらない。扇や四ツ竹の場合には、転用されたもとの原型がはっきりしているので、形態の変化は起こりにくかったのではないかと思われる。ところが、ぜいの場合には、もともと決まった原型がなく、第一のタイプのぜいにおいても粗雑な手作りのものから市販の「はたき」までさまざまな形態が見出される。ちなみに、第二のタイプのぜいは、あきらかに古典舞踊の「ぜい踊り」からの借用であるが、これはおそらく第一のタイプのぜいが広まった後に、古典舞踊からとり入れられたものであろう。もしぜいが扇や四ツ竹と同じように舞踊から転用されたものであったとすれば、この第二のタイプこそがぜいの代表的な形態として広まっていたはずである。ところが実際には、このタイプの使用例は、管見では、三例に留まる。

第二に、名称が複数あることである。ぜいという名称そのものは、あきらかに古典舞踊のぜいから転用されたものだが、そのほかに「はたき」や「ボー」といった名称が流通していること自体、この採り物の原型が琉球舞踊のぜいであったという可能性に疑念を抱かせる。もしその原型が琉球舞踊のぜいであったならば、この採り物にぜい以外の名称が用いられる理由を見出すことはむずかしい。第三に――これが琉球舞踊からの転用説に対するもっとも強力な反論になると思われるが――、エイサーに関わる文化の担い手自身が、与那国の「はたき」の場合と同様に、琉球舞踊のぜいとこの採り物との直接的な関係を否定していることである。これに関しては、二〇〇五年にエイサーのぜいの由来を求めて沖縄本島北部の東村川田地区と中部の金武町中川区（表7-1の(1)参照）で聞き取り調査を行ったが、両者の関係に関してはともに否定的な所見を得ている〈19〉。

こうして考察してくると、エイサーの採り物の扇と四ツ竹は明治時代半ばのエイサー形成期のかなり早い段階で琉球舞踊から転用された可能性が大であるが、ぜいに関しては、扇と四ツ竹がとり入れられた後にエイサー文化のなかで独自に考案され、そのヴァリエーションが各地に広まっていったと考えられよう。

では本題に戻って、久部良エイサーの「はたき踊り」は本島のどの系統のエイサーを継ぐものなのであろうか。

六　久部良エイサーの「はたき」の系譜

これは、いろいろな意味でもっとも解明のむずかしい問題のひとつである。まず、伝承では久部良に「はたき踊り」をもち込んだ人物は金城氏だとされるが、金城氏が沖縄本島のどの地域のエイサーに触れる機会があったのかを推定させる口碑がまったく残っていない。もちろん、金城氏が石垣市や沖縄本島に何度となく渡っていたことは伝承から想像できるが、問題はこの人物の動静の詳細な情報がまったく欠落していることである。第二に、一九六〇年代初頭に「はたき踊り」が久部良にもたらされたとすると、その原型となるぜいを使用したエイサーの手踊りは、一九六〇年以前に本島のどこかで行われていたエイサーでなければならない。『エイサー三六〇度』によれば、エイサー団体のほとんどは、戦時中は徴兵による若者の減少で青年会が途絶したり、芸能を自粛したりで、エイサー活動を中断している。[20] 戦後になって青年会のエイサー活動が復活するのは、多くが一九四〇年代末から五〇年代前半、場合によっては六〇年代に入ってからである。ということは、一九五〇年代に本島のどこかでぜいを使用したエイサーの手踊りをやっている団体を見つけ出したならば、それに接して触発された金城氏が「はたき踊り」を久部良にもたらしたということは、一応「可能性」（ただし、単なる「可能性」にすぎない）としては考えられる。ところが、そうした団体を見つけ出すことは至難の業だ。

一九五〇年代のエイサーの記録写真をいろいろ探しても、そのなかに採り物が写っていることはごくまれである。よしんば写っていたとしても、それは扇で、ぜいは写ってはいない。また、『エイサー三六〇度』に記録されている戦後復活した多くのエイサー団体の初期の活動状況を詳細に調べても、ぜいを使用した手踊りの記述は皆無である（もちろん、記述がないことは、そうした手踊りが行われていなかったことを意味するものではない）。

その点でやや希望を抱かせるのは、宜野湾市のエイサーに関する記録である。表7-2が明らかにしているように、宜野湾市は採り物付き手踊りのエイサーが現在もっとも盛んなところである。しかしながら、『増訂　宜野湾市のエイサー――継承の歴史』によれば、旧・宜野湾村は戦後かなりの部分を米軍に軍用地として接収され、一九六三年の行政区再編成によって多くの新地区が誕生してエイサーが始められたところである。[21]エイサーの開始時期は、多くが行政区再編成後の一九六〇年代後半から七〇年代になってからである。したがって、宜野湾市に今日ぜいを使用した手踊りのエイサーがあったとしても、目下の考察の対象からは外さざるを得ない。

ところが、『宜野湾市史』には、宜野湾市は古くから芸能の盛んな地域で、王府時代から年中行事や毛遊び《もーあしび》のなかで歌や踊りが豊かに伝承されてきたと記されている。[22]そして、戦前からエイサーが行われていた地域として、野嵩《のだけ》、安仁屋《あにや》、伊佐、宇地泊《うちどまり》、宜野湾、神山《かみやま》、愛知など表7-1に挙げた宜野湾市の地名が掲載されている。それらの地域のエイサーでは、曲によって踊りに日の丸扇や四ツ竹を使用したという。これは、宜野湾市の過去と現在におけるエイサー活動の連続性を示唆するものであろう。われわれにとってとくに興味深いのは、一九六三年の行政区再編成によって消滅した安仁屋と神山の両字である（表7-1(5)参照）。安仁屋のエイサーは大正時代にはすでに行われていて、戦前のエイサーは大太鼓、締め太鼓、手踊りの編成で、手踊りには曲によってぜいが用いられたという。戦後、安仁屋の土地はすべて米軍に接収されたが、それでも数年後安仁屋の人々は野嵩に移り住んで、そこで青年会を立ち上げ、エイサーを復活させている。[23]『宜野湾市のエイサー』に掲載されている一九五八年の安仁屋エイサーの記念写真には、多くの女性の手踊り衆が写っている。ぜいそのものは写真に写ってはいないが、彼らがぜいを使って踊っていた可能性は高い。

一九五〇年代のエイサーにぜいが使用されていた、さらに確実な例は、神山のエイサーに見出される。神山エイサーは明治三四（一九〇一）年頃始まったと言われる。戦前のエイサーは男性だけであったが、

写真7－4　伊佐エイサー
（『増訂　宜野湾市のエイサー』より）

やはり曲によってぜいをもって踊ったという。安仁屋と同様、神山の土地も戦後米軍によってほとんど接収されたが、住民は愛知などほかの集落に移り住み、一九五〇年代に神山エイサーを復活させている。『宜野湾市のエイサー』には「戦後のエイサーの衣装」とのキャプションで一人の男性の踊っている写真が二枚掲載されているが、そのうち《テンヨー》の踊りの写真では男性が両手に一対のぜいをもって写っている。[24] 神山にとって「戦後」とは一九六三年までである。たしかに、神山エイサーは一九五〇年代にぜいをもって踊っていたのである。

一方、行政区再編成後も戦前の土地が部分的に残った伊佐のような行政区もある。伊佐も戦後かなりの面積を米軍の基地建設のために接収されたが、大正時代から行われていた伊佐エイサーを戦後の一九五五年頃に復活させている。写真7－4は、その復活された伊佐エイサーの貴重な記念写真である。[25] 一九六七年に撮影されているが、一九六三年に青年会中心のエイサーになったと記されているものの中断はしていないので、ほぼ似たスタイルのエイサーが一九五〇年代にも行われていたと考えてよいだろう。あきらかに、ここでは伊佐の人々が各自一対のぜいを振り動かしながら踊っている。一九六七年と言えば、久部良ではすでにぜい（「はたき」）を使った女踊りを伴う「太鼓エイサー」が盛んに行われていた時期だ。しかし、写真で確認できる伊佐エイサーは、本部半島に見られるような「男女の円陣手踊りエイサー」である[26]（第二章の「エイサーの四分類」参照）。とはいえ、円陣手踊りエイサーのぜいに触発されて太鼓エイサーの手踊りにぜいを導入したといった可能性を完全に否定することはできまい。

もちろん、ぼくは金城氏が宜野湾市の戦後の神山エイサーあるいは伊佐エイサーからヒントを得て久部良エイサーにぜいを導入したなどと主張しているのではない。そうではなくて、むしろ戦争直後のエイサーの記録が希少ななかでも、このようにぜいを使用したエイサーの手踊りの存在が証明できる以上、記録が残っていない、あるいは見出されていないだけで、沖縄本島のほかの地域でも同時期、類似したエイサーの状況は見られたであろう、ということである。だとすれば、エイサー団体は特定できないもののの、戦後間もない一九五〇年代に金城氏が沖縄本島のどこかで触れたエイサーからぜいを使用した手踊りを久部良にもたらしたということは、充分に考えられることである。

七　久部良エイサーの同一性

さて、本章の最後に、第四章で問題提起した「久部良エイサーの時代を超えた同一性」について検討することにしよう。

すでに第四章で明らかにしたように、昔の久部良エイサーを知っている人で、それが現在の久部良エイサーと大きく異なっていた、などと主張する人は久部良にはいない。年代を越えて、人々は歌も踊りもテンポもほぼ同じものだったという。時とともに刻々と変化していくのが芸能としてのエイサーの常態であるとすれば、この久部良エイサーの芸態上の連続性は特筆に値する。では、一九六〇年に発足して以来、今日まで途絶することなく久部良でエイサーが行われてきたのかと言えば、それは疑わしい。久部良エイサーの発起人である糸数氏に最初に聞き取りを行った際、糸数氏は発足当時の状況を詳細に説明したあと、自分が会長を退いてから五、六年後には若者の島外への流出が激しく、エイサー活動は中断して、その後長らくエイサーは演奏されなかったと述懐している。

エイサー活動の中断に関して正確な情報をつかむことは、じつはそれほど容易なことではない。ひとつには、エイサーは基本的に青年会活動であるので、ひとたび青年会を退いてしまえば、その後の青年会活動に関する知識は断片的なものにならざるを得ない。また青年会を離れれば、通常はエイサーに対する関心も薄れていくので、毎年のエイサー活動についての記憶もあいまいになっていく。だから、たとえば、久部良エイサーに中断した時期があったことを明言した糸数氏も、久部良のエイサーがいつ再開されたかといった問いに対しては、まったく答えることができない。さらに、離島の男性の場合、就学や就職で地元を離れることが多いため、郷里の状況を把握し続けることは大変にむずかしい。そんなわけで、久部良エイサーの中断に関しても、情報は錯綜し、人によって説明はまちまちである。

たとえば、糸数氏と同じ時期に久部良エイサーに参加し、糸数氏が青年会を去った後もかなり長い期間エイサーに関わっていた川田氏は、離島した時期があったため絶対的な確信はないものの、久部良エイサーに中断した時期はなかったとの印象をもっている。また前章で触れた与那国町史編纂委員の米城恵氏も久部良エイサーは中断していないと思うと言う。ただ、米城氏はかつて琉球新報の記者として与那国島を離れることが多かったと思われるので、情報の確度はやや低いということになるだろう。一方、田本氏は一九六八年に起こったある青年の事故死〔27〕をきっかけに、それ以降一〇年近く久部良エイサーは中断していたと明言する。ただ、この中断の時期は、田本氏が就学と就職のため久部良を離れていた時期と重なるため、やはり情報の確度には疑問が残るし、この中断説には疑義をはさむものもいる。

というわけで、久部良エイサーの「同一性」を論じる際の前提となるであろう情報、すなわち、エイサー活動に空白期間があったのかどうか、またあったとしたら、それはどのくらいの期間であったのか、などについて、第五章の双葉エイサーの場合とはちがって、客観的なデータを提示して確定することができない。ただ、この問題に関する聞き取り内容を総合的に判断すると、糸数氏が示唆するように、一九六〇年代終盤からある期間、久部良のエイサー活動は中断していたか、あるいは非常に停滞していた可能性があるとぼくは考えている。このことは、徳田政治氏が一九六九年に石垣市の双葉地区にエイサーを伝えた頃には、じつは伝播元の久部良ではすでにエイサーが行われていなかったかもしれないという可能性を示唆している。

ただ、ここでの問題は、エイサー活動の中断があったかどうかではなく、中断その他の活動のさまざまな紆余曲折を乗り越えて、久部良エイサーがいかにして芸態上の同一性を保持し続けることができたか、である。これに関しては、エイサーの中断をめぐる聞き取りを進めていく過程で、自然にその答えが浮かび上がってきた。つまり、中断に関わる話のなかで、同一人物の名前がくり返し人々の口から語られたのである。それは、川田一正という名前であった。

たとえば、久部良エイサーは一時期中断していたと明言する糸数氏は、エイサーがいつ再開されたかについての確かな記憶はないものの、再開された第二次久部良エイサー（実際には、現在の久部良エイサー）が発足当時のエイサーと歌も踊りもほとんど変化していないことを指摘したうえで、「昔のエイサーを覚えていた川田さんが教えたのだろう」と言う。また、一九六〇年代終わりから一〇年近く中断していたと主張する田本氏も、第二次久部良エイサーは川田氏に指導してもらったと言う。さらに、久部良エイサーの発起人の一人である鹿川義明氏の息子、鹿川明氏は一九八九年にエイサー活動を始め、一九九五年から五年間久部良青年会の会長を務めていた人物である。その鹿川氏は当時の回想のなかで、太鼓踊りの細部がはっきりしなかったため川田氏に依頼して指導してもらったこと、女踊りの手が少し違っていたため川田氏の指導のもと昔の形に直してもらったこと、などを明らかにしている。

このように、川田氏は一九七〇年代から九〇年代、あるいはそれ以降までも久部良エイサーの指導に関わっており、久部良エイサーに関しては一種の「文化的権威」のようになっている。二〇〇三年にぼくが初めて与那国島を訪れて久部良エイサーを調査しようとした際にまず川田氏に紹介されたのも、また、それより何年も前に『エイサー三六〇度』の「与那国島のエイサー」の項目を執筆した原知章が川田氏宅を訪れることになったのも、そのような事情によるものであろう。

重要なことは、川田氏が歴史などの知的情報の「文化的権威」ではなく、実践の「文化的権威」であったということだ。しかもその実践は、一九六〇年のエイサー発足当時の実践に基づいている。糸数氏も言うように、発足当時の久部良エイサーを教えることができるのは、現在では川田氏のみである。そして、久部良エイサーに関わる若い世代がこぞって川田氏を「頼みの綱」としている。この状況こそが、久部良エイサーの芸態上の同一性を保証してきた主要な要因であるに違いない。

川田氏は、何度もくり返すように、一九五五年に一〇歳で東村から久部良に移住してきて、一五歳で久部良青年会に所属して発足したばかりの久部良エイサーを始める。その際、鹿川義明氏からエイサーを教わったという。その後一八歳で糸満と那覇で一人前の海人になるべく修業を積み、二〇歳（一九六五年）の頃久部良に戻ってきてエイサーを再開する。それ以来、ずっとエイサーに関わってきた。三〇歳まで現役として青年会に所属して後輩にエイサーを指導しながら自らも踊り、四五歳（一九九〇年）までエイサーの「案内役」を務めるなど青年会のエイサー活動を支え、五五歳まで太鼓踊りや採り物をもった手踊りを教えてきたという。もちろん、鹿川明氏らを指導したこともよく覚えている。久部良エイサーの芸態上の同一性の背後には、こうした強力な「芸の伝承者」の存在があったということである。この「芸の伝承者」あるいは「文化的権威」のもとでは、エイサーという芸能が本来もつ内発的発展の可能性は、良い意味でも悪い意味でも抑制されることになる。他方、「芸の伝承者」としての川田氏の側からすれば、実際にはエイサー活動の中断があろうとも、主観的な印象としては、久部良エイサーは途切れることなく存続してきたということになるのであろう。

二〇一八年一月現在、七三歳の川田氏は海人として以前と変わらず健在であり、エイサーの指導は引退したものの、なお久部良エイサーの発展を見守っている。

第八章　エイサー伝播の社会的背景——人の移動と社会変動

一　エイサー伝播の系譜

さて、これまでの議論で明らかとなった久部良エイサーと双葉エイサーの伝播の系譜をここで図示し、図に従って全体の流れをまとめてみよう。なお、ここではそれぞれのエイサーの発足年を便宜上、伝播の年として説明することにする。

図8-1は、与那国島の久部良エイサーをめぐる伝播の系譜を表したものである。まず、一九一三（大正二）年に沖縄本島中部、嘉手納の千原エイサーが古堅宗近氏と津波実保氏によって与那国島の桃原集落にもたらされた（図8-1の⑴）。次に、そこで形成された桃原エイサーが、今度は金城幸明氏と平識善吉氏によって一九六〇年に久部良集落に移植された⑵。さらに、この久部良エイサーは一九六九年に徳田政治氏によって石垣島の双葉地区にもたらされた⑶。この三番目のエイサー伝播の過程は、図の作成上、図8-1と2にわたって記されている。

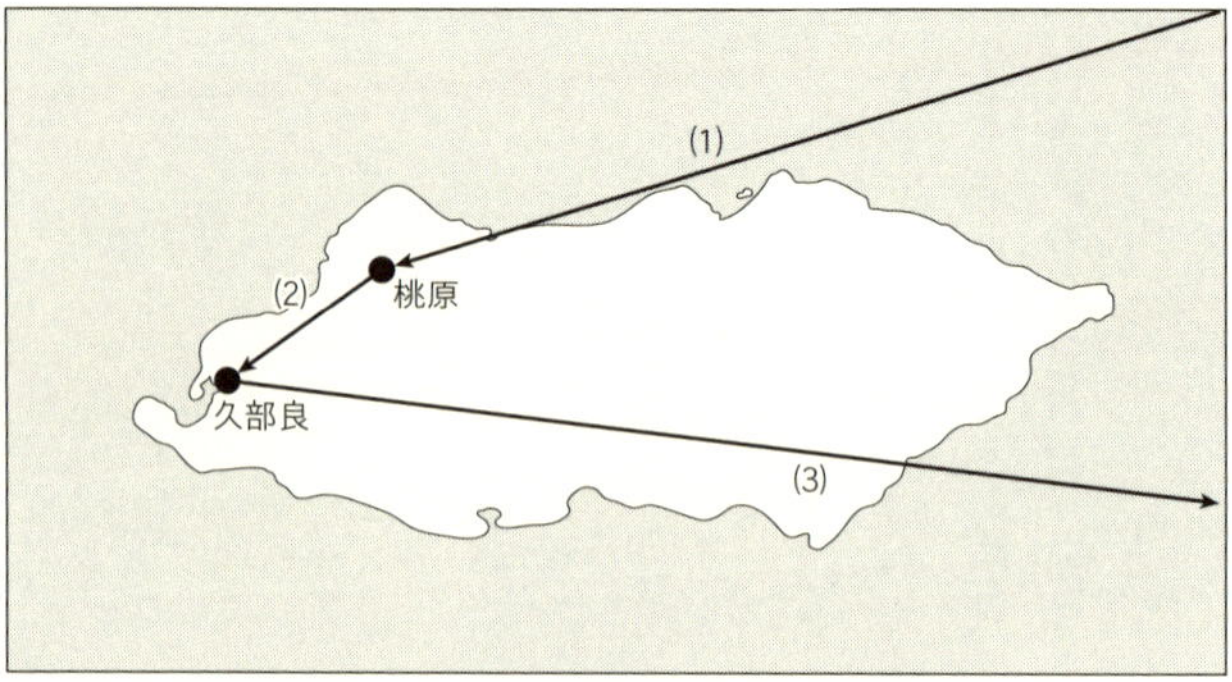

図８－１　人の移動とエイサー伝播(1)

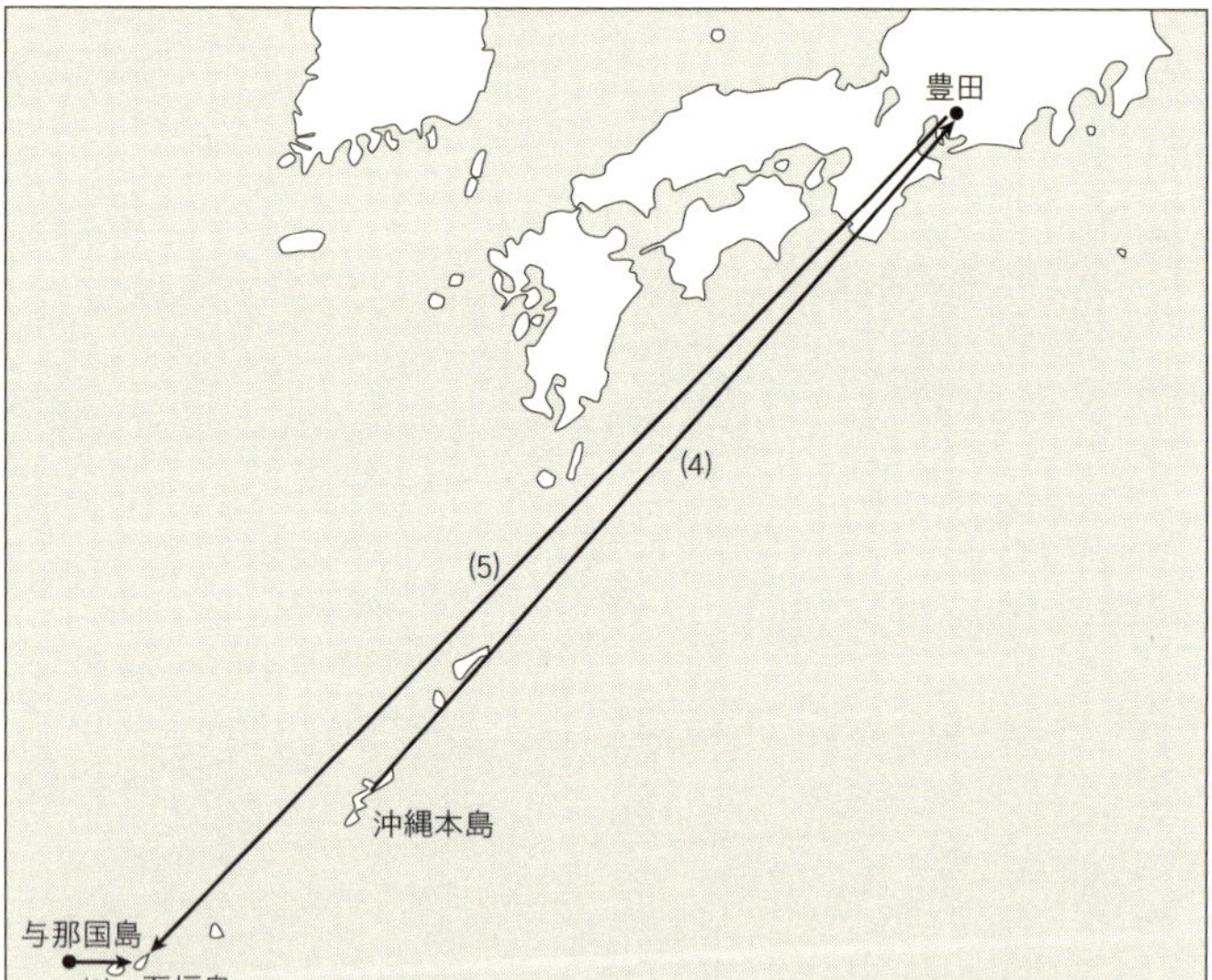

図８－２　人の移動とエイサー伝播(2)

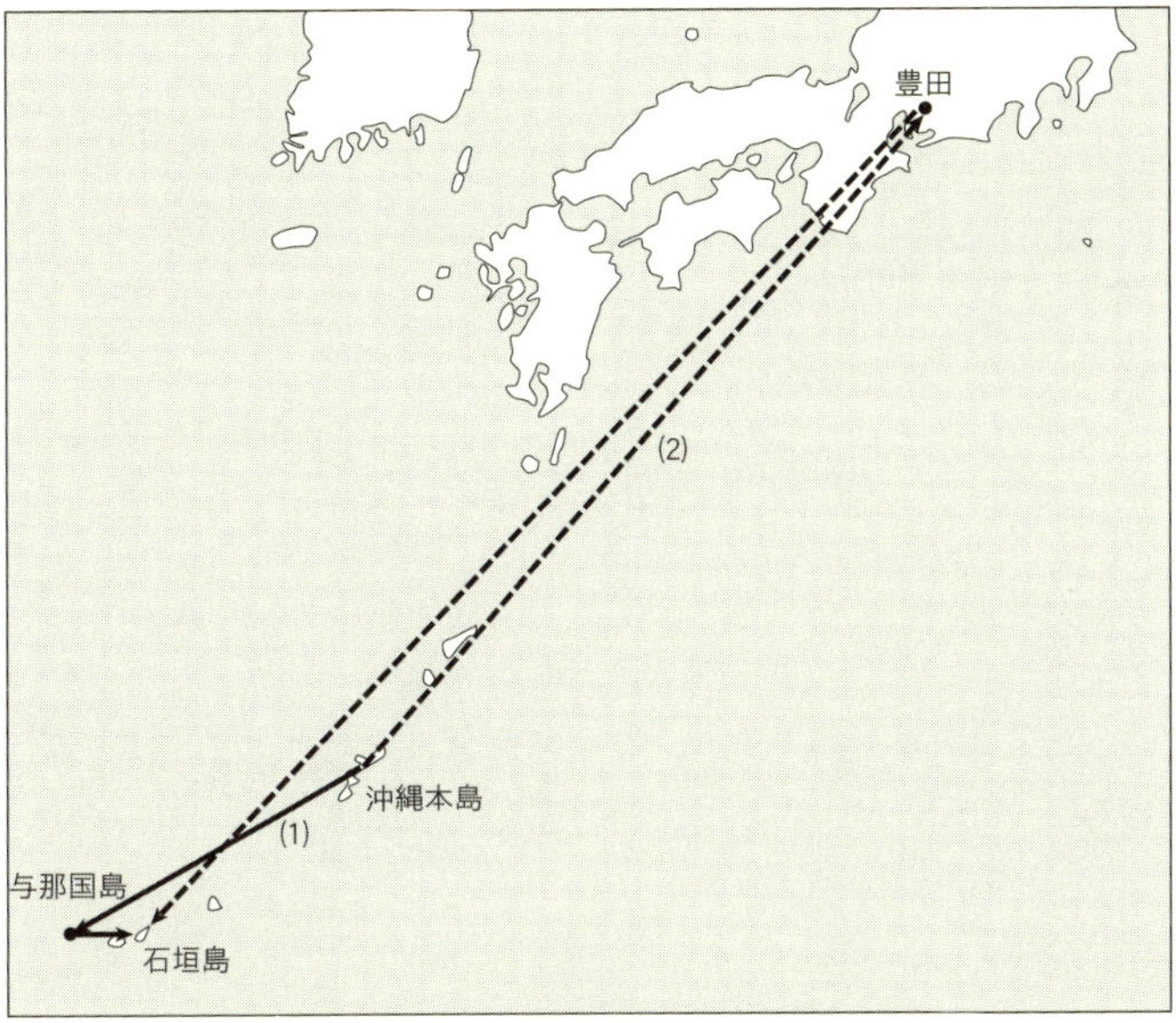

図8-3　人の移動とエイサー伝播(3)

図8-2は、双葉エイサーをめぐる伝播の系譜を示したものである。第一次双葉エイサーの基礎となる伝播は、図8-2の(3)に示されている。一方、一九八三年には、沖縄本島中部、沖縄市の登川エイサーが仲宗根昇氏によって愛知県の豊田市にもたらされた(4)。もちろん、第五章で詳述したように、豊田市の豊田沖縄民踊同好会ではそれ以前から港川繁氏らによってエイサーは行われていたが、確立した系譜としてのエイサーが豊田市に移植されたのは、一九八三年の登川エイサーであったと考えてよいだろう。さらに、この豊田エイサーは、一九八七年に赤山三枝子氏によって豊田市から石垣島の双葉地区にもたらされた(5)。これが、第二次双葉エイサーの始まりである。

図8-3は、第一次双葉エイサーと第二

次双葉エイサーの系譜をひとつの図にまとめたものである。第一次、第二次、ともに沖縄本島中部にその源流をさかのぼることができる。第一次双葉エイサーは、本島中部の嘉手納の千原エイサーが与那国島を経由して石垣島に入ってきたものである（図8-3の⑴。もちろん、すでに述べたように、伝播の過程で芸態は多様に変化している）。それに対して、第二次双葉エイサーは、本島中部の登川エイサーが一旦日本本土の豊田市を経由して、石垣島に入ってきたものである（⑵）。

さて、こうした一連のエイサーの伝播と系譜の流れから、われわれはどのようなことを導き出すことができるだろうか。ここで結論を先取りして、本書全体の主張を要約するとすれば、次のようになる。

人間とは潜在的に「芸のキャリア（運び手）」であり、この「芸のキャリア」の移動によって芸能の伝播は達成される。しかも、この「芸のキャリア」の移動は、社会的・経済的変動に基礎づけられている。

本テーゼの前半部分は、すでにこれまでの議論で証明済みである。後半部分、すなわち、「「芸のキャリア」の移動は、社会的・経済的変動に基礎づけられている」という部分は、じつは与那国島の桃原エイサーが久部良集落にもたらされた状況に凝縮された形で表れている。桃原エイサーを久部良に移植した金城幸明氏と平識善吉氏が久部良集落に移動してきた理由は、桃原集落が廃村となったからであった。では、なぜ桃原が廃村となったかと言えば、すでに明らかにしたように、戦争直後の混乱期に興隆した久部良の「密貿易」が国際情勢の変化にともなって終焉を迎え、久部良に食料を供給していた桃原集落の人々の生活が立ち行かなくなったからである。国際情勢を含む社会的・経済的変動によって移動を余儀なくされた二人の「芸のキャリア」の姿がここに浮かび上がってくる。

では、ほかの「芸のキャリア」の場合は、どうだったのだろう。豊田市の豊田沖縄民踊同好会でエイサーを始めた港川繁氏、豊田市に登川エイサーを移植した仲宗根昇氏、豊田エイサーを石垣島の双葉地区にもたらした赤山三枝子氏、それに久部良エイサーを石垣島の双葉地区に移植し、その後大阪に転居した徳田政治氏は、どうだったのであろうか。[1] 彼らは、一時的であれ永続的であれ、みな日本本土に移住している。その社会的背景とはどのようなものだったのだろうか。

二　本土移動の社会的背景

これら四人の「芸のキャリア」の本土移住について詳細に検討するためには、まず沖縄の人々の本土移住をめぐる一般的な問題を考察してみなければならない。そしてそのためには、明治期以降の沖縄の「移民問題」一般を概観しておく必要がある。

もともと沖縄は移民輩出の著しい県で、戦前から戦後にかけて本土の一〇倍以上の海外移民を送り出してきたと言われる。とくに日清戦争後の一八九九年に始まる沖縄の土地整理事業によって流民化した農民層の多くが、出稼ぎあるいは移民労働者として海外や日本本土に流出したとされる。[2] 同年一二月には沖縄県から最初の海外労働移民三〇人がハワイに渡っている。一方、本土への労働者の送り出しは第一次世界大戦末期から顕著になり、本土の四大工業地帯、とくに阪神工業地帯への労働力移動が目立っていた。たとえば、一九三二（昭和七）年の本土出稼ぎ労働者の総数は一万七一一二人だが、そのうちの七〇〇〇人以上が大阪府で働いていたという。[3] 昭和初期の在阪沖縄人の芸能活動を調査した栗山新也によれば、当時関西の沖縄出身者の間では本土での差別から逃れるため「沖縄習俗」の矯正が唱えられ、「生活改善運動」と称される日本人化を目指す運動が行われていた一方で、沖縄人の集住地域では沖縄の歌や踊り、沖縄芝居までも盛んに行われ、普久原朝喜によってマルフクレコードが設立されたり、野村流の演奏家によって古典音楽の稽古場が開設されたりしていたという。[4] これも、「芸のキャリア」による芸能伝播の事例と言えるかもしれない。

ところが、戦後沖縄の本土への労働者送り出しの状況は、これとはまったく異なるものであった。敗戦によって本土の経済水準は戦前の半分にまで落ち込んだが、一九五〇年に勃発した朝鮮戦争の特需を契機に一九五五年以降高度経済成長が始まり、それによって農村地域の過剰人口が都市部に急速に吸収されていくことになる。[5] 農村から都市への、また農業部門から工業部門への労働力移動が大規模に行われたのである。戦後、西欧でも日本でも破壊された国土の復興に着手し高度経済成長期に入ったが、西欧では外国人労働者を大量に受け入れて労働力需要に対応したのに対して、日本では基本的に日本人による労働力供給でまかなった。[6] それがいわゆる「集団就職」、すなわち、集団就職研究の第一人者、山口覚のいう「高度経済成長期において旧労働省やその関係機関を中心に実施された、若年労働力移動のための国家的プロジェクト」であった。[7] 通常の就職と集団就職の何が大きく異なっていたかと言えば、集団就職の場合には、国の労働政策の一環として公的機関の諸制度が整備され、それによって若年労働者の広域的な地域間移動がかつてない大規模なレベルで達成されたということである。より具体的には、新規学卒者、とくに新規中卒者が「集団求人制度」と「広域職業紹介制度」を介して就職先を見つけ、「集団赴任制度」によって集団で故郷を離れ、就職地に向かうというのが、当時の集団就職であった[8]。それは同時に、「集団就職列車」に乗ってたどり着いた就職地で、劣悪な労働条件のもとに置かれた若年労働者が理想と現実との乖離に悩み、自殺や非行に走るなどの諸問題を誘発させた社会現象でもあった。

すでに集団就職に関する古典的な概説書と言ってよい加瀬和俊の『集団就職の時代――高度成長のにない手たち』によると、集団就職とはもともと、戦後、進学率の上昇による若年就職者数の減少と大企業の年少者採用の増加によって、都市出身の年少者を雇用することができなくなった都市部の中小零細企業が地方出身の、おもに新規中卒者を採用するために考え出された制度であったという[9]。したがって、当時の労働省では、「労働力需要県」と「労働力供給県」とが明確に区別されていた。たとえば、一九六七年の労働省のデータでは、「需要都府県」に東京都、大阪府、京都府、埼玉県などのほか、のちの議論で触れる愛知県が入っている一方、「供給道県」としては北海道に始まり、青森県、岩手県などの東北地方、鳥取県、山口県などの中国地方、さらに北陸地方、四国地方、九州地方など周縁の各県が挙げられている[10]。

三　沖縄の若者の本土集団就職

さて、戦後沖縄の若年労働者の就職状況は、さらに過酷なものであった。戦後、米軍支配のもと、沖

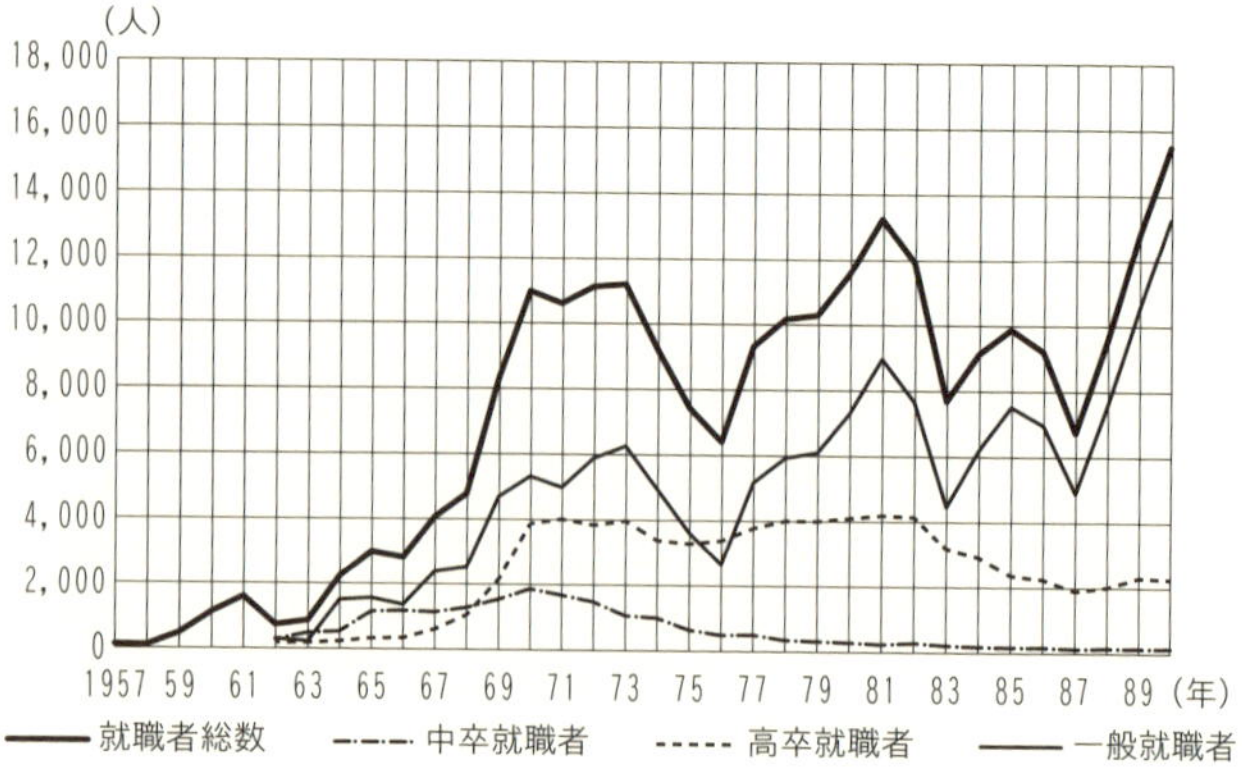

図8-4　沖縄から本土への就職者数推移

縄には輸入志向型経済が導入され、当時の沖縄の通貨「B円」の為替レートが日本円に対して高く設定されたため、日本から大量の物資が沖縄に安価で輸入され、その結果、沖縄では製造業が発展せず、賃金も低水準にとどまり、就職難が恒常化した。[11] たとえば、一九五七年の新規中卒者に占める「無業者」(進学も就職もしない者)の割合は、本土の八・九%に対して、沖縄では一六・八%と倍近くに上った。[12] そのようななかで、一九五七年一二月に沖縄から本土への最初の集団就職が開始される。これは、琉球政府労働局の職業安定所が関西在住の沖縄出身者の協力を得て実施したもので、新規学卒者を対象とした事業ではなかったが、男子一二二人が大阪の製パン工場と製麺工場に就職している。[13] もちろん、前述したように、それ以前にも沖縄から本土へのインフォーマルな労働移動は活発に行われていたが、一九五七年以降、職業安定所(以後、職安)が公的に把握する本土就職者数はほぼ確実に増加の一途をたどる。図8-4は、職安データに基づいて一九五七年から九〇年までの沖縄から本土への就職者数を中卒者、高卒者、一般就職者、その総数とそれぞれ分けてグラフで表したものである。[14] なお、職安データでは一九六一年以前のカテゴリー別（中卒者、高卒者など）記録がないため、このグラフでもそれが反映された形になっている。

さて、図8-4のグラフによると、一九七二年の本土復帰前後を第一のピークに本土就職者数は増大し、とくに沖縄返還交渉が進展した一九六〇年代後半にその伸び率が著しい。職安の記録に関する限り、一九五七年に一二二人で始まった本土就職はそれから一〇年も経ない一九六五年には三〇〇〇人近くに達し、それから四年後の一九六九年には八〇〇〇人を超えている。[15] また、一九七五年前後に本土就職者数が激しく落ち込んでいるのは、同年に開催された沖縄海洋博覧会にともなう沖縄での雇用拡大によるものである。

一方、グラフからは、本土への初期の集団就職は高卒者より中卒者が多いが、一九六八年を過ぎるとそれが逆転し、七〇年代に入ると、集団就職は高卒者が中心となっていることがわかる。中卒者の進学率が上昇し就職者が減少したためであり、数値上では当時、沖縄の高卒者の四人に一人が本土に就職している。[16] そして、その状況はほぼ一九八三年頃まで続いていたことがグラフから明らかとなる。時期は多少異なるが、高校を卒業して本土就職した「芸のキャリア」の港川繁氏、仲宗根昇氏、赤山三枝子氏に関しても、その移動は、このような社会的脈絡のなかで理解されなければならないだろう。

もう一点、若年労働者の本土就職で特筆すべきは、当時の労働力需要県のなかでとくに愛知県が積極的に沖縄に求人を行っていたことだ。愛知県は、全国で東京都に次ぐ労働力需要県であった。ひとつには、県内で多くの「糸姫」を必要とする紡績業の発達があった。沖縄で集団就職が始まった翌年の一九五八年には、すでに他県に先駆けて愛知県労働部長が沖縄を訪れ、同県における求人難の窮状を訴えている〔17〕。ちなみに、山口は、一九六〇年と六一年の沖縄への各県の求人数とそれに対する就職者数の調査結果をまとめている〔18〕。それによると、六〇年の女性に対する求人数では、一位の愛知県が九六一件と、二位の大阪府の五五〇件、三位の富山県の三八八件を大きく引き離している。ただ、この年の愛知県への就職者数は、一位の富山県、二位の奈良県に次いで三位である。翌六一年の女性に対する求人数は、愛知県が一七五二件と二位の大阪府の六九二件の二・五倍に達しており、愛知県への就職者数も二位の兵庫県、岐阜県の二倍近くで断然トップである。また、この年には男性に対する求人数と就職者数のデータもあり、それによると、求人数は一位の愛知県が一一三三件で、二位の岐阜県、三位の東京都より数百件多く、就職者数も岐阜県に次いで二位である。

一方、岸政彦は、一九六八年から七五年までの中卒と高卒の本土就職者数の推移を都道府県別に表にまとめている〔19〕。それによると、中卒就職者数では、全期間にわたって愛知県は東京都、神奈川県、大阪府をはるかにしのいで一位の座を占め、とくに復帰前の六〇年代後半から七一年にかけては四〜五〇〇人台を維持しており、二位の大阪府の二〜三〇〇人台に大きな差をつけている。また、高卒就職者数では、全期間東京都に集中する傾向が顕著であるが、それでも全体の推移は神奈川県、大阪府に次いで、愛知県は四位である。

こうして見てくると、非常に限られたデータではあるが、愛知県と沖縄県との間の労働力の需給関係は戦後の早い時期からかなり密であったと推測される。したがって、愛知県に就職した「芸のキャリア」の三人（港川氏、仲宗根氏、赤山氏）の場合も、彼らが愛知県に就職する確率なり可能性はもともとかなり高かったものと思われる。

では、次に個々の「芸のキャリア」の移動の事例を詳細に検討していくことにしよう。

四　港川繁氏の事例——米軍支配下での本土就職

第五章で詳述したように、港川氏は沖縄本島北部東村の出身で、高校を卒業した一九六四年に集団就職でトヨタ自動車に入社し、社内の芸能団体、豊田沖縄民踊同好会でエイサーを始めた人物である。図8-4のグラフから明らかなように、沖縄で公的に学卒者の集団就職が始まるのは一九六二年からである。したがって、一九六四年に集団就職した港川氏は、沖縄ではもっとも初期の学卒者集団就職組に属することになる。ちなみに、この年の高卒本土就職者は二一四人であった〈20〉。一方、前述したように、加瀬によれば、集団就職とは（とくに一九六〇年代半ばまでは）都市部の中小零細企業が地方出身の新規学卒者を採用することを主目的とする制度であった。ところが、港川氏は中小零細企業ではなく、大企業のトヨタ自動車に就職している。これは、いったいどうしたことだろう。これには、当時始まった沖縄出身の集団就職者に対する「特殊援助」が深く関わっている〈21〉。この「特殊援助」がどのようなものであるのかを理解するためには、まず集団就職に対する米民政府の対応を検討してみなければならない。

当時の米民政府は、集団就職、すなわち、沖縄から「本土」への制度的な労働力移動を決して快く思わなかった。ひとつには、そのような労働力の流出によって米軍基地での雇用コスト上昇への懸念があったし、そして何よりも、沖縄が本土の労働力需給調整に包摂されることによって「日本」との一体化が促進されるのではないかとの恐れがあった。他方、この時期、すなわち、一九六〇年代前半は沖縄で本土復帰運動が勢力を拡大していた時期である。琉球政府の側は集団就職を「沖縄と本土との結合を示す一つの象徴」と捉え、「職場を通した日本復帰」と位置づけていた[22]。岸は、沖縄の集団就職を「経済的要因には還元できない労働力移動」と規定し、その成立には政治的要因が深く関わっていたとする。すなわち、戦後の米民政府の強圧的な支配に対抗すべく組織された大規模な「島ぐるみ闘争」において、日本本土は単なる就職先ではなく「米軍支配からの解放を約束する地」として表象され、本土への労働力移動政策は単なる経済政策を越えて、「もうひとつの復帰運動」として捉えられていたという[23]。

沖縄の集団就職をそのように考えると、一九六三年六月にどうして突如米民政府から集団就職の中止命令が出されたかも理解可能となる。一九六一年に米民政府第三代高等弁務官となったポール・キャラウェイは「キャラウェー旋風」と呼ばれた強硬で反動的な「日琉隔離政策」で知られていたが、その一環として集団就職の中止命令を出したのである[24]。理由は、①本土の職場の多くは低賃金で過当労働を強いる、②技術を学ぶことも勉強することもできない、③沖縄の経済は成長しつつあり労働力過剰の状態は今後解消される、などであった。中止命令が公表されると、日本政府は直ちに非難声明を発表し、米民政府もほどなく命令を撤回する。

これを契機に、琉球政府と米民政府との間で「海外への職業紹介業務取扱要領」が制定された。この「海外」とは、もちろん「日本本土」のことである。この「取扱要領」の大要は、①労災、健康、退職金などの各種保険制度が完備された職場であること、②技能訓練、勉学の機会が与えられること、③労働基準法の完全な保護が与えられること、などであった。そして、同要領は、一九六四年三月の卒業生から実施された[25]。まさに港川氏は、本要領の支援を受けた最初の集団就職者世代ということになる。加瀬によると、この要領の制定以降、本土就職を希望する沖縄の新規学卒者は、おもに大企業の単純労働力需要に応えることになったという[26]。この要領の制定によって、沖縄からの求人は労働省を通じて行われることになったため、賃金、就業時間など求人の条件が厳しく、さらに旅費も全額会社が負担しなければならなかったため、畢竟求人は大企業からのものに限られることになったからである。

こうした沖縄出身の集団就職者に対する優遇措置を、山口は「特殊援助」と捉え、その措置はほかに類を見ないほど強力なものであったという[27]。たしかに「キャラウェー旋風」下での集団就職の中止命令は強圧的で反動的なものであったが、結局それが同要領の制定へと結びつき、結果的には沖縄からの集団就職者に対する待遇改善と労働条件の向上に（皮肉にも）益することになったのである。

のちに愛知県の豊田市で沖縄芸能のエイサーを始める「港川繁」という高校生を集団就職という形で日本本土に送り出した時代背景と社会環境とは、まさにこのようなものであった。

五　徳田政治氏の事例——インフォーマルな本土渡航

本書の「エイサー物語」に登場するキーパーソンのなかで唯一、直接に面会して聞き取りを実施することができなかった人物が、徳田政治氏であった。理由はつまびらかでないが、久部良集落の親類の家を訪ねても、大阪での徳田氏の居場所を知るものはいない。また、かつて石垣市の双葉地区に住んでいたので、石垣市役所に徳田氏の転出先を問い合わせても、個人情報保護法によって情報は開示できないと言われた。もっとも、書類上の転出先がわかっても、何分にも今から五〇年近くも前のことなので、おそらく彼の現在の居場所を突き止めるのに役に立ったとは思われない。いずれにしても、徳田氏の移動に関しては、直接本人から情報を得ていないので、ここでの議論は多くが推測に頼らざるを得ないことをまずお断りしておく。

徳田氏は、第四章で詳述したように、与那国島の久部良集落から石垣島の双葉地区に移住してきて、久部良エイサーを双葉に伝えた人物である。徳田氏が石垣島の双葉地区に移住した理由に関しては、久部良での聞き取りで「両親の死後、兄弟みなで石垣島に移った」といった情報しか収集できていない。与那国島から八重山諸島の中心地である石垣島に移動（移住）する事例は多い。第五章で触れた東浜妃敏氏のように、台風被害に遭って石垣島に居を移すこともあるが、もっとも一般的には、子どもの教育上の理由から（八重山では高等学校は石垣市にしかない）、与那国島から石垣市に家族で移ってくる場合が多い。また仕事上の理由で石垣島に移ることもある。漁師である徳田氏の場合のように、漁港の久部良から漁師の多い双葉地区に移住したとなれば、もっとも現実的な推測は、彼が漁労の仕事に就くために双葉に移ってきたということだ。

ところが、問題は、その数年後に徳田氏は日本本土に移動している。聞き取りでは、一九六〇年代後半（おそらく一九六七年か八年頃）に双葉に移住してきて、本土復帰前の一九七〇年か七一年に大阪に転居している。短期間の双葉地区逗留の事実を踏まえると、ひょっとして徳田氏ははじめから日本本土に渡る計画で、単なる経由地として石垣市に逗留していたのではないかという可能性が出てくる。というのは、図8-4のグラフからも明らかなように、本土復帰前の一九七〇年、七一年には沖縄から本土へのおびただしい数の人口移動が起こっているからである。ただ、徳田氏の本土への移動は、おそらくこのグラフには反映されていない。すでに述べたように、このグラフは職安を通して公的に本土就職した沖縄出身者数の推移を表したもので、友人などのインフォーマルネットワークを通じて就職その他の目的で本土に渡った沖縄出身者の数は含まれていないからである。前述したように、一九五七年に職安による公的なルートを通じた労働力移動が始まるが、しかし、それよりはるか以前から、沖縄から本土へのかなりの数の人口移動があったことはすでに述べた通りである。むしろ、そうしたインフォーマルな出稼ぎ労働者などの労働力移動の方がその後に始まる公的な移動よりも数量的にははるかに多いものと推測される。では、そうしたインフォーマルなタイプの沖縄から本土への人口移動の推移を捉える方法はないものだろうか。

周知のように、本土復帰前は、米施政権下で日本本土は沖縄にとって「海外」であった。したがって、沖縄から日本へ渡航する際には日本渡航証明書（パスポート）が必要であり、しかも渡航の際に渡航目的を明示することが義務付けられていた。岸はこの点に着目して、日本への渡航者の渡航目的別データを沖縄県公文書館から入手している。ただ、完全な形でのデータは存在せず、岸が収集できたのは一九六五年から六八年までの四年間に限ったものである。しかしそれでも、データ自体は沖縄の人々の本土渡航に関してたいへん示唆に富む資料となっている。岸が掲載している数値表をグラフ化したものが、図8-5である。〈28〉このグラフからは、図8-4のグラフとは大きく異なった本土就職の実態が浮かび上がってくる。たとえば、一九六八年に職安を通じた本土就職者の総数は四七四七人であるが、同年に本土渡航の際「就職目的」と申告したものは一万六七三一人もいる。インフォーマルなタイプの本土就職者の方が、公的に把握されている本土就職者より三・五倍も多いのである。これらインフォーマルな本土

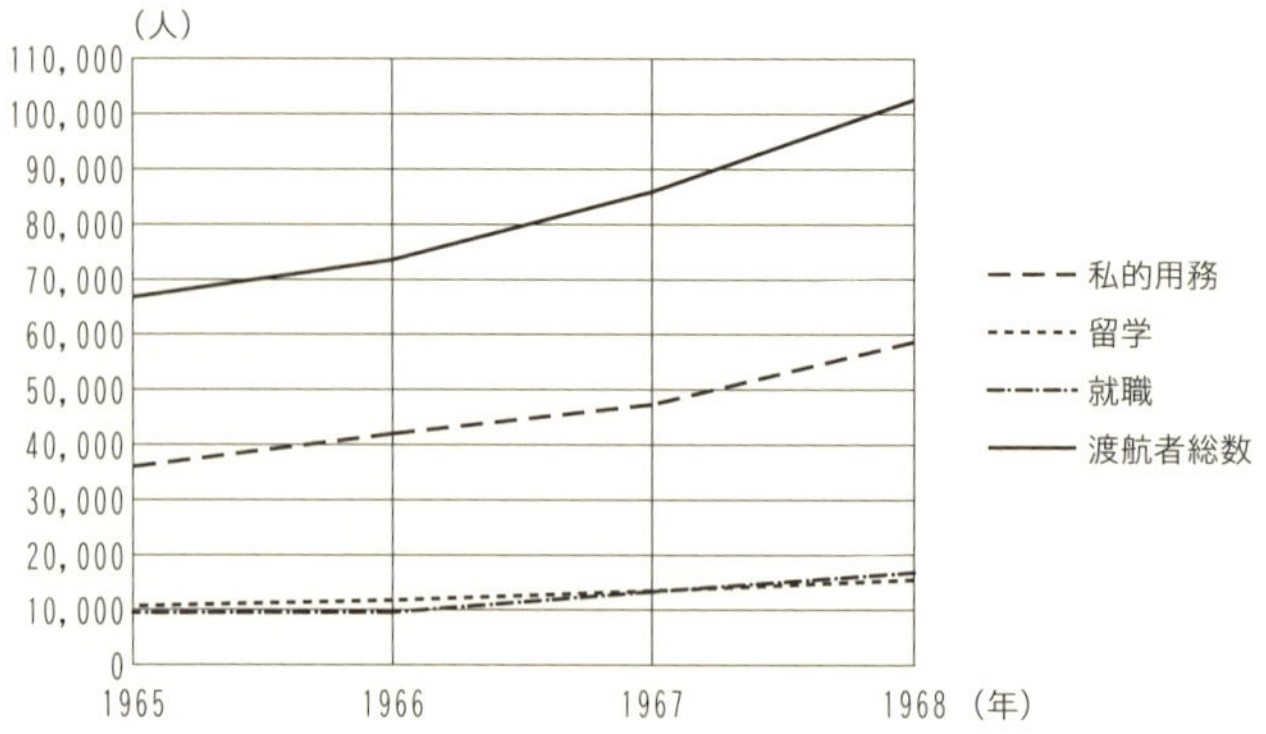

図8－5　本土渡航者内訳推移

就職者の多くは、おそらく親戚や知人を介して、あるいはさまざまなブローカーを通して職に就いた者であろう。

さらに特徴的なのは、「私的用務」と申告した本土渡航者が渡航者総数の半分以上を占めることだ。もちろん、この「私的用務」にはいわゆる観光とか親戚訪問などが含まれているはずだが、岸が言うように、この申告者のなかにはあえて渡航目的を明かさない相当数の本土就職（予定）者が含まれていると考えられる。[29] 仮に「私的用務」渡航者の半数が実際には本土で就職していたとすると、一九六八年の場合、「就職目的」渡航者も含めると、本土就職者の総数は何と四万六〇〇〇人を超える。

ここでなぜ、ながながとこのような議論をするのかと言えば、本土復帰前に大阪に渡ってその後、石垣島にも与那国島にも戻ってきていない徳田政治氏は、まさにこのカテゴリーに入る本土渡航者であったと思われるからだ。では、どうして沖縄からの本土就職者が、公的であれ、インフォーマルであれ、これほど多数に上るのであろうか。

山口は、沖縄出身の本土就職者は本土や都会に対する強いあこがれを抱いていたとする。[30] もちろん、加瀬が指摘するように、

「漠然とした都会そのものへの憧憬」は集団就職者一般に共通する心情であろう〈31〉。しかしながら、米軍支配下で閉塞状態にあった沖縄では、メディアによる本土に関する情報の流布や本土への修学旅行の経験などによって、本土へのあこがれの意識は、本土の職場との賃金格差などに対する合理的判断と重なりながら重要な移動要因になっていたと山口は分析する。本土就職者に対するアンケート調査からは、相当数の若者が親の反対を押し切ってまで、自ら出郷を決意してあこがれの本土へ向かったことが明らかになる。もちろん、そうした本土への思い入れが強ければ強いほど、本土の現実に触れて失望する可能性も高かった。岸は、前述した本土渡航者内訳推移の数値表のなかで、逆に本土から沖縄への「入域者」数も同時に掲載している。それらの数値は本土渡航者総数より五〇〇〇人から一万人近く少ないが、その「入域者」数を岸は本土からのUターン人口と見なし、沖縄にはすでに早い時期から「Uターン型移動社会」が形成されていたとする〈32〉。

徳田氏に関しては何分にも推測の域を出ないが、二〇代半ばで与那国島から石垣島経由で大阪に渡った徳田氏は、ひょっとして「本土へのあこがれ」という当時の沖縄の若者に共通する心情を抱きながら、職を求めて大阪へ向かったのかもしれない。

六　仲宗根昇氏の事例——躍進するトヨタ自動車へ

仲宗根氏は、第五章で述べたように、沖縄市登川出身で、一九八三年に高校を卒業すると、愛知県豊田市のトヨタ自動車に集団就職し、豊田沖縄民踊同好会に登川エイサーを移植した人物である。港川氏より二〇年遅れて同じトヨタ自動車に就職している。しかし、その二〇年間に社会情勢は大きく変わってしまった。まず、日本の高度経済成長期は、一九七三年の第一次石油ショックで終息した。また、全国で実施されていた集団就職も制度としては、一九七六年の沖縄から本土への飛行機による計画輸送を最後に幕を閉じたと言われる。[33]もっとも、その後も長らく集団就職という語は本土就職を表す「代名詞」として使用されてきたため、仲宗根氏も次に取り上げる赤山氏も聞き取りのなかではこの語を使用している。

さて、高度経済成長期もまたそれと同時に進行した集団就職も終結して一〇年近くを経た一九八三年に愛知県のトヨタ自動車に就職した仲宗根氏の場合、その移動を港川氏と同様に、図8-4のグラフだけからでは充分に説明することはできないだろう。グラフ上では一九八三年に本土就職者総数がその二年前のピーク時の一万三〇〇〇人台から七〇〇〇人台に激減している。仲宗根氏の移動は、本土における一般的な経済成長の脈絡よりも、むしろ一九八〇年代の日本における自動車産業、とくにトヨタ自動車の飛躍的な発展の観点から説明する方がより適切であると思う。

日本の自動車産業の躍進は、すでに高度経済成長期に始まっていた。一九六八年、日本がGNP（国民総生産）で当時の西ドイツを抜き、アメリカに次ぐ世界第二位の経済大国になったことはよく知られている。この時期、自動車産業においても、日本はそれに匹敵する実績を上げている。一九六六年にいわゆる「マイカー元年」を迎え、その後も価格の安定を背景に日本では自動車の大衆化が進んだ。国内の自動車生産台数は一九六五年に一八八万台だったものが一九六七年には三一五万台となり、西ドイツを抜いて世界第二位の自動車生産国に躍り出た。[34]『トヨタ自動車七五年史』に目を通すと、そうしたなかで、トヨタ自動車が生産体制の拡充、多彩な車種や新型エンジンの開発、販売体制の強化、などさまざまな戦略を打ち出し、日本の自動車業界を牽引してきたことがわかる。一九七〇年に始まる自動車業界の資本自由化を前に、当時の豊田英二社長は一九七一年までに年間二〇〇万台生産という量産化体制の確立を目指すことを表明する。[35] 一九六八年当時、トヨタはまだ年産一〇〇万台を達成したばかりで、年産二〇〇万台を超えていたのはアメリカのGMとフォードの二社だけであった。ところが、図8-6のグラフ「トヨタ車国内生産台数推移」[36]からも明らかなように、一九七一年のトヨタ車の年産は約一九五万台で、ほぼ目標を達成している。その後、他社と業務提携したり、下山や衣浦、田原

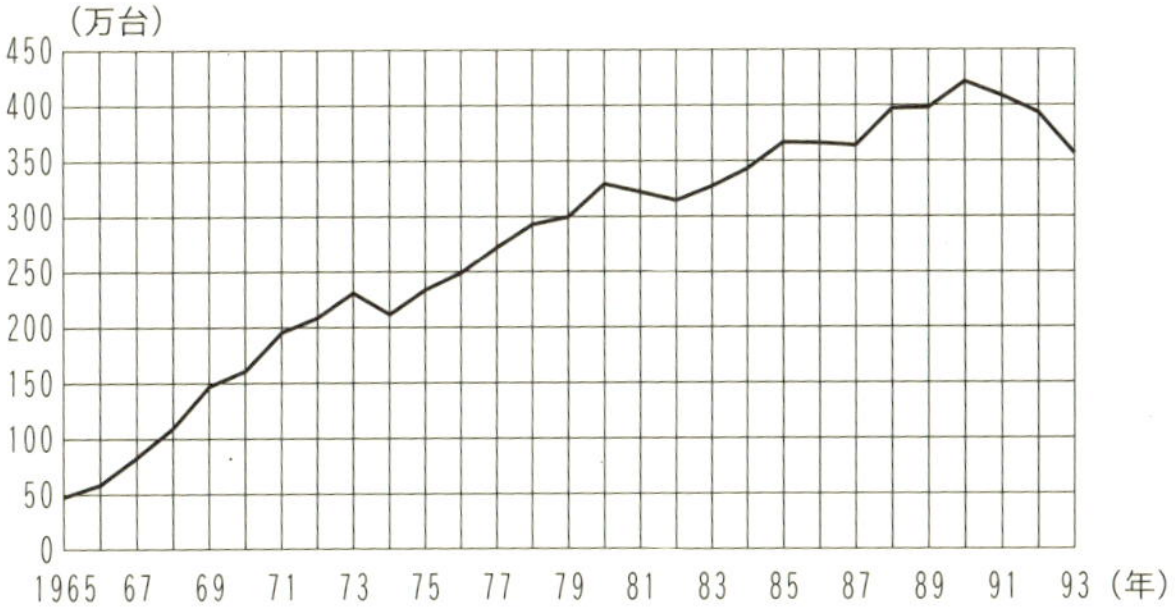

図8-6　トヨタ車国内生産台数推移

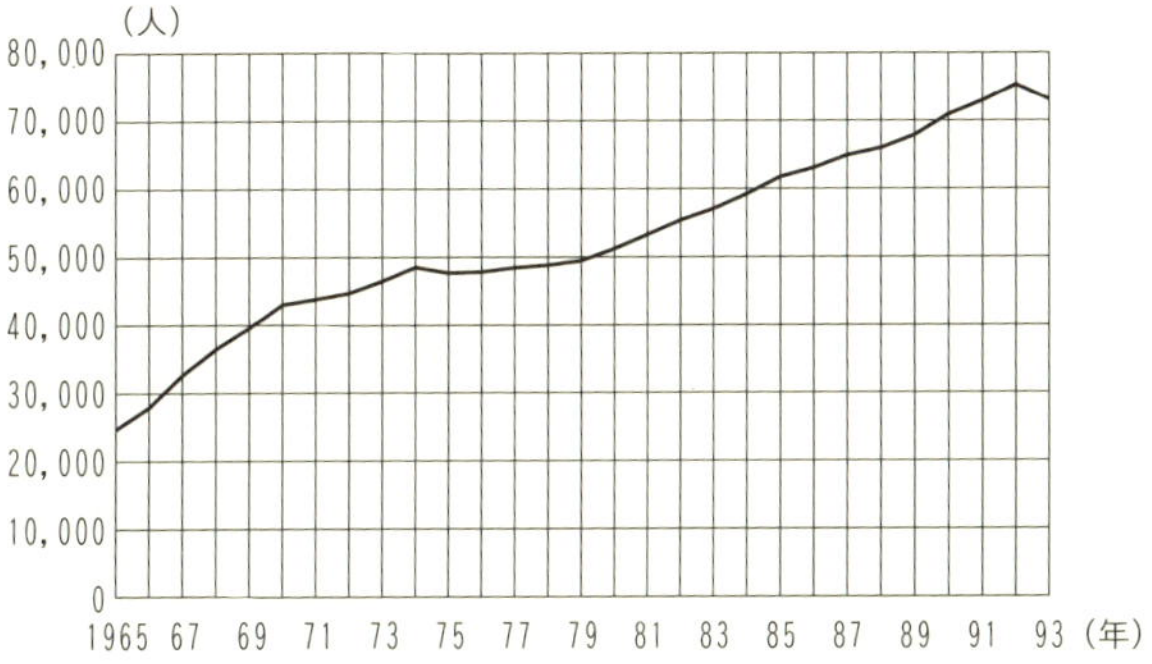

図8-7　トヨタ自動車従業員数推移

表8-1　トヨタ自動車新規採用人数

年	人数
1975	－879
1976	176
1977	517
1978	444
1979	684
1980	1720
1981	2048
1982	2100
1983	1651
1984	2159
1985	2532

（いずれも愛知県内）などに次々に新工場を建設したりして、規模を拡大していく。[37]一九七六年時点での目標は年産三〇〇万台以上の生産体制を確立することであったが、その目標を一九八〇年には完全に達成している（図8-6参照）。その間、技術開発や研修センターでの販売教育など、さまざまな企業努力を重ねてきたが、それはトヨタが何よりも量産にこだわっていたからである。一九六五年に年産四八万台だったものが、一九九〇年には四〇〇万台を突破している。同年まで顕著な右肩上がりを示す「国内生産台数推移」のグラフが、そうしたトヨタのスタンスを明確に物語っている。

さて、こうした量産体制の確立のためには生産部門と技術部門の要員の大幅な拡充が必須であった。図8-7のグラフは、同じ時期のトヨタの従業員数の推移を示したものである。[38]国内生産台数の拡大に対応して、トヨタの従業員数も年々増大し、九〇年代初頭まで右肩上がりであることがわかる。一九六五年に二万五〇〇〇人弱だった従業員数が、ピーク時の一九九二年には七万五〇〇〇人に達している。『トヨタ自動車七五年史』には、年産三〇〇万台を突破した一九八〇年代初頭に「新規採用を従来の倍以上の規模にした」と記されている。[39]ただ、残念ながら、同書の資料編に各年の新規採用人数のデータが掲載されてはいない。そこで、ここでは一応、ある年とその翌年の従業員数の差を新規採用人数と考えることにしよう。もちろん、その人数差には、毎年の退職者数も反映されているはずであるが、それが議論の大勢に影響するとは思われない。一九七〇年代後半から八〇年代前半の「新規採用人数」を一覧表にまとめたものが、表8-1である。[40] この表から一目瞭然なことは、一九八〇年を境に採用人数が三桁台から四桁台に移行していることである。七〇年代後半は一〇〇人台から六〇〇人台の採用人数が八〇年代前半には一〇〇〇人台後半から二〇〇〇人台半ばにまで伸長する。この変化は図8-7のグラフからも明らかで、七〇年代後半は水平に近い右肩上がりが、八〇年代前半になると急激にその角度を増す。それは、採用人数が急速に増加したことの表れである。仲宗根氏がトヨタ自動車に採用されて入社したのは、まさにこの時期なのである。すなわち、トヨタの量産体制が確立されて年産三〇〇万台を超え、生産部門にそれだけ多くの人員が必要となった時期の一九八三年、仲宗根氏はトヨタに就職している。一九八三年のトヨタの採用人数一六五一人のなかの一人は、間違いなく仲宗根氏である。

こうして見てくると、「芸のキャリア」の移動は、産業界の一業種、あるいは一企業の消長にも大きな影響を受けることがわかる。

七　赤山三枝子氏の事例――「本土での勉学」志向

赤山氏は、すでに述べたように、石垣島の石垣市出身で、一九八四年に高校を卒業すると、愛知県岡崎市の紡績会社で働きながら、岡崎女子短期大学で三年間勉学を続け、短大卒業後石垣市に戻ると、豊田市の豊田沖縄民踊同好会で学んだ豊田エイサーを再結成されたばかりの双葉青年会に移植した人物である。赤山氏の場合、これまで挙げた三人の「芸のキャリア」と大きく異なる点は、その移動が本土での勉学に動機づけられていることだ。

前述した「本土へのあこがれ」と並んで、沖縄の若者の本土で学ぶことへの強い志向もさまざまな資料から裏づけることができる。たとえば、本土復帰を前に復帰後の沖縄社会の発展を見据えて一九七〇年、沖縄の一般人、教師、生徒（中学生、高校生、大学生）を対象に教育に関する意識調査が行われた。[41] この調査は、沖縄全域の総数五〇〇七人（うち、中学生一〇〇五人、高校生七〇一人、大学生三〇〇人）に対して郵送によるアンケート方式で実施され、回収率は七六・三％であった。この調査によると、留学の意志を尋ねた質問では中学生の七二・八％、高校生の七三・一％、大学生の六三・五％が留学を希望し、希望する留学先として本土と回答したものは中学生で六七・九％、高校生で七〇・四％、大学生で五六・〇％であったという。本土での勉学に対する志向がいかに強いものであるかがわかる。そのことを如実に示しているのが、図8-8のグラフである。[42] これは、復帰翌年の一九七三年から九〇年までの沖縄の若者の本土就学者数の推移を表したものだが、ほぼ全期間にわたって一万四〇〇〇人超を維持しており、ピーク時の一九七六年には二万二〇〇〇人を超えている。もちろん、この就学者数は当時の高校生の本土の大学進学者数を表したものではなく（沖縄の高校卒業者総数は年間一万七〇〇〇人程度である）、中学校、高校、短期大学、四年制大学、専修学校、

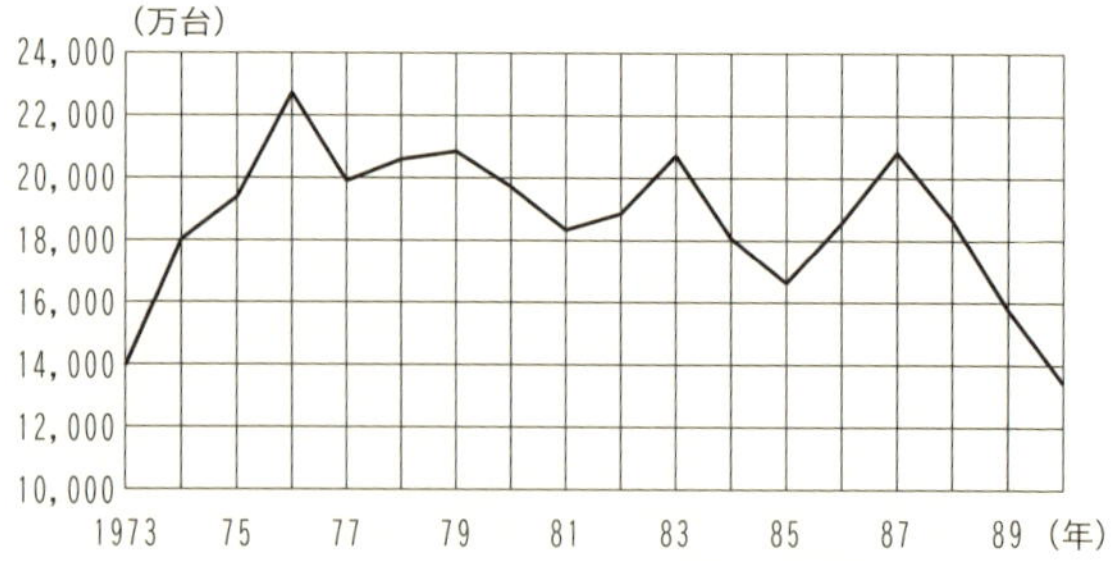

図8-8　沖縄の若者の本土就学者数推移

各種学校など、本土のあらゆる教育機関で学ぶ沖縄の若者の総数であると考えねばならない。

これに関連して重要なことは、この数値にはいわゆる「就職進学者」(就職しつつ進学している者)数も含まれている可能性があるということだ。沖縄の統計データでは、この「身分」は就職者数にも進学者数にも含められていることが多い。そこで、就職進学者という概念について少々説明しておこう。

集団就職が制度として定着した一九六〇年代半ば、高校進学率が急上昇して労働力としての新規中卒者が量的に激減した。そこで、新規中卒者への求人難と中卒者の高校進学要求の両方の折り合いをつけるべく、新たに多様な後期中等教育機関の形態が考え出された。それが、それまでの夜間定時制高校に加えて設置された昼間《ちゅうかん》定時制、技能高校、企業内高校などであった〈43〉。昼間二交代定時制という制度もそのひとつである。これは、おもに女子学生のみの課程で、繊維工場の二交代勤務に合わせて高校の授業も一週間おきに早番と遅番が入れ替わるシステムで、繊維業界と学校法人との協力のもと、最初に愛知県に設置されたと言われている〈44〉。こうした「働きながら学ぶ」ことを目指す後期中等教育の変化は、同時に大学の高等教育レベルでも起こった。労働力としての高卒者への社会的需要と高卒者の大学進学への要望をともに満たす形で、多くの大学で二部制を採用するようになった。赤山氏が学んだ愛知県の岡崎女子短期大学も昼間だけの二部制の大学である〈45〉。

沖縄の若者が、「働きながら学ぶ」この就職進学者の身分をいかに望んでいたかは、前記とは別の意識調査から明らかである。財団法人沖縄協会が、本土復帰翌年の一九七三年一二月から翌七四年二月にかけて、本土に就職した沖縄出身の中学生と高校生に意識調査を実施している。この調査は、一九七三年四月三〇日までに職安を通して就職した沖縄出身青少年約五〇〇〇人(この数値は図8-4のグラフの数値と一致する）の中から無作為に抽出した一〇〇〇人（有効数六八七人）を対象に面接方式で行われたものである。[46] この調査によると、〈現在の仕事を選んだ理由〉に関する設問（複数回答可）では、「学校やけいこごとに通わせてくれるから」が三六・五％で断然トップ、次に「技術・技能が身につくから」が二七・五％、それ以下は「同じ職場に親戚や知人がいるから」など一〇％台が三回答並び、あとはすべて一桁台の回答にとどまっている。上位二つの回答で六四％を占めるという事実は、仕事をしながら他の技術を身につけたり、資格を取得したりするための勉学を念頭に現在の仕事を選択しているものが多いことを示している。

さらに、〈現在、学校などに通っていますか〉との設問に対する回答は、表8-2に示した通りである。この表によれば、本土で何らかの教育機関に通っているものが全体の四八・七％で、本土就職では「働きながら学ぶ」就職進学者が約半数を占めることがわかる。二部制の四年制大学に通うものが希少であるのに対して、洋裁や美容師などの技能修得や資格取得のための各種学校に通うものが圧倒的に多い。地域別に見ると、就職進学者は中部地区が五四・二％でもっとも多く、次に関西地区の三五・四％、関東地区の三二・五％となる。いずれも、各種学校に通うものが大半である。この調査は今から四五年前に行われたものであるので、当然その間の経年変化は予想されるが、本土就職者の基本的な構造、すなわち就職進学者が多いという傾向はそれほど変わっていないだろうと思われる。ちなみに、岸の二〇〇二年

表8－2　沖縄出身青少年の就学に関する意識調査

就学のタイプ	割合（％）
定時制高校	6.3
短期大学	9.6
四年制大学	1.5
各種学校（洋裁，美容師，調理師等）	20.8
その他（保育専門学校，通信教育等）	10.5
就学していない	51.3

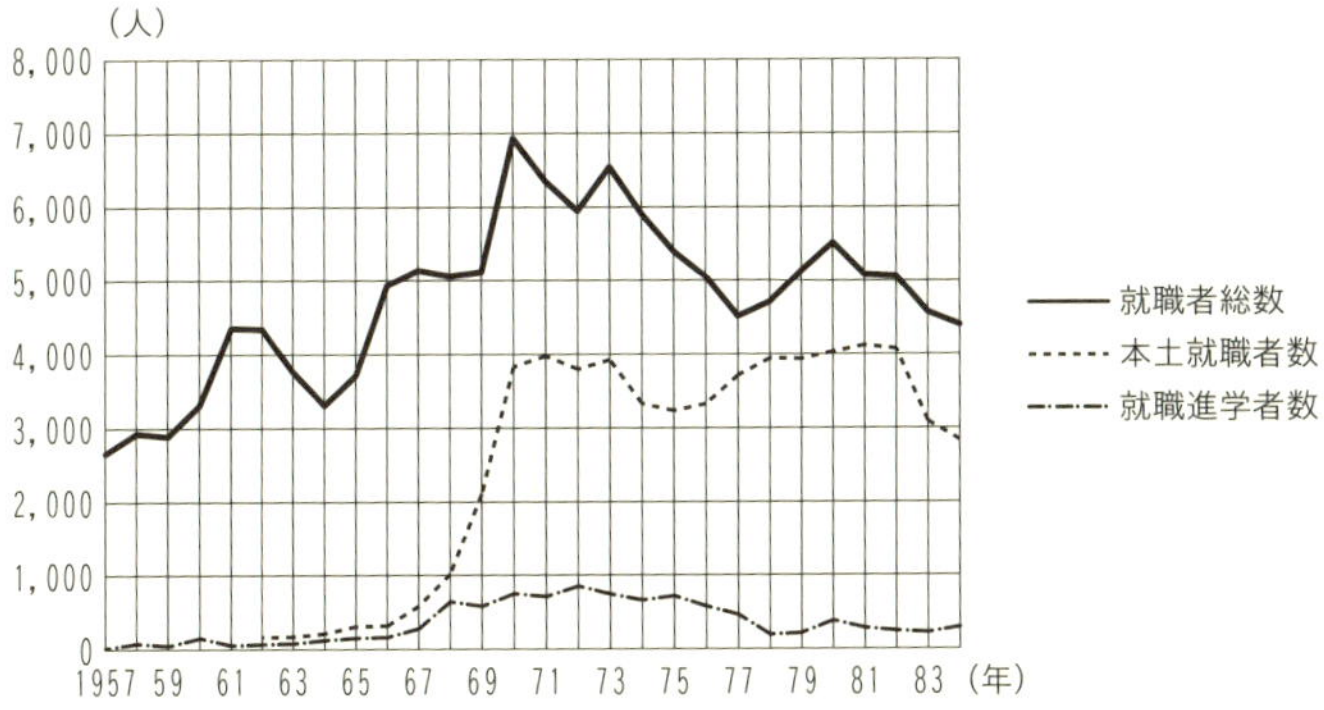

図8-9　沖縄の高卒就職者数推移

の聞き取り調査によれば、本土への進学者のほとんどが昼間働いて夜間課程に通う就職進学者であったという。[47]

図8-9のグラフは、戦後の一九五七年から八四年までの沖縄の高卒就職者数の推移を示したものである。[48] このグラフ作成のために依拠した『琉球統計年鑑』(のちに『沖縄統計年鑑』、さらに『沖縄県統計年鑑』に改称)には、高卒者総数と並んで、進学者数、就職者数、さらに興味深いことに就職進学者数も経年で掲載されている。そこでこのグラフでは、高卒就職者総数と就職進学者数を併記し、さらに職安データとして一九六二年以降の本土への集団就職者数も加えた。このグラフから一目瞭然なのは、本土復帰前後から、高卒者の就職人口の半数以上を集団就職という形で本土が吸収していることである。復帰二年前の一九七〇年にはピークを迎え、就職者総数はほぼ七〇〇〇人に達するが、それは復帰に期待を寄せた高卒者四〇〇〇人近くが大挙して本土に就職したからに他ならない。

注目すべきは、就職進学者数の推移である。本土への集団就職が始まる前から就職進学者が(沖縄に)いたことがグラフから読み取れるが、それにしても、この就職進学者の数は少なすぎる。グラフの全期間を通して就職進学者数は一〇〇人台と八〇〇人台の間を推移しているに過ぎない。しかも、この数値には本土だけでなく沖縄での就職進学者も含まれているはずだ。前述の沖縄協会の調査によれば、本土に集団就職した高卒者の四二・四％が就職進学者であることになる。調査時の一九七三年を例にとれば、高卒集団就職者数約四〇〇〇人に対して、一七〇〇人近くが就職進学者であらねばならない。ところが、『沖縄県統計年鑑』によれば、一九七三年の高卒就職進学者数は七四二人にすぎない。統計年鑑には詳細な説明は一切なく、数値の列挙のみなので、推測の域を出ないが、ひょっとして統計年鑑の数値は、高卒者の進学ということで四年制大学と短期大学に限定して就職進学者数を提示しているのかもしれない。いずれにしても、図8-9のグラフの就職進学者数は実態を正確に反映したものとは言いがたい。本土就職者の半数近くが就職進学者であるというのがより実態に即した説明ということになろう。

さて、一九八四年に石垣市から愛知県岡崎市に転居し、紡績会社で働きながら岡崎女子短期大学で三年間幼児教育を学び、保育士の資格を取得して石垣市に戻った赤山氏は、ここで言う典型的な「就職進学者」であった。その移動は、これまで述べたように、当時広く見られた沖縄の若者の行動パターンに一致する。

第一次、第二次の双葉エイサーの成立に重要な役割を果たした四人の「芸のキャリア」の移動の社会的背景とは、以上のようなものであった。こうして四人の「芸のキャリア」の事例を詳細に検討してくると、人の移動とそれぞれの時代の社会的動向と変化とは不可分な関係にあり、人の移動はむしろ、そうした社会的・経済的変動や社会環境の変化に誘発されているところがあることがわかる。その意味で、芸能の伝播とは、言ってみれば、社会変化が招来する人の移動の「副産物」なのである。

八　結びにかえて

本研究はもともと、石垣市の双葉地区で耳にした「双葉エイサーは与那国島から伝わった」という言説に興味をそそられ、一種の「謎解き」としてエイサーの伝播過程を解き明かそうと始めたプロジェクトであった。しかしながら、研究が進展するにつれて、このプロジェクトには当初の予想をはるかに越える視野の広がりと問題系の認識が必要とされるということに気づくようになった。すなわち、石垣島という非常に限定された地域のエイサー伝播の問題も、沖縄本島のエイサー文化全体との関わりのなかで考察されなければならず、また、伝播の主要な要因としての人の移動についても、その背後にある社会的・政治的・経済的動因が分析されなければならない、ということを認識したのである。戦後におけるアメリカの沖縄統治と米軍による土地接収、「密貿易」の盛衰、沖縄の移民史、若者の本土就職など、これらすべてが、直接・間接にエイサーという芸能の展開に深く関わっていることを知った。当初の「芸能の伝播研究」という構想が、しだいに自分のなかで「社会史としての芸能史」といった構想に変質していくのを感じた。もちろん本書は、「社会史としての芸能史」にはなっていない。しかし、そうしたアプローチの入り口に立ったことだけは間違いないと思っている。

最後に、本研究を特徴づける三つの重要な視点を指摘しておきたい。

これまでの芸能研究では、暗黙のうちに特定の地域に「定住」することを人間の基本的な生活様態と見なし、それを「常態」と想定したうえで個々の研究が行われてきた。たとえば、沖縄芸能研究と言う場合の「沖縄芸能」とは通常、暗黙裡に沖縄という地域に「定住」している人々が歴史のなかで創り上げた文化的所産として理解され、研究されてきた。そのような理解の枠組みのなかでは「定住」の対極にある「人の移動」は、むしろ「非-常態」と見なされ、芸能研究のなかではしかるべき位置を与えられて来なかった。ところが、人の移動に関する研究は、伊豫谷登士翁も示唆するように、[49]じつはそうした近代的な知の枠組みに内在する制約と限界を浮き彫りにする。本書が提示した芸能の伝播研究は、「定住」ではなく、むしろ「人の移動」が芸能成立の決定要因になっていることを明らかにしている。とくに沖縄諸島や八重山諸島のように、歴史のなかで人の移動が常態化していた地域においては、芸能を「定住する人々の文化的所産」などとする考え方自体が一種の「フィクション」にすぎない。本書が描き出している各地のエイサーの成り立ちを思い出してみても、それは明らかである。しかし、これは沖縄地方に限らず、またエイサーという特定の芸能に限らず、世界のあらゆる地域のあらゆる芸能が、じつは長い時間的スパンのなかで眺めれば、類似した構造と性格をもっていると言えるのかもしれない。すなわち、そこに人の移動が介在しており、人の移動が芸能の生成に一定の役割を果たしているという局面が見えてくるのかもしれない。

もうひとつは、民俗芸能において個人が果たす重要な役割に関して、である。最近まで民俗芸能、あるいはもっと広く民俗文化と言われるものは、創造的な個人の存在を重視する西洋近代のあり方と対比される形で、きわめて集合的に捉えられ、匿名的に記述される傾向があった。すなわち、民俗芸能とはいわゆる「共同体」の文化的所産であるとの暗黙の了解のもと、あたかもそこには「個人」が不在であるかのように描かれてきた。ところが、本書の民族誌には、個人名が頻出する。それは、単に芸能の伝播に深く関わった「芸のキャリア」だけでなく、たとえば双葉エイサーに関して言えば、亀谷善一氏、前原浩美氏、久部良エイサーに関して言えば、糸数敏秀氏、川田一正氏、といった個人である。これらの人々は、本書の議論が遺憾なく示しているように、それぞれのエイサーの誕生と発展に大きな影響を及ぼした個人である。彼らの名前に言及せずに、それぞれのエイサーについて語ることはできない。言い換えれば、民俗芸能とはたしかに「共同体」的な所産であるのだけれども、しかし決して「没個人」的なものではない。そこには、それなりに創造的な「個人」が存在し、当該芸能の発展にそれなりの貢献をしている。そして本書は、エイサーの伝播過程に深く関与した「芸のキャリア」たちの姿を通して、そうした個人の果たす重要な役割を鮮明に描き出している。

三つ目は、音楽研究一般の方法論に関して、である。拙著『アフリカ音楽学の挑戦——伝統と変容の音楽民族誌』において、ぼくは今日の音楽学研究における「音楽分析離れ」を批判的に考察し、今日主流となっている音楽社会史的研究に従来の音楽分析的な手法とアプローチを統合すべきであると説いた[50]。しかしながら、同書においては、そのような方法論的な問題提起をするにとどまり、両者を統合した具体的な研究事例を提示するには至らなかった。沖縄の芸能を扱った本書は、地域もジャンルもまったく異なるけれども、そうした両者を統合した研究事例のひとつだと言うことができる。本書第一章で述べたように、双葉エイサーが与那国島の久部良から伝わったとの伝承を確認すべく久部良エイサーを調査して、双葉エイサーと久部良エイサーとの根本的な相違に衝撃を受け、それがエイサーの伝播研究の出発点となった。ところが、これら二つのエイサーがどのように異なるのかを具体的、客観的に示さないことには、そのあとの議論を展開することができない。それゆえに、第三章では双葉と久部良のエイサーを音楽と舞踊の両面にわたって徹底的に比較分析したのである。前述した著書のなかでぼくは、両者の統合のためには音楽分析を「研究遂行上不可欠な要素」として社会史的検証のなかに包摂すべきであると述べたが、まさに第三章は「研究遂行上不可欠な要素」であった。こうして、芸能の伝播過程をめぐる歴史的検証のなかに音楽・舞踊分析が統合されることになったのである。

さてでは、今後、どのような研究の方向に進むべきだろうか。本研究を通して得られた「社会史としての芸能史」という構想は、自分にとってはたいへん新鮮で魅力的なアプローチに思える。今後はこのアプローチの具体的な方法を検討し研究対象を厳選・精査して、この構想の実現に向けて一歩一歩努力していきたいと考えている。

エピローグ――フィールド再訪

沖縄地方でのフィールドワークを最終的に終えたのは、二〇〇五年三月であった。その後、大病を患い研究の中断を余儀なくされるなど、さまざまな事情から沖縄のフィールドに戻ることができなかった。そして二〇一八年一月、本書の原稿を七割がた書き終えた段階で、その内容の確認もかねて原稿を携えてふたたび石垣島と与那国島を訪れた。何と一三年ぶりのフィールド再訪である。しかしそれは、「遅すぎた」フィールド再訪と言ってよいものであった。フィールドでのあまりの状況の変化に、大きな衝撃を受けざるを得なかった。

本書であれほど仔細に記述し分析した双葉エイサー、この「エイサー物語」の一方の主役であった双葉エイサーは、すでにこの地上から完全に消えてしまっていた。いまや、ここに描いた双葉エイサーを見たいと地球上のどこを尋ねて行っても、見ることはできない。言ってみれば、それはすでに「亡くなってしまった」のである。その事実を知らされたとき、あれほど熱心にその由来を追い求め、その伝播経路を訪ね歩いた研究者のぼくにとっては、友人の死に立ち会った時のような言い知れぬ寂しさを覚えずにはいられなかった。おそらくこの本を読んで、ここに描かれている双葉エイサーを実際に目にしたいと思った読者もいるであろう。しかし残念ながら、あのエイサーはすでに完全に「過去のもの」となってしまったのである。しかし、これこそが、時々刻々と変転するエイサーと言われる芸能の宿命なのかもしれない。

一三年振りに再会した前原浩美氏によると、「事件」はぼくがフィールドを去った数か月後に起こった。その年（二〇〇五年）の盆エイサーの時期になり、青年会に新しいメンバーが加わってくると、そこでエイサーの趣旨や考え方に関して旧メンバーと新メンバーとの間で激しい対立が起こった。その対立は、おもに創作エイサーをめぐるものだったらしい。そして結局、青年会は分裂状態になり、双葉青年会は解散した。そして、新メンバーだけで新たに双葉青年会を立ち上げ、盆エイサーだけを続けることになったという。ただ、その盆エイサーは以前の双葉青年会の盆エイサーではない。

一方、それまでの双葉青年会で創作エイサーを支持していた旧メンバーたちは前原氏と安慶名誠氏（双葉青年会で創作エイサーを始めた当時の会長、第五章参照）とともに、これまでの創作エイサーの振り付けの権利をすべて保持して「誠組」という創作エイサー専門の新しい公演団体を立ち上げた。そして、どちらにも加わらない双葉青年会の旧メンバーたちは、沖縄本島や日本本土に散っていったという。この双葉エイサーの状況を第三の新たな「地層の堆積」と言うべきだろうか。しかしこの分裂でさえ、すでに一三年前のことである。この後に、さらにいくつもの「地層の堆積」が双葉青年会に起こっているのかもしれない。そして、そこでもまた新たな「物語」が展開しているのかもしれない。しかしいずれにしても、本書でこと細かく描いた双葉エイサーの「物語」は、文字通りここで「幕を閉じた」のである。

今回、双葉エイサーのそもそもの発起人である亀谷善一氏にもお会いすることができた。亀谷氏によると、一〇数年前とはちがって、今では石垣市街にいくつものエイサー団体ができて、歓迎行事など機会があればいたるところでエイサーが演奏されているという。「誠組」もそうしたエイサー団体のひとつなのであろう。そして、そうした石垣市街のエイサー文化の基礎を築いたのが双葉エイサーなのだと誇らしげに語ってくれた。

一方、与那国島の久部良エイサーはと言えば、今でも以前と同じように行われていると再会した川田一正氏は言う。そこで試しに、You Tube にアップロードされている最近の久部良エイサーの映像を見てみると、太鼓衆の衣装も女性の手踊り衆の衣装も一三年前のものとまったく同じである。また、伝承曲も《ミンブチ》《久高》《蝶の舞》の三曲で、以前と同じように、前二曲では手踊り衆が市販のはたきをもち、三曲目の《蝶の舞》では日の丸扇をもって踊る。しかも、それぞれの踊りの振りが以前とまったく変わっていない。本書の第四章と第七章で久部良エイサーの時代を超えた同一性について議論したが、その同一性は You Tube の映像を見る限り、現在の久部良エイサーにも当てはまるのかもしれない。

ただし、重要な一点において、現在の久部良エイサーは過去のものとは大きく異なっている。それは、テンポの変化である。第三章でエイサーの「アルカイック性」として久部良エイサーの法外に遅いテンポを挙げたが、現在そのテンポは速くなっている。《ミンブチ》では調査当時四分音符一拍の速度が三九であったものが現在は五〇、《久高》では四一であったものが現在は五二、《蝶の舞》では八一であったものが現在は一〇五、である。こうした速度の変化がどのような背景で起こったかは不明であるが、それが久部良青年会の内発的発展であれ何であれ、かつての久部良エイサーをもっとも特徴づけていた性格がこのエイサーから失われ、近い将来久部良エイサーがテンポのうえでも本島中部型の典型的な太鼓エイサーの形に変質していく可能性は否定できない。

双葉エイサーであれ、久部良エイサーであれ、調査時点から一三年後の変わりようを目の当たりにするにつけ、エイサーとは時々刻々と変転していく芸能であるとの思いを新たにせざるを得なかった。

さて、今回の再訪でのもうひとつの衝撃は、亀谷善哲氏の死であった。亀谷善哲氏（当時二七歳）はぼくがこの研究を始めた当時の双葉青年会の会長で、エイサー研究の導き手として何から何まで面倒を見てくれた。その善哲氏が二〇一〇年に三四歳の若さで急逝したことを知った。大きな驚きと衝撃が走った。善哲氏の名前は本書では一回しか言及されていないが、しかし、本研究の発展に彼の果たした役割はとてつもなく大きい。父親、亀谷善一氏の自宅に伺って仏前に線香と花を手向けた。善哲氏とは石垣市三崎町の酒場で原稿を見せながら酒盛りをするつもりであったが、それが永遠にかなわぬこととなってしまった。さらに、双葉エイサーの発展に重要な役割を果たした地謡の栄野川盛宏氏も一昨年に亡くなっていた。与那国島では久部良エイサーの誕生に深く関わった糸数敏秀氏も三年前に亡くなっていた。今回、これらの人々とは再会して、いくつかの重要な事柄を確認したいと考えていたが、それが永遠にかなわぬこととなった。

これら故人のご冥福を、ここで心よりお祈りしたい。

注

第一章　エイサーの伝播

〈1〉行政区としての石垣市は、石垣島全体と尖閣諸島からなる。したがって、石垣島南端の島の中心地を本書では「石垣市街」と表記する。

〈2〉「寄留民（一時的に他の土地に住む人）」という語は、一九五二年に住民登録法の施行とともに寄留法が廃止されて以来、文脈によっては差別語にもなり得るとして、今日ほとんど使用されない。しかしながら、双葉地区の人々は聞き取りのなかでこの語を（自己表現としても）頻繁に用いるため、本書でも必要な場合にはこれを使用することとする。

〈3〉この「ヤキナ」の集落は、厳密には、現在の双葉地区と同一ではない。現在の双葉地区は、新川川を境に西側と東側に分かれている。「ヤキナ」とは川の西側海岸沿いの、とくに貧困層の寄留民が集中していた地域を指していた。

〈4〉石垣市史編集委員会編『石垣市史　各論編　民俗　上』石垣市、一九九四年、九〇―九三頁。

〈5〉本書では、注で出典が明記されていない限り、情報はすべて著者自身による現地聞き取り調査に基づくものである。なお、明石集落の人々の入植の開始年と出身地は、次の二編の論文により確認がとれている。

石垣久雄「八重山における戦後移民史への提言」『琉大史学』第三巻、一九七二年、四〇―四八頁。金城朝夫「八重山の移民史 八七」『琉球新報』、一九八四年六月二六日連載記事。

〈6〉双葉エイサーに参加している本土出身の若者の多くは、数年間石垣島に滞在し、居酒屋などでフリーターをする沖縄好きであったり、沖縄の海を楽しむスクーバダイビング愛好家であったりする。

〈7〉かつて沖縄には、町や村々をめぐって鉦を叩きながら念仏を唱えて金品を乞う、チョンダラー（京太郎）と呼ばれる下層念仏者がいた（第二章第二節参照）。今日のエイサー団体には、奇妙な身なりをしたチョンダラー役を演じるものがいることが多い。

〈8〉この《仲順流り》は、第二章で述べるように、《継親念仏》に由来するエイサー曲であるが、地域や青年会によって《仲順流れ》《長者流り》《七月歌》《念仏》《ミンブチ》《エイサー節》などさまざまな名称で呼ばれている。本書では、双葉青年会で使用している《仲順流り》の呼称を統一して用いることにする。ただし、与那国島の久部良エイサーに関しては、彼らの呼称である《ミンブチ》をそのまま用いる。

〈9〉このグランプリ受賞のニュースは、二〇〇〇年八月一〇日付けの『八重山毎日新聞』と『八重山日報』で報じられ、双葉エイサーが「創作エイサーで県内トップに立った」として石垣市で話題を呼んだ。

〈10〉喜舎場永珣『八重山民俗誌 上巻 民俗篇』沖縄タイムズ社、一九七七年、三六〇頁。ちなみに、アンガマの慣習も、エイサーの場合と同様、アンガマを担う青年会の浮沈によって、途絶と再開をくり返してきたようである。

〈11〉「毛遊び」と書く。「毛」とは野原のこと。沖縄でかつて広く行われていた慣習で、夜若い男女が集落のはずれの広場（野原や浜辺）に集まり、夜明けまで三線に合わせて歌や踊りに興じた習俗。

〈12〉宜保榮治郎『エイサー――沖縄の盆踊り』那覇出版社、一九九七年、一三頁、三五頁、四〇頁。

〈13〉こうした沖縄本島の芸能に対する反発は、一六世以降八重山が琉球王府の支配のもと、人頭税その他で苦難を強いられてきた歴史をもつことと関係しているかもしれない。
一方、こうしたエイサーに対する石垣市街の否定的な反応とは対照的な状況も一部に見られることは指摘しておく必要がある。一九七〇年八月一六日付け『八重山毎日新聞』には「好評の「エイサー」」との見出しで、同年八月一四日に石垣市街中心部で初めて「エイサー踊り」が行われたことを伝える記事が掲載されている。それによると、この催しは石垣島の野底、栄、川平、吉原、兼城の青年会による合同エイサー踊りで、五集落出身の男女総勢三五人がエイサーを踊りながら通りを練り歩き、「エイサー踊りは旧盆の情緒をおびているだけにいずこでも好評」であったと記されている。この記事は、次の三点において重要である。
まず、後述するように、一九七〇年は双葉エイサーの発足当時であり、この記事は双葉エイサーが発足する以前に、すでに石垣島の数か所でエイサーが行われていたことを示唆している。二番目に、この催しが行われた一九七〇年には双葉エイサーはすでに活動を開始しており、それにもかかわらず、双葉青年会がこの催しに参加していないということは、発足当初で双葉エイサーがまだ充分に社会的に認知されていなかったことを示すものと思われる。三番目に、この記事から、特別にアンガマに深く関わっていない市街の一般の人々にはエイサーはとくに抵抗もなく受け入れられていたということがわかる。

〈14〉双葉公民館建設事業期成会編『双葉公民館新築落成記念誌――双葉』双葉公民館建設事業期成会、二〇〇三年、一二四―一二六頁。

〈15〉八重山歴史編集委員会編『八重山歴史』八重山歴史編集委員会、一九五四年、二五六頁。牧野清『新八重山歴史』牧野清、一九七二年、一五一―一五二頁。これらの文献ではいずれも、史料は琉球王府の記録文書『八重山島年来記』に依っている。

〈16〉八重山の移民の歴史に関しては、「自由移民」と並んで、琉球王朝時代から「寄人《よせびと》（移民の意）政策」

によって強制移住が行われたこと、また、明治期以降戦後まで政府主導による「計画移民」もしばしば行われたことは指摘しておかなければならない（牧野清『新八重山歴史』前掲、参照）。

〈17〉石垣市史編集委員会編『石垣市史 各論編 民俗 上』前掲、九〇頁。

〈18〉前掲書、九〇―九三頁。

〈19〉三木健『八重山研究の歴史』南山舎、二〇〇三年、一九六頁。

〈20〉もともと字新川は一町内から五町内まで五つの地区に分けられていたが、明治末期から昭和時代にかけて新川西部に寄留民の居住する地域（集落）が形成されたため、この地域を新たに「新川六町内」として字新川の地区編成に加えたもの。この「新川六町内」は現在の双葉地区と完全に重なる。

〈21〉双葉公民館建設事業期成会編『双葉公民館新築落成記念誌――双葉』前掲、三四―三七頁。

〈22〉ただ、この「差別」の問題は、石垣四ヶ字の地域に明治以降も移民が入ってきていることを考えると、単に居住の時間的な先発・後発の問題だけではなく、貧困や教育水準など、より複合的な諸要素の絡んだ問題であると思われる。ちなみに、現在の登野城七町内（市街地中部）もかつて「アガリ小屋」と俗称された寄留民地域で、同じ時期に同様に差別されていたことが知られている。

〈23〉ちなみに、双葉住民への差別的状況が一九七〇年代後半まで続いていたことを裏付ける記事が、一九七六年四月一八日付け『八重山毎日新聞』に掲載されている。そこでは「双葉公民館　字新川から分離独立　行政の谷間におかれ反発」との見出しで、新川字会のなかでは双葉公民館は準会員的な存在であり、石垣市主催の行事を知らせる公的な通知が公民館には来ないこと、環境保健衛生面でも双葉地区はいつも後回しにされていること、その結果、双葉公民館の独立を求める双葉住民の声が上がり、新川字会もそれを認めたこと、などが記されている。

〈24〉双葉公民館建設事業期成会編『双葉公民館新築落成記念誌――双葉』前掲、一二四頁。

〈25〉クイチャーは宮古諸島に伝わる集団舞踊だが、これが双葉青年会の活動として候補に上がったことは、双葉地区には沖縄本島のみならず、宮古諸島からも寄留民がかなり来ていたことを物語っている。

〈26〉沖縄市企画部平和文化振興課編『エイサー三六〇度――歴史と現在』沖縄全島エイサーまつり実行委員会、一九九八年、一八一頁。

〈27〉宜保榮治郎・嘉手川重喜他『沖縄大衆芸能――エイサー入門』琉球新報社、一九八四年、一五頁。

〈28〉久万田晋「民族芸能エイサーの変容と展開」『沖縄の民俗芸能論――神祭り、臼太鼓からエイサーまで』ボーダーインク、二〇一一年、二二〇頁。

〈29〉琉球國祭り太鼓東京支部ホームページ（http://mdtokyo.net/profile/ アクセス：二〇一八・九・一五）。

〈30〉成定洋子「関西のエイサー祭りに関する一考察――「がじゅまるの会」における役割」『沖縄民俗研究』第一八号、一九九八年、七七―九二頁。井口淳子「大阪に息づく沖縄芸能「エイサー」――大正区「がじまるの会」にみる民俗からの離脱」『年報 音楽研究』（大阪音楽大学）第一六巻、二〇〇〇年、五一―二六頁。Terada, Yoshitaka. "Rooted as Banyan Trees: *Eisā* and the Okinawan Diaspora in Japan." In *Ethnomusicological Encounters with Music and Musicians: Essays in Honor of Robert Garfias*, edited by Timothy Rice, pp. 233-247. Surrey: Ashgate, 2011. なお、ほぼ同じ時期に横浜市鶴見区に同様の目的で設立された沖縄出身青年男女のための互助組織に「ゆうなの会」があり、一九七五年から「エイサーの夕べ」を主催している。これに関しては、以下を参照。小林香代「首都圏におけるエイサーの創成――「ゆうなの会」を軸に」『アジア遊学』第五三号、二〇〇三年、五二―六〇頁。岡本純也「シマの身体から沖縄の身体へⅢ――都市の中の民俗舞踊」『一橋大学スポーツ研究』第二六巻、二〇〇七年、一九―二四頁。

〈31〉沖縄市企画部平和文化振興課編『エイサー三六〇度――歴史と現在』前掲、二五一―二五三頁。

〈32〉前掲書、一八六頁。

〈33〉前掲書、二五九頁。

〈34〉前掲書、二二七頁。

〈35〉前掲書、二六七頁。

〈36〉前掲書、二五七頁。

〈37〉前掲書、二二五頁。

第二章　エイサー研究を振り返る

〈1〉伊波普猷「エイサーといふ語について」服部四郎他編『伊波普猷全集　第八巻』、平凡社、一九七五年、五五一―五五四頁（初出、『沖縄朝日新聞』一九三四年九月）。なお、ほぼ同じ内容の論考は、伊波普猷『南島方言史攷』（初出、楽浪書院、一九三四年）所収の「琉球語彙」のなかの「Yeyisâ〈エイサ〉」の項にも見出される（服部四郎他編『伊波普猷全集　第四巻』平凡社、一九七四年、一四〇―一四三頁）。

〈2〉たとえば、一九七六年の「第二一回沖縄全島エイサーコンクール開催要綱」参照。

〈3〉外間守善『沖縄の歴史と文化』中央公論新社、一九八六年、一七五頁。

〈4〉池宮正治「エイサー芸能と念仏歌」『沖縄の遊行芸――チョンダラーとニンブチャー』ひるぎ社、一九九〇年、三一三頁。池宮正治「エイサーの歴史」沖縄市企画部平和文化振興課編『エイサー三六〇度――歴史と現在』沖縄全島エイサーまつり実行委員会、一九九八年、二四頁。

〈5〉宜保榮治郎「沖縄の「盆踊り《エイサー》」」『まつり』第一六号、一九七〇年、九五頁、九八頁。宜保榮治郎『エイサー――沖縄の盆踊り』那覇出版社、一九九七年、四六―四七頁。なお、後述するように、宜保の念仏歌伝来の推定時期には誤りがある。

〈6〉たとえば、以下を参照。小林幸男「エイサー・七月舞」日本放送協会編『日本民謡大観（沖縄・奄美）――沖縄諸島篇』日本放送出版協会、一九九一年、三四三頁。小林公江・小林幸男「エイサー――沖縄の夏の風物詩」『アジア遊学』第六六号、二〇〇四年、五五頁。金城厚『沖縄音楽入門』音楽之友社、二〇〇六年、一六〇頁。

〈7〉山内盛彬「琉球の盆踊」『山内盛彬著作集　第三巻』沖縄タイムス社、一九九三年、四三九頁（初出、『民俗藝術』第一巻第八号、一九二八年、四九―五八頁）。

〈8〉前掲論文、四三八―四三九頁。なお、山内は、この楽人が希代の名人として知られる知念績高《ちねんせっこう》であったことを伝える説話に触れている。ただ彼は、これが知念の名声ゆえの説話であるとして、実際にはそれ以前の楽人の作である可能性を示唆している。また、この論文と同様の主張は、山内盛彬「琉球に於ける傀儡の末路と念仏及び万歳の劇化」（『山内盛彬著作集　第三巻』前掲、三四二―三七二頁。初出、『国語と国文学』第六巻第九号、第一一号、一九二九年）においても展開されている。ちなみに、ここで山内は、袋中上人を薩摩藩の琉球侵攻（一六〇九年）前に薩摩藩が琉球に送り込んだ間諜《かんちょう》（スパイ）だったとしている。ただ論述からは、その根拠は必ずしも定かではない。

〈9〉山内も「盆踊りはもともと念仏歌のみであって、ほかの民謡は後代余興的に添加されたものだと述べている（山内盛彬「琉球の盆踊」前掲、四三九頁）。

〈10〉宜保榮治郎『エイサー――沖縄の盆踊り』前掲、一一―四九頁、二七五―二七七頁。

〈11〉たとえば、嘉手川重喜「エイサー踊りの起こりと展開」宜保榮治郎・嘉手川重喜他『沖縄大衆芸能――エイサー入門』琉球新報社、一九八四年、三一―三二頁。小林公江・小林幸男「エイサー――沖縄の夏の風物詩」前掲、五五頁。

〈12〉外間守善・波照間永吉編著『定本琉球国由来記』角川書店、一九九七年、一三一頁。なお、袋中の渡琉

した年を一六〇三年（尚寧王一五年）とする情報は、王府の歴史書『球陽』に依っている。

〈13〉池宮正治「エイサーの歴史」前掲、二七—二九頁。池宮正治「沖縄の人形芝居——チョンダラー芸能と念仏歌」『沖縄文化研究』第二号、一九七五年、一四八頁。

〈14〉知名定寛「エイサー形成についての歴史学的考察」『神戸女子大学古典芸能研究センター紀要』第一号、二〇〇八年、一三—一四頁。

〈15〉池宮正治「エイサーの歴史」前掲、二四—三三頁。池宮正治「沖縄の人形芝居——チョンダラー芸能と念仏歌」前掲、一四八—一五六頁、一八一—一八八頁。池宮正治「概説」『沖縄の遊行芸——チョンダラーとニンブチャー』前掲、九—三四頁。

〈16〉「王府が念仏芸能を廃止した一八世紀前半」という記述は、前述の池宮の「一八世紀前半に王府が念仏を葬礼のなかで公式に位置づけた」とする記述と矛盾するような印象を与える。出典が異なり、さらに研究者によって史料の解釈が異なるゆえと言えようが、参考までに、この「一八世紀前半」をより厳密に規定すれば、池宮は一七三七年、知名は一七二九年の史料に依っている。

〈17〉知名定寛「念仏とエイサー」『沖縄宗教史の研究』榕樹社、一九九四年、二五三—二八四頁。知名定寛「エイサー形成についての歴史学的考察」前掲、三—一九頁。なお、知名は念仏とチョンダラーとの関係を認めながらも、念仏の琉球伝来については、一四〇〇年頃禅宗が伝来した時期に浄土教信仰も日本から伝播した可能性が大きいと見ている。

〈18〉なお、「エイサー」という語の初見史料は、一九二七年の伊波普猷論文「朝鮮人の漂流記に現れた尚真王即位当時の南島」（『史学雑誌』第三八巻第一二号）である（同論文は、伊波普猷「朝鮮人の漂流記に現れた十五世紀末の南島」と改題されて伊波普猷『をなり神の島　一』平凡社、一九七三年に再録）。ここで伊波は、朝鮮人漂流記に記された「大いなる雑戯」について「盂蘭盆会《うらぼんえ》の時にやる踊りで、似念仏《にせねんぶつ》またはエイサーといっていた」と述べている。しかしここでは、伊波はエイサーと念仏との関係については一切言及していない。

〈19〉小林幸男「エイサーの分類」沖縄市企画部平和文化振興課編『エイサー三六〇度――歴史と現在』前掲、三七―四〇頁。なお、小林はのちに、エイサーを大きく「太鼓エイサー」と「手踊りエイサー」に二分類できることを示唆している（小林公江・小林幸男「沖縄県本部町の手踊りエイサー――伝承の概要と音楽的特徴」『研究紀要』〔京都女子大学宗教・文化研究所〕第二六号、二〇一三年、四三頁）。この場合、本節で述べる「太鼓エイサー」と「パーランクーエイサー」は前者のカテゴリーに、また「男女の手踊りエイサー」と「女エイサー」は後者のカテゴリーに属することになる。

〈20〉久万田晋「民族芸能エイサーの変容と展開」『沖縄の民俗芸能論――神祭り、臼太鼓からエイサーまで』ボーダーインク、二〇一一年、一九七―二〇〇頁。なお、久万田はここで、「クラブチーム型エイサー」を加えて五分類としているが、この「クラブチーム型」は分類基準が異なるため、本書のエイサー分類には含めないこととする。

〈21〉これに関連して、小林幸男は「エイサーの分類」（前掲、四九頁）のなかで、「今日伝承されているエイサーの中で最も原初的な性格を持っているのは、本部町のエイサーである」と述べている。なお、このエイサーの四分類では、地理的分布として那覇や首里を含む本島南部地域が一切含まれていない。第一章第六節「由来伝承の特徴」のなかで触れたように、本島南部では戦前まで念仏エイサーが行われていたが、戦後途絶し、一九七〇年代以降、積極的に本島中部からエイサーを移入した。そのため、今日では多くの地域で太鼓エイサーかパーランクーエイサーが行われている。

〈22〉当初の文献一覧には、徳山実の論文「盆踊りエイサーの由来と其の形態及び歌詞」（一九五九年）が含まれていたが、詳細が不明なため、最終的な段階で一覧から削除した。なお、今日の若者の間でのエイサーの関心の高まりを示す資料として、リストの末尾に（ネット情報で得られた限りの）エイサーに関する卒業論文の一覧も加えた。

〈23〉これに関連して、エイサー愛好家らによる私家版小冊子『エイサーアンケート集約』（ぐしけん編著1990）は、沖縄本島七三村落から得られたエイサー・アンケートの結果をまとめたもので、一九八九年当時のエイサーの実施状況を大まかに知ることはできる。ただ、アンケート結果の記述も分析も、非専門家の手によるものだけに、学術的には問題が多い。

〈24〉宜保榮治郎『エイサー――沖縄の盆踊り』前掲、一二五頁。

〈25〉小林公江「沖縄県名護市名護地区のエイサーと本部町瀬底エイサーとの関係」『関西楽理研究』第二七号、二〇一〇年、一一一六頁。小林公江・小林幸男「名護市の手踊りエイサー――本部町・今帰仁村との比較を通して」『関西楽理研究』第一九号、二〇〇二年、一一一三二頁。酒井正子「瀬底エイサーの伝承と歌詞」『奄美沖縄民間文芸学』第九号、二〇〇九年、一一一八頁。酒井正子「瀬底エイサーの伝承と歌詞（その二）」『奄美沖縄民間文芸学』第一〇号、二〇一〇年、一一九頁。

〈26〉瀬底誌編集委員会編『瀬底誌』本部町字瀬底、一九九五年、三三五頁、五七三―五七四頁。

〈27〉酒井正子「瀬底エイサーの伝承と歌詞（その二）」前掲、一―二頁。

〈28〉大中と宮里の字誌の記述は、小林公江（「沖縄県名護市名護地区のエイサーと本部町瀬底エイサーとの関係」前掲、二頁）に依っている。

〈29〉小林公江・小林幸男「名護市の手踊りエイサー――本部町・今帰仁村との比較を通して」前掲、一三頁。

〈30〉小林公江「沖縄県名護市名護地区のエイサーと本部町瀬底エイサーとの関係」前掲、四頁。

〈31〉この点に関しては、小林公江・小林幸男「名護市の手踊りエイサー――本部町・今帰仁村との比較を通して」（前掲、二〇頁）においても、同様の議論がなされている。

〈32〉小林公江「沖縄県名護市名護地区のエイサーと本部町瀬底エイサーとの関係」前掲、四頁。

〈33〉前掲論文、八頁。

〈34〉前掲論文、四頁。

〈35〉ここでいう「歌劇」とは沖縄独自の歌舞劇で、琉球王国が沖縄県になって以降、沖縄演劇の大衆化を目的として成立した演劇ジャンル。組踊の影響を受けつつ、琉歌や各地の伝承歌などの旋律に詞をのせて物語が進行する。

〈36〉前掲論文、六頁、一四頁。

第三章　エイサーを分析する

〈1〉沖縄市企画部平和文化振興課編『エイサー三六〇度――歴史と現在』沖縄全島エイサーまつり実行委員会、一九九八年、三三四―三三五頁。なお、参考にした「沖縄市域のエイサー曲目一覧表」の資料に関しては、現在のレパートリーを重視したため、「戦前にのみ演奏されていた曲」は計算に含めていない。

〈2〉久部良エイサーのメンバーは、双葉エイサーと同様に、一〇名の地元（与那国島）出身者のほかは、ほとんどが日本本土出身者である。とくに手踊り衆の女性は全員が本土出身で、双葉の場合と同様に、多くが与那国島で数年のフリーター生活をしている若者たちである。

〈3〉エイサーの手踊りの際に用いられる小道具（扇、四ツ竹、ぜい、など）に対しては、これまで適切な総称が考え出されていない。先行研究では、「小道具」「持ち物」などさまざまな用語があてられている。本書（とくに第七章）ではこの小道具に関する議論は重要な位置を占めるため、より特化した表現が適切だと判断し、一貫して「採り物」という語を採用している（小林幸男「エイサーの分類」『エイサー三六〇度――歴史と現在』前掲、三七頁参照)。「採り物」という言葉は、通常、榊や杖など祭祀で神職が手にもつ道具を指すが、念仏踊りに端を発するエイサーの踊りにこの語を転用することは用語法として許容範囲内であると考える。

〈4〉 採譜資料に関して、数点付記しておく。これらの楽譜は、比較資料として作成されたもので、厳密な音楽ドキュメントとしての資料ではないので、一回目の演奏に基づいて採譜し、二回目、三回目の歌詞は記載するものの、反復の際の音楽上のヴァリエーション(微妙な旋律の変化など)はすべて無視している。すべての掲載楽譜の実音は、記載している音よりほぼ半音高い。また、囃子の一部に見られる音高不確定な音は、×印で示した。
なお、《唐船どーい》は久部良エイサーでは収集していないため比較の対象から外し、楽譜は掲載していない。

〈5〉 本章における歌詞の比較検討には、宜保榮治郎『エイサー――沖縄の盆踊り』(那覇出版社、一九九七年)を参考にした。

〈6〉 これに関連して、小林公江と小林幸男は、名護市の手踊りエイサーでは、《念仏》が地域によって、「上句下句型」(上句+下句の旋律)、上句型(上句の旋律のみ)、下句型(下句の旋律のみ)と三種の形式で歌われていることを明らかにしている(小林公江・小林幸男「名護市の手踊りエイサー――本部町・今帰仁村との比較を通して」『関西楽理研究』第一九号、二〇〇二年、二一―二二頁)。

〈7〉 久万田晋への個人的聴取(二〇〇五年三月)。また、久万田晋「民族芸能エイサーの変容と展開」『沖縄の民俗芸能論――神祭り、臼太鼓からエイサーまで』ボーダーインク、二〇一一年、二一〇―二一三頁も参照。

〈8〉 久保田エイサー(https://www.youtube.com/watch?v=-viRcYTN5e8 アクセス:二〇一八・九・一五)。園田

エイサー（https://www.youtube.com/watch?v=YNsk5FRWDPc&t=143s アクセス：二〇一八・九・一五）。登川エイサー（https://www.youtube.com/watch?v=yg6E3cya44E アクセス：二〇一八・九・一五）。

〈9〉小林幸男「沖縄本島北部の七月舞(2)——国頭村与那の七月舞」『鹿児島短期大学研究紀要』第二六号、一九八〇年、九九頁。小林幸男「沖縄県国頭村宇嘉の七月舞——女エイサーの音楽の基本的性格について」『京都教育大学紀要』A―七八号、一九九一年、一四〇頁。小林幸男「沖縄本島北部の女エイサー」『民俗音楽』第一〇号、一九九一年、九頁。

〈10〉平敷屋東エイサー（https://www.youtube.com/watch?v=fbgp2f-jxkA&t=775s アクセス：二〇一八・九・一五）。屋慶名エイサー（https://www.youtube.com/watch?v=wee7ZcsINDk&t=220s アクセス：二〇一八・九・一五）。平安名エイサー（https://www.youtube.com/watch?v=_kGBwlkcjIk&t=1192s アクセス：二〇一八・九・一五）。

〈11〉小林公江・小林幸男「名護市の手踊りエイサー——本部町・今帰仁村との比較を通して」前掲、二二頁。

〈12〉久保田エイサー（https://www.youtube.com/watch?v=viRcYTN5e8 アクセス：二〇一八・九・一五）。登川エイサー（https://www.youtube.com/watch?v=yg6E3cya44E アクセス：二〇一八・九・一五）。諸見里エイサー（https://www.youtube.com/watch?v=kYlmZ-6uPJs&t=351s アクセス：二〇一八・九・一五）。

〈13〉小林幸男「沖縄本島北部の女エイサー」前掲、九―一〇頁。

〈14〉久保田エイサー（https://www.youtube.com/watch?v=e_KLvS4RXCQ アクセス：二〇一八・九・一五）。諸見里エイサー（https://www.youtube.com/watch?v=6fRROa7F1B8 アクセス：二〇一八・九・一五）。

〈15〉沖縄市企画部平和文化振興課編『エイサー三六〇度——歴史と現在』前掲、九二頁、九七頁、一〇五頁、一二九頁、二四八頁。

〈16〉岡本純也「民俗舞踊の伝承の場における創作について――沖縄県勝連町平敷屋のエイサーを事例として」『民俗芸能研究』第二〇号、一九九四年、四一―六四頁。

〈17〉板谷徹「民俗舞踊における〈動き〉の分節と舞踊譜」JADE '93 実行委員会編『アジア国際舞踊会議発表論文集』一九九三年、三七六―三八三頁。

〈18〉小林幸男「沖縄本島北部の七月舞(1)――大宜味村饒波の七月イェンサー」『鹿児島短期大学研究紀要』第二五号、一九八〇年、四一―七五頁。小林幸男「沖縄本島北部の七月舞(2)――国頭村与那の七月舞」『鹿児島短期大学研究紀要』第二六号、一九八〇年、八九―一〇九頁。小林幸男「沖縄本島北部の七月舞(3)――国頭村奥間の七月舞」『鹿児島短期大学研究紀要』第二七号、一九八一年、八七―九九頁。

〈19〉もっとも、囃子が多く挿入される久部良エイサーに関しては、分析してみると、動きのパターンが囃子と対応していると思われる個所もいくつかあった。しかしその一方で、重要な動きのまとまりに一切囃子が入らない例も見られたため、久部良エイサーの場合でも、囃子に基づいて一貫した「動きのパターン」の分類を試みることは不可能であると判断した。

第四章　久部良からのエイサー伝播

〈1〉この運動会は、『八重山毎日新聞』によると、一九七〇年一〇月八日に行われた。一九七〇年一〇月九日付け『八重山毎日新聞』には「大中が新しい試みで――新川小の第一回運動会盛況」との見出しで記事が掲載されている。そこには双葉エイサーへの言及はないものの、「一般青年の協力もあって学校側を感激させ、第一回にふさわしい運動会（後略）」と双葉青年会の参加を示唆していると思われる文言が見出される。

〈2〉エイサーにおける締め太鼓の代替品としてのパーランクーの使用の例は、いくつか見出すことができる。

たとえば、沖縄本島宜野湾市宜野湾区のエイサーはもともと大太鼓と締め太鼓のエイサーであったが、赤野エイサーの影響のもと、締め太鼓をパーランクーに持ち替えて以前と同じ振り付けで太鼓踊りをしているという(宜野湾市青年エイサー歴史調査会編『増訂 宜野湾市のエイサー――継承の歴史』榕樹書林、二〇一五年、一一七頁)。

〈3〉 小林幸男は、今日のエイサーの先行芸能として、かつて「念仏《にんぶち》ゃー」などと呼ばれる素朴な三線エイサーがあったことを指摘している(小林幸男「エイサーの分類」『エイサー三六〇度――歴史と現在』前掲、三八頁)。双葉の「ニンブチャー」の名称もここから来ているものと思われる。

〈4〉 小林幸男「沖縄本島北部の女エイサー」『民俗音楽』第一〇号、一九九一年、三頁。

〈5〉 小林幸男「エイサー・七月舞」日本放送協会編『日本民謡大観(沖縄・奄美)――沖縄諸島篇』日本放送出版協会、一九九一年、三四四頁。

第五章 双葉エイサーの復活とその背景

〈1〉 岡崎女子短期大学のホームページによると、幼児教育学科は第一部と第三部に分かれており、第一部は通常の二年制短期大学のカリキュラムを実施しているが、第三部は午前中のみのカリキュラムで、その代わり三年間かけて学ぶ、とある(http://www.okazaki-c.ac.jp/department/youkyou/index03.htm アクセス:二〇一八・九・一五)。したがって、授業のない午後の時間帯に企業で働くことのできるシステムになっており、いわゆる「夜学」とは異なる。赤山氏が所属していたのは、この幼児教育学科第三部である。

〈2〉 沖縄市企画部平和文化振興課編『エイサー三六〇度――歴史と現在』沖縄全島エイサーまつり実行委員会、一九九八年、二四一頁。なお、この事例は、後述する仲宗根昇氏への聞き取りでも確認された。それによると、一九八〇年代前半、北中城村仲順出身のトヨタ自動車の社員が退職後帰郷して、豊田沖縄民踊同好会で学んだ豊田エイサーを仲順青年会に伝えたとのことである。

〈3〉前掲書、一八〇頁。

〈4〉You Tube「沖縄全島エイサーまつり　中日　登川青年会　２０１２」(https://www.youtube.com/watch?v=yg6E3cya44E&t=45s　アクセス：二〇一八・九・一五)。

〈5〉なお、「太鼓大回転」はたしかに登川エイサーの《仲順流り》には現れないが、《久高万寿主》の演舞には見られることを付記しておく。

第六章　「密貿易」とエイサー

〈1〉牧野清『新八重山歴史』牧野清、一九七二年、一六七—一六八頁。植野弘子「与那国のマチリと神器祭祀」与那国町史編纂委員会事務局編『黒潮源流が刻んだ島・どぅなん——国境の西を限る世界の、死と生の位相』与那国町役場、二〇一〇年、一八六—一八七頁。

〈2〉牧野清『新八重山歴史』前掲、一六八頁。佐藤康行「沖縄・与那国島の村落構造に関する一考察——「よそ者」受容に見るシマの構造の理解を通して」『村落社会研究』第一〇号、一九九九年、一五頁。植野弘子「与那国のマチリと神器祭祀」前掲、一八七頁。

〈3〉蔵元實「久部良」与那国町史編纂委員会事務局編『交響する島宇宙——日本最西端　与那国島の地名と風土』与那国町役場、二〇〇二年、三七四頁。大浦太郎『密貿易島——わが再生の回想』沖縄タイムス社、二〇〇二年、六六—六八頁。ちなみに、大浦太郎は、自分の父親「西銘盛吉」が寺前のカツオ船の漁労長をしており、久部良のアダン（熱帯地方に群生する常緑樹）群を切り拓いてかやぶき小屋を建てたのが久部良集落の始まりだと記している（同書、六七—六八頁）。

〈4〉池間栄三『与那国の歴史』琉球新報社、一九七二年、六頁。

〈5〉蔵元實「久部良」前掲、三七四頁。

〈6〉石原昌家『空白の沖縄社会史――戦果と密貿易の時代』晩聲社、二〇〇〇年、二四―二五頁。

〈7〉沖縄市企画部平和文化振興課編『エイサー三六〇度――歴史と現在』沖縄全島エイサーまつり実行委員会、一九九八年、二六三頁。

〈8〉与那国町史編纂委員会事務局編『与那国　沈黙の怒濤　どぅなんの一〇〇年』与那国町役場、一九九七年、一四二頁。

〈9〉米城恵「むかし八重山　第二二一回　嘉手納生まれ桃原育ちのエイサーが与那国のお盆を盛り上げている」『月刊やいま』第二八一号、二〇一七年八月、四〇頁。

〈10〉前掲論文、四〇頁。および、米城恵氏への個人的な聴取による。

〈11〉前掲論文、四〇頁。

〈12〉これは、もちろん明治時代の話であり、戦後アメリカ軍によって本島中部の広大な土地が軍用地として接収されたことによって、今日の嘉手納町には千原集落も「野国の後」集落も存在しない。なお、千原エイサーは、その後千原エイサー保存会によって復活・継承されている。千原エイサー保存会に関しては、井口淳子の論文を参照（井口淳子「生き延びた民俗芸能――沖縄・千原エイサー」『阪大音楽学報』第一号、二〇〇三年、二一一―二三一頁）。

〈13〉嘉手納町史編纂委員会編『嘉手納町史　資料編二　民俗資料』嘉手納町役場、一九九〇年、五六六頁。

〈14〉宜保榮治郎『エイサー――沖縄の盆踊り』那覇出版社、一九九七年、二〇七頁。

〈15〉なお、久部良エイサーの「アルカイック性」は、伝承曲に関しても指摘することができる。宜野湾市宜野湾区のエイサーは、明治の頃は《仲順流り》《久高》《スーリ東》の三曲のみで踊られていたと言われる（宜野湾市青年エイサー歴史調査会編『増訂　宜野湾市のエイサー――継承の歴史』榕樹書林、二〇一五年、一一四頁)。この三曲は、現在の久部良エイサーの伝承曲と同一である。

〈16〉千原エイサー保存会(https://www.youtube.com/watch?v=xDSUOXiEspY&t=715s アクセス:二〇一八・九・一五)。

〈17〉井口淳子「生き延びた民俗芸能――沖縄・千原エイサー」前掲、二六頁。なお、井口はこれに関して、「千原が遅いというより、他村が年々速くなってきているのではないか」と付記している。

〈18〉石原昌家「戦後与那国島の社会を築いた密貿易」与那国町史編纂委員会事務局編『黒潮の衝撃波――西の国境・どぅなんの足跡』与那国役場、二〇一三年、四〇六頁。

〈19〉石原昌家『大密貿易の時代――占領初期沖縄の民衆生活』晩聲社、一九八二年。なお、本書は、その後、『空白の沖縄社会史――戦果と密貿易の時代』(晩聲社、二〇〇〇年)として改題・再版された。

〈20〉大浦太郎『密貿易島――わが再生の回想』沖縄タイムス社、二〇〇二年、一八頁。

〈21〉石原昌家『戦後沖縄の社会史――軍作業・戦果・大密貿易の時代』ひるぎ社、一九九五年、一二八―一二九頁。

〈22〉大浦太郎『密貿易島――わが再生の回想』前掲、八三頁。

〈23〉石原昌家『戦後沖縄の社会史――軍作業・戦果・大密貿易の時代』前掲、一二〇―一二一頁。

〈24〉石原昌家「戦後与那国島の社会を築いた密貿易」前掲、四〇六頁。

〈25〉石原昌家『空白の沖縄社会史――戦果と密貿易の時代』前掲、三六―三七頁。

〈26〉米城恵(インタビュー)「密貿易時代・大浦太郎証言」与那国町史編纂委員会事務局編『黒潮の衝撃波――西の国境・どぅなんの足跡』前掲、四八九頁。なお、終戦直後の一九四七年、与那国島の人口は五七一九人であったが、その後「密貿易」の隆盛によって人口は一時一万二千人を超えたと推定されている(米城恵『よみがえるドゥナン――写真が語る与那国の歴史』南山舍、二〇一五年、一六七頁)。ちなみに、一九六〇年代以降島からの人口流出が著しく、二〇一七年一二月現在の与那国島の総人口は一七〇六人である。

〈27〉石原昌家『戦後沖縄の社会史——軍作業・戦果・大密貿易の時代』前掲、一四八—一五〇頁。石原昌家『空白の沖縄社会史——戦果と密貿易の時代』前掲、一七八—一七九頁。

〈28〉小池康仁『琉球列島の「密貿易」と境界線 一九四九—五一』森話社、二〇一五年。

〈29〉前掲書、五三—五四頁。

〈30〉石原昌家『空白の沖縄社会史——戦果と密貿易の時代』前掲、三〇二—三〇三頁。

〈31〉石原昌家『戦後沖縄の社会史——軍作業・戦果・大密貿易の時代』前掲、一五一頁。

〈32〉大浦太郎『密貿易島——わが再生の回想』前掲、二〇—二三頁。米城恵『よみがえるドゥナン——写真が語る与那国の歴史』前掲、一六八頁。

〈33〉石原昌家『空白の沖縄社会史——戦果と密貿易の時代』前掲、三〇三頁。小池康仁『琉球列島の「密貿易」と境界線 一九四九—五一』前掲、五〇—五一頁。

〈34〉「華やかな灯消え——〝密輸の十字路〟与那国の夢の跡」『沖縄タイムス』(一九五三年五月二九日朝刊三面)。

〈35〉石原昌家(インタビュー)「密貿易時代・浦崎栄昇証言」与那国町史編纂委員会事務局編『黒潮の衝撃波——西の国境・どぅなんの足跡』前掲、四六三頁。ちなみに、これまでのぼくの聞き取りでは、桃原集落の住民で「密貿易」そのものに関わっていた人物はいないようである。

第七章 久部良エイサーの「はたき」をめぐって

〈1〉与那国町史編纂委員会事務局編『与那国 沈黙の怒濤 どぅなんの一〇〇年』与那国町役場、一九九七年、一四二頁。

〈2〉沖縄市企画部平和文化振興課編『エイサー三六〇度――歴史と現在』沖縄全島エイサーまつり実行委員会、一九九八年、二六三頁。

〈3〉原知章『民俗文化の現在――沖縄・与那国島の「民俗」へのまなざし』同成社、二〇〇〇年。

〈4〉ちなみに、与那国の伝統芸能に「うんきゃり」（御木遣り）の儀式があり、そこで長老の「ぶらてぃとう」（祭事の指導者）が左手に杖を、右手には先に白い房（紙製）のついた短い棒をもつ（与那国町史編纂委員会事務局編『与那国　沈黙の怒濤　どぅなんの一〇〇年』前掲、一三七頁参照）。この房付きの棒とエイサーの「はたき」との関連については、伝統芸能に詳しい与那国町教育委員会教育長の玉城精記《たましろせいき》氏が聞き取りの際にその可能性を強く否定したため、それについてはここでは詳しく扱わない。

〈5〉小林幸男「エイサーの分類」沖縄市企画部平和文化振興課編『エイサー三六〇度――歴史と現在』前掲、四七頁。

〈6〉若衆踊りとは、元服前の少年（若衆）、あるいはそれに扮した踊り手が笛と太鼓、三線の伴奏で踊る予祝的舞踊。

〈7〉二歳《にーせー》踊りとは、二歳（元服した青年）に扮した踊り手が二人立ちで踊るもので、勇壮闊達できびきびとした所作が特徴とされる。かつては、薩摩の在藩奉行を歓迎するための舞踊であった。

〈8〉四ツ竹とは、竹片を両手に二枚ずつ握り、手のひらを開閉してカスタネットのように打ち鳴らす音具。また、四ツ竹を使って拍子をとりながら踊る女性の古典舞踊も四ツ竹と呼ばれる。

〈9〉なお、採り物として「手巾《しゅきん》（手拭い）」を使用する団体もあるが、事例はそれほど多くないため、ここでは考察の対象から外す。また、男踊りに関しては、採り物を使用しない事例が多く見られるため、ここでは考察の対象とはしない。

〈10〉なお、エイサーの女踊りの映像には、「素手の」（採り物を使用しない）手踊りの映像が圧倒的に多い。そのため、採り物の有無や採り物の種類を確認するためには、踊りそのものよりも、女踊り衆が帯回りに何を携帯しているかに細心の注意を払う必要があった。

〈11〉沖縄市企画部平和文化振興課編『エイサー三六〇度――歴史と現在』前掲、二〇八―二〇九頁。宜野湾市青年エイサー歴史調査会編『増訂　宜野湾市のエイサー――継承の歴史』榕樹書林、二〇一五年、四五頁、五二―五三頁。

〈12〉山内盛彬「琉球の盆踊」『山内盛彬著作集　第三巻』沖縄タイムス社、一九九三年、四四〇頁。

〈13〉前掲論文、四四六―四四七頁。なお、《蝶小節》は、《蝶の舞》《スーリ東》の別名である。

〈14〉ちなみに、久万田晋によると、明治四〇年代にはすでに越来でエイサーが踊られていたことが当時の新聞記事から確認できるという（久万田晋『沖縄の民俗芸能論――神祭り、臼太鼓からエイサーまで』ボーダーインク、二〇一一年、二〇四頁）。

〈15〉ちなみに、小林幸男は、手踊りエイサーに採り物が導入されたのは「芸能化を強めた興行的なエイサー活動」などが一般化した昭和初期であると推定しているが（小林幸男「エイサーの分類」前掲、四九頁）、以上のことを考えると、その推定は疑わしい。

〈16〉小林公江・小林幸男「名護市の手踊りエイサー――本部町・今帰仁村との比較を通して」『関西楽理研究』第一九号、二〇〇二年、二七頁。

〈17〉知名定寛「エイサー形成についての歴史学的考察」『神戸女子大学古典芸能研究センター紀要』第一号、二〇〇八年、一八頁。

〈18〉明治時代（とくに明治二〇年代）に、失職した琉球王国の歌舞にすぐれた下級士族たちが当時のはやり歌や民謡にのせて庶民を題材にした舞踊を創作した。こうした舞踊は、王府時代の宮廷舞踊（琉球古典舞踊）と区別して「雑踊り」と呼ばれる。

〈19〉紙面の都合で、このフィールド調査の詳細は割愛するが、東村川田では東村教育委員会の吉本健夫《たてお》氏に、また金武町中川区では中川地区公民館長の仲間勉《つとむ》氏にそれぞれ話を伺った。川田で現在使用されているぜいは、ナイロンの紐をほどいて房にしたものを竹棒の先にとり付けたものだが、昔のぜいは一枚の白い短冊状の布切れを竹棒の先にはさんだもので、当時は、ぜいとは呼んでいなかったという。中川ではぜいをぜいとは呼ばず、久部良と同様に「はたき」と呼んでいる。中川のエイサーでは、現在粗雑な手作りの「はたき」と市販のプラスチック製の「はたき」の両方を使用しているという。

〈20〉沖縄市企画部平和文化振興課編『エイサー三六〇度――歴史と現在』前掲、七九頁、八六頁、九六頁、一〇〇頁、など。

〈21〉宜野湾市青年エイサー歴史調査会編『増訂 宜野湾市のエイサー――継承の歴史』前掲、四三頁、五五頁、六五頁、七六頁、など。

〈22〉宜野湾市史編集委員会『宜野湾市史 第五巻資料編四 民俗』宜野湾市、一九八五年、五二二－五二四頁。

〈23〉宜野湾市青年エイサー歴史調査会編『増訂 宜野湾市のエイサー――継承の歴史』前掲、六二－六三頁。

〈24〉前掲書、一二六頁。

〈25〉前掲書、六九頁。なお、『伊佐誌』には、宜野湾市では伊佐のエイサーがもっとも古いと言われていること、また戦後エイサーを復活させたのは一九五七年のブラジル移民壮行会でのエイサー演舞がきっかけであったことが記されていて（宜野湾市伊佐誌編集委員会編『伊佐誌』伊佐区自治会、二〇一一年、一〇六頁、一一二頁、一一四頁）、『宜野湾市のエイサー』の情報とは若干の齟齬が見られる。しかしながら、『宜野湾市のエイサー』が『伊佐誌』の四年後に出版され、しかも新たに聞き取り調査も実施していることから、本書では後者の情報を採用している。

〈26〉なお、現在行われている伊佐エイサーは円陣手踊りエイサーではなく、本島中部型の太鼓エイサーである。そこでは、女踊りに扇と四ツ竹は使われているが、ぜいは使用されていない。

〈27〉なお、この「青年の事故死」の詳細は、塚田健一『文化人類学の冒険――人間・社会・音楽』のなかで「与那国哀歌」として小説風にまとめられている（春秋社、二〇一四年、一七五―一八四頁）。

第八章　エイサー伝播の社会的背景――人の移動と社会変動

〈1〉なお、「芸のキャリア」としての古堅宗近氏と津波実保氏に関しては、沖縄本島の嘉手納から与那国島の桃原集落への移動の理由や背景が不明なため、本章の考察には含めないこととする。

〈2〉蘭信三「戦後日本をめぐる人の移動の特質――沖縄と本土の比較から」安田常雄編『社会の境界を生きる人びと――戦後日本の縁』岩波書店、二〇一三年、五三頁。

〈3〉吉原和男他編『人の移動事典――日本からアジアへ・アジアから日本へ』丸善出版、二〇一三年、二六頁。

〈4〉栗山新也「昭和初期における在阪沖縄出身者の芸能活動」『ムーサ』第八号、二〇〇七年、二九―四〇頁。

〈5〉蘭信三「戦後日本をめぐる人の移動の特質――沖縄と本土の比較から」前掲、六三頁。

〈6〉依光正哲「日本における外国人労働者問題の歴史的推移と今後の課題」一橋大学経済研究所ディスカッションペーパー第五二号、二〇〇二年、二頁（http://hermes-ir.lib.hit-u.ac.jp/rs/bitstream/10086/14411/1/pie_dp52.pdf アクセス：二〇一八・九・一五）。

〈7〉山口覚『集団就職とは何であったか――〈金の卵〉の時空間』ミネルヴァ書房、二〇一六年、一頁。

〈8〉前掲書、二七頁。なお、「集団求人制度」とは、複数の中小企業が地域別ないし業種別に集団求人団体を組織し、労働力供給地域において集合的に求人を行う制度、また「広域職業紹介制度」とは、より効率的な需給調整をはかるため、すべての求人情報を職業安定所で集約・管理し、広域的な職業紹介を職業安定所が行う制度、さらに「集団赴任制度」とは、就職先に向かう新規学卒者に対して、職安職員や教師がその責任において集団で移動する措置を講ずる制度、である。

〈9〉 加瀬和俊『集団就職の時代――高度成長のにない手たち』青木書店、一九九七年、一四八頁。

〈10〉 山口覚『集団就職とは何であったか――〈金の卵〉の時空間』前掲、六一頁。

〈11〉 岸政彦『同化と他者化――戦後沖縄の本土就職者たち』ナカニシヤ出版、二〇一三年、三五頁。

〈12〉 山口覚『集団就職とは何であったか――〈金の卵〉の時空間』前掲、二七八頁。

〈13〉 前掲書、二七八―二七九頁。岸政彦「戦後沖縄の労働力流出と経済的要因――「過剰移動」論へのアプローチ」『都市文化研究』第三号、二〇〇四年、一二一―一二二頁。

〈14〉 このグラフは、岸政彦が『同化と他者化』(前掲、七二―七三頁) に掲載している数値表に基づいて、こちらで独自に作成した。なお、岸の数値表は、『琉球統計年鑑』『職業安定行政年報』のデータに依っている。

〈15〉 なお、ここに示されている本土就職者数は、職安が公的に把握しているデータにすぎず、職安を通さずに本土の友人のツテを頼って就職するなど、インフォーマルネットワークを通じた本土就職の事例も数多くあると考えられる。したがって、実際の本土就職者数は職安のデータよりはるかに多いと想定しなければならない。ちなみに、岸政彦は一九六〇年代後半の本土就職者数をさまざまなデータを照らし合わせて年間数万人と推定している (岸、前掲書、七一頁)。

〈16〉 山口覚『集団就職とは何であったか――〈金の卵〉の時空間』前掲、二八一頁。山口によると、一九七〇年代の沖縄では毎年一万六〇〇〇人程度が高校を卒業し、そのうちの三~四〇〇〇人が本土就職している。

〈17〉 前掲書、二八〇頁。

〈18〉 前掲書、二八三頁。

〈19〉 岸政彦『同化と他者化――戦後沖縄の本土就職者たち』前掲、八五頁。岸政彦「戦後沖縄の労働力流出と経済的要因――「過剰移動」論へのアプローチ」前掲、一二九頁。

〈20〉 岸政彦『同化と他者化――戦後沖縄の本土就職者たち』前掲、七三頁。

〈21〉 ここでアメリカ政府による沖縄統治に関して若干の説明を付記しておく。アメリカによる沖縄統治は軍政の時代と民政の時代に分けられるとされる。一九四五年の沖縄本島上陸の日以降、(ニミッツ布告により)「琉球列島米軍政府」が設立された。しかし、一九五〇年、アメリカ政府は沖縄の恒久的統治のための基盤づくりとして米軍政府を改組し、「琉球列島米国民政府」(単に「米民政府」とも称される)を設立する。この民政の時代、とくに一九五七年以降は高等弁務官がアメリカ施政権下における沖縄の実質的な最高権力者であった。一方、米民政府は一九五二年に沖縄住民の中央政府として「琉球政府」を設立し沖縄側の統治を担当させるが、そこに主体的な権限はほとんどなく、琉球政府は米民政府の代行機関的な性格を強くもった組織であったと言われる。

〈22〉 山口覚「沖縄から「本土」への集団就職――米軍支配下での労働市場統合と移動をめぐる諸実践」『統計』第三号、二〇〇五年、二九頁。

〈23〉 岸政彦「過剰移動――戦後沖縄の労働力移動における政治的要因」『龍谷大学社会学部紀要』第三六号、二〇一〇年、七四頁、八一頁。

〈24〉 山口覚『集団就職とは何であったか――〈金の卵〉の時空間』前掲、二八六―二八九頁。山口覚「沖縄から「本土」への集団就職――米軍支配下での労働市場統合と移動をめぐる諸実践」前掲、三〇頁。

〈25〉加瀬和俊『集団就職の時代――高度成長のにない手たち』前掲、一六四頁。

〈26〉前掲書、一六六頁。

〈27〉山口覚『集団就職とは何であったか――〈金の卵〉の時空間』前掲、二九一頁。

〈28〉岸政彦『同化と他者化――戦後沖縄の本土就職者たち』前掲、七〇頁。なお、岸の数値表では、渡航者総数が「私的用務」「留学」「就職」それぞれのカテゴリーの渡航者数の合計と一致しない。この渡航者総数には岸が明記していない「その他」などのほかの目的の渡航者数も含まれているものと思われる。

〈29〉前掲書、七一頁。

〈30〉山口覚『集団就職とは何であったか――〈金の卵〉の時空間』前掲、二九四―二九五頁。

〈31〉加瀬和俊『集団就職の時代――高度成長のにない手たち』前掲、一三三頁。

〈32〉岸政彦『同化と他者化――戦後沖縄の本土就職者たち』前掲、六八―七〇頁。なお、本土からのUターンの理由としては、単に本土への失望や落胆のみならず、本土や沖縄の経済的動向その他の複合的な要因を考慮しなければならない（谷富夫『過剰都市化社会の移動世代――沖縄生活史研究』（渓水社、一九八九年）参照）。

〈33〉山口覚『集団就職とは何であったか――〈金の卵〉の時空間』前掲、三〇五頁。山口覚「沖縄から「本土」への集団就職――米軍支配下での労働市場統合と移動をめぐる諸実践」前掲、三三頁。

〈34〉トヨタ自動車編『トヨタ自動車七五年史』トヨタ自動車株式会社、二〇一三年、二一六頁。

〈35〉前掲書、二一九頁。

〈36〉本グラフは、トヨタ自動車編『トヨタ自動車七五年史　資料編』（トヨタ自動車株式会社、二〇一三年、八四頁）の数値表をもとに作成した。

〈37〉トヨタ自動車編『トヨタ自動車七五年史』前掲、二八九―二九一頁

〈38〉本グラフは、トヨタ自動車編『トヨタ自動車七五年史　資料編』（前掲、六〇―六一頁）の数値表をもとに作成した。

〈39〉トヨタ自動車編『トヨタ自動車七五年史』前掲、三四三頁。

〈40〉この表は、『トヨタ自動車七五年史　資料編』（前掲、六〇―六一頁）の数値表から作成した。

〈41〉広島大学沖縄教育研究会編『沖縄の本土復帰と教育』葵書房、一九七一年。

〈42〉このグラフの元データは、『沖縄県統計年鑑』に依った。

〈43〉木村元・松田洋介「高度成長期の社会と教育」橋本紀子・木村元・小林千枝子・中野新之祐編『青年の社会的自立と教育――高度成長期日本における地域・学校・家族』大月書店、二〇一一年、二五―五二頁。

〈44〉小林千枝子「昼間二交代定時制課程を生きた少女たち――愛知県立起高等学校」橋本紀子・木村元・小林千枝子・中野新之祐編『青年の社会的自立と教育――高度成長期日本における地域・学校・家族』前掲、一二二―一四九頁。

〈45〉岡崎女子短期大学の詳細に関しては、第五章の注1を参照。

〈46〉財団法人沖縄協会『沖縄出身本土就職青少年に関する意識調査報告書』財団法人沖縄協会、一九七四年。

〈47〉岸政彦『同化と他者化――戦後沖縄の本土就職者たち』前掲、七一頁。

〈48〉本グラフは、『琉球統計年鑑』（一九五七―一九六六年報）、『沖縄統計年鑑』（一九六七―一九七〇年報）、『沖縄県統計年鑑』（昭和五一―五九年版、なお、本年鑑には、昭和四六年から五〇年までの統計資料も経年で掲載されている）に依った。

〈49〉伊豫谷登士翁「「移民研究」の課題とは何か」伊豫谷登士翁編『移動という経験――日本における「移民」研究の課題』有信堂、二〇一三年、三頁。

〈50〉 塚田健一『アフリカ音楽学の挑戦——伝統と変容の音楽民族誌』世界思想社、二〇一四年、三三六—三四四頁。

あとがき

本書を閉じるにあたって、おそらく一部の読者が抱いているであろうひとつの疑問に答えておかなければならないと思う。もともとぼくは、アフリカ音楽を専門とする民族音楽学者である。そのぼくが、どのような事情で沖縄のエイサーの研究に関わることになったのかを最後に説明しておく必要があろう。

一九九〇年代半ばに西アフリカ、ガーナのファンティ社会でフィールド調査を実施していた折、若者の間に新しい音楽活動が台頭している状況を目の当たりにした。それは、伝統的な様式に基づきながらも、そこに新しい音楽的要素を加え、しかも伝統的な音楽・舞踊の社会機能性を極力排して、色鮮やかなコスチュームと派手なパフォーマンスでひたすら観衆にアピールすることを目指した音楽活動であった（くわしくは、拙著『アフリカ音楽学の挑戦』第九章参照）。それは、ファンティの伝統文化の再編と呼んでよい活動であり、グローバル化が進展するにつれてますます若者が伝統文化から離反していく状況のなかで、若者と伝統を結びつける新しい音楽上の試みとしてぼくに強烈な印象を与えた。

さて、アフリカから帰国すると、自分の足元の日本文化にも似たような若者文化が台頭していることに気がついた。よさこい祭りとエイサーのブームである。ガーナの若者文化を調査するかたわら、並行してそうした日本の若者文化についても調査してみようと、当時の勤務校、広島市立大学の研究助成を受けて始めたのが、『日本における「伝統」再生の諸相――「よさこい」と「エイサー」の音楽人類学的研究』と題する研究プロジェクト（平成一五、一六年度）である。これが、ぼくの沖縄研究のそもそものきっかけであった。当初、よさこい祭りとエイサーの両方のフィールド調査を進めていたが、よさこい祭りに関しては研究の焦点がなかなか定まらず、研究を一定の方向に収束させることができなかった。ところがエイサーに関しては、当初から研究の方向性は明確に定まり、何者かにぐいぐいと引っ張られるように順調に研究は進展していった。しかしながら、その研究が最終的にこのような形に結実しようとは、当初まったく予想しないことであった。

それは、ひとえに沖縄のフィールドでの数えきれないほど多くの方々の協力の賜物というほかない。沖縄県立芸術大学の金城厚先生、久万田晋先生、梅田英春先生（当時）にはフィールドワークのたびに研究室に伺って、調査内容を報告するとともに適切なアドバイスをいただいた。石垣市立図書館郷土資料室の飯田泰彦氏には八重山の芸能や移民史に関していろいろとご教示いただき、また貴重な資料をご紹介いただいた。石垣市役所の市史編集課の黒島為一氏には石垣島や双葉地区の移民と芸能との関係について貴重なご意見を賜った。元双葉公民館長の新里實氏には双葉地区の戦前の歴史について、また明石公民館長の井上高盛氏には明石エイサーの歴史についてそれぞれご教示をいただいた。一方、与那国島の久部良エイサーの取材に関しては、久部良青年会副会長の村松稔氏にたいへんお世話になった。村松氏にはまた、久部良で聞き取りをすべきさまざまな人々を紹介していただいた。これらの方々に衷心よりお礼を申し上げたい。

また、本書で実際にお名前を挙げた次の方々には、本研究への多大な貢献を深謝したい。石垣市の（順不同）亀谷善一氏、故亀谷善哲氏、故栄野川盛宏氏、前原浩美氏、赤山（南風野）三枝子氏、宮城康吉氏、東浜妃敏氏、また与那国町の故糸数敏秀氏、川田一正氏、米城恵氏、前新城政信氏、田本秀章氏、小嶺シゲ氏、鹿川明氏、玉城精記氏、沖縄本島東村の吉本健夫氏、金武町中川区の仲間勉氏、愛知県豊田市の港川繁氏、仲宗根昇氏、の各氏である。

また、本研究の初期プロジェクト『日本における「伝統」再生の諸相』を助成してくださった広島市立大学に謝意を表したい。

さらに、学術的性格の強い拙稿の書籍化を「企画出版」という形で積極的に進めてくださった世界思想社と同社編集部の方々に衷心より深謝申し上げたい。

思えば、ぼくが沖縄研究に素人ながら最初に手をそめたのは、一九七三年、東京藝術大学音楽学部楽理科の学生のときであった。当時、故小泉文夫教授の主宰する「民俗音楽ゼミ」というのがあり、同年一二月ゼミに所属する学生三〇名あまりが沖縄・八重山の民謡採集のフィールドワークに出かけたのである。いくつものグループに分かれ、沖縄本島各地、そして宮古・八重山諸島各地にそれぞれ数週間住み込んで、その土地の民謡を録音・収集するのが目的であった。余談ながら、このフィールドワークには大先輩で日本民俗音楽研究の小島美子氏のほか、本書で何度も引用させていただいた小林幸男・小林（鳴坂）公江夫妻や金城厚氏も学生として加わっていた。当時まだ学部学生であったぼくは、ほかの三人とともに八重山の西表島に送られたのである。本書のエイサー研究でフィールドとして沖縄本島ではなく、八重山諸島の石垣島を選んだのには、そのような過去の体験もある程度影響している。

最後に、ふたたび故亀谷善哲氏に触れないわけにいかない。善哲氏との出会いなしには、本研究はあり得なかった。二〇〇三年三月一七日、石垣市三崎町の喫茶店で初めて双葉青年会長の亀谷善哲氏とお会いして、双葉エイサーに関する最初の聞き取りを行った。善哲氏は双葉地区と双葉エイサーの歴史にたいへん明るく、それらについて基本的な説明をした後、「双葉エイサーは与那国島から双葉に移住してきた青年によって伝えられた」と、きわめて重要な情報を与えてくれた。もしこれが「与那国島から」ではなく、「沖縄本島から」というようなことであれば、その後のぼくの伝播研究の展開もまったく異なったものとなったであろう。その意味で、善哲氏との出会いは、その後の研究の方向性を決定するものだったと言ってよい。しかし、本研究に対する善哲氏の貢献はそればかりではない。言わば「エイサー研究の導き手」として、善哲氏はその後も、研究者のぼくが何を欲しているのか、どのような情報を求めているのかを的確に理解し、それにもっともふさわしい人物をその都度紹介してくれた。その意味でも、善哲氏は本研究の最大の理解者であったと思っている。

横浜国立大学を卒業後、本土に就職することなく、あえて郷里の石垣市に戻って石垣市役所の職員となり、将来は父親の後を追って石垣市議会議員に立候補するのだと、三崎町の酒場で抱負を語っていた。そんな彼が、夢を果たすことなく三四歳の若さで急逝したことは、どう考えても「不条理」というほかなく、まさに痛恨の極みである。自分が蒔いた種がその後どのように芽を吹き、どのような果実を実らせたか、それをもはや善哲氏は永遠に知ることができない。その果実である本書『エイサー物語――移動する人、伝播する芸能』を、ぼくはもう善哲氏の前に差し出すことができない。その悔いを解く方法はもはやひとつしかない。

衷心より故人の冥福を祈りつつ、深甚の謝意をもって本書を故亀谷善哲氏に捧ぐ。

二〇一九年一月

著者

歌詞

(1)スーリ東(あがり)　打ち向(ん)かてぃ　飛ぶる綾蝶(あやはべる)
　スーリサーサー　スラアッサ　ハイヤ
(2)スーリ先(ま)じゅ　待てぃ蝶(はべる)　伝言(いやい)我(わ)ね頼ま
　スーリサーサー　スラアッサ　ハイヤ

イ ヤサ サ ハイサ サ
(2) スー リー まじ ゆ
ー まー ーてぃ は ー ー べー ー る ー
ハイサ サ ハイサ サ
ハイサ サ
い ーや ー ー い ー ー わー ね

サ サ サ サ
ー ちん ー ー あー ー ー かてぃ ー
サ サ
と ばー ー ー る ー あ ーー や ー はー べ
ス ー リサ サ ー ス ラアッ サ ハイ ヤ
ー る ス ー リサ サ ー ス ラアッ サ ハイ ヤ

楽譜3-4 《蝶の舞》

歌詞

⑴待ちかにてぃをたる　七月んけーなてぃ

⑵いちが八月(はちぐゎち)ぬ　十五夜遊(あし)びんなゆら

⑶テンヨーテンヨーシトゥリトゥテン　ハーリガヨーヌユーイヤナー

楽譜3-3 《とぅくい小》

歌詞

⑴久高万寿主や　清ら妾(ちゅらゆべ)探(とぅめ)てぃてんど
　ヨー玉黄金(たまくがに)　今宵(くゆい)ぬ話ぬ面白(うむっ)さ
⑵我(わっ)たが　若さいたねー　首里那覇ん　たっちきむっちき
　ヨー玉黄金(たまくがに)　今宵(くゆい)ぬ話ぬ面白(うむっ)さ
⑶首里ぬ　行き戻り　那覇ぬ　七(なな)戻り
　ヨー玉黄金(たまくがに)　今宵(くゆい)ぬ話ぬ面白(うむっ)さ

楽譜3-2B 《久高》

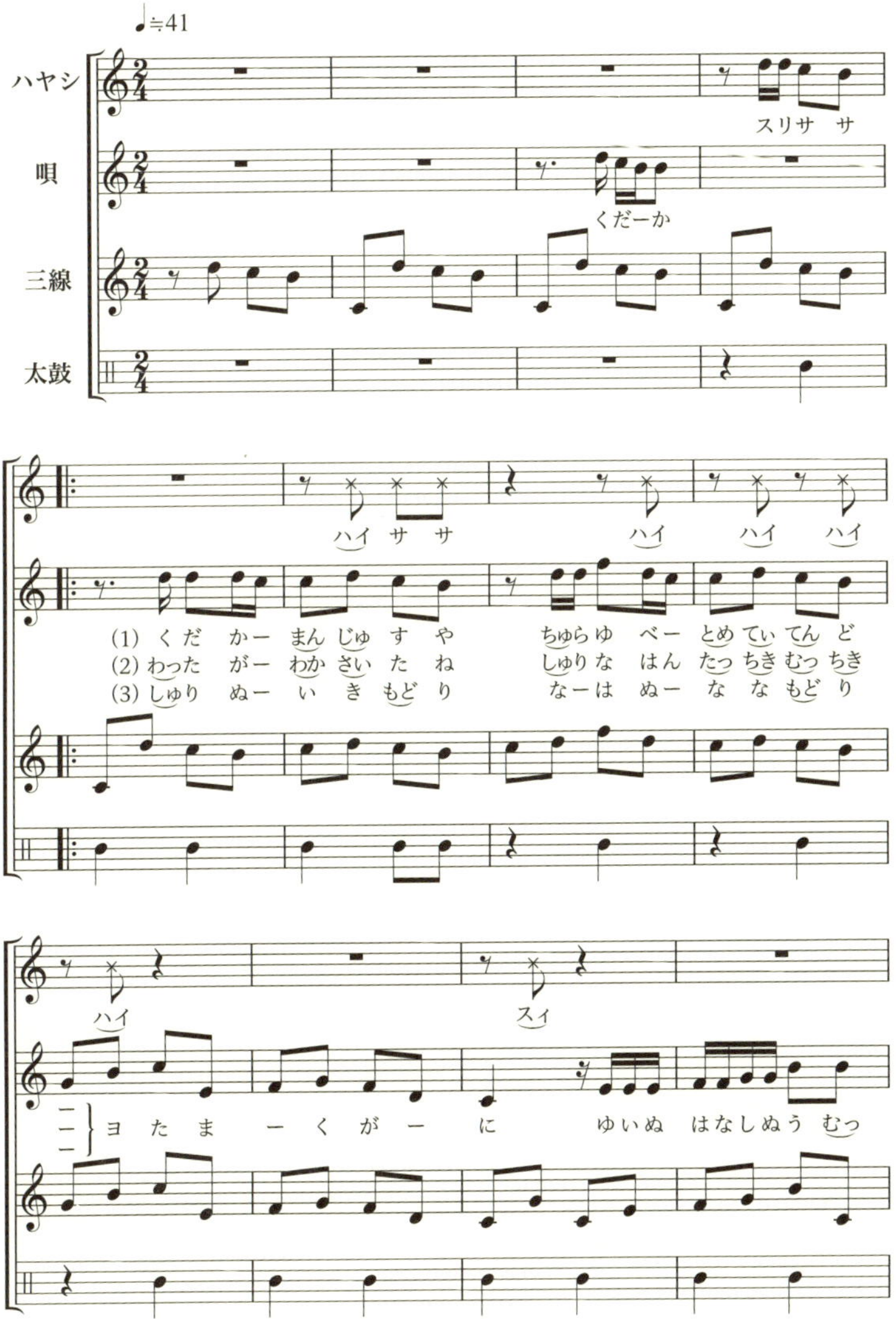
♩≒41
ハヤシ
唄
三線
太鼓
スリサ サ
くだーか
ハイ サ サ ハイ ハイ ハイ
(1) く だ か一 まん じゅ す や ちゅら ゆ べー とめ てぃ てん ど
(2) わっ た が一 わか さい た ね しゅり な はん たっ ちき むっ ちき
(3) しゅり ぬ一 い き もど り な一は ぬ一 な な もど り
ハイ スィ
ヨ た ま 一 く が 一 に ゆ い ぬ は な し ぬ う むっ

歌詞

⑴久高万寿主や　清ら妾(ちゅらゆべ)探(とぅめ)てぃてんど

　ヨー玉黄金(たまくがに)　今宵(くゆい)ぬ話ぬ面白(うむっ)さ

⑵久高　首里ぬ行き戻り　那覇ぬ行き戻り

　ヨー玉黄金(たまくがに)　今宵(くゆい)ぬ話ぬ面白(うむっ)さ

楽譜３－２Ａ　《久高万寿主》

♩≒60
ハヤシ
唄
三線
太鼓
スリサ　サ
サ　サ
(1) く　だ　か
(2) く　だ　か
くだ　かーー　まんじゅ（サ　サ）
しゅり　ぬーー　ー　いき　もど　り
ちゅ ら ゆ　べ　ー　み てんみてん　ど　ー
な ー は　ぬ　ー　い　き も ど　り　ー
ヨ　た　ま

歌詞
七夕中(なか)ぬちーや　みーたんぶち　エイサーエイサーヒヤルガエイサー
五(いち)ちぬ年にや親(うや)戻(むどぅ)ち　エイサーエイサーヒヤルガエイサー
七(なな)ちぬ年に思(おむ)い出(だ)ち　エイサーエイサーヒヤルガエイサー

楽譜3-1B 《ミンブチ》

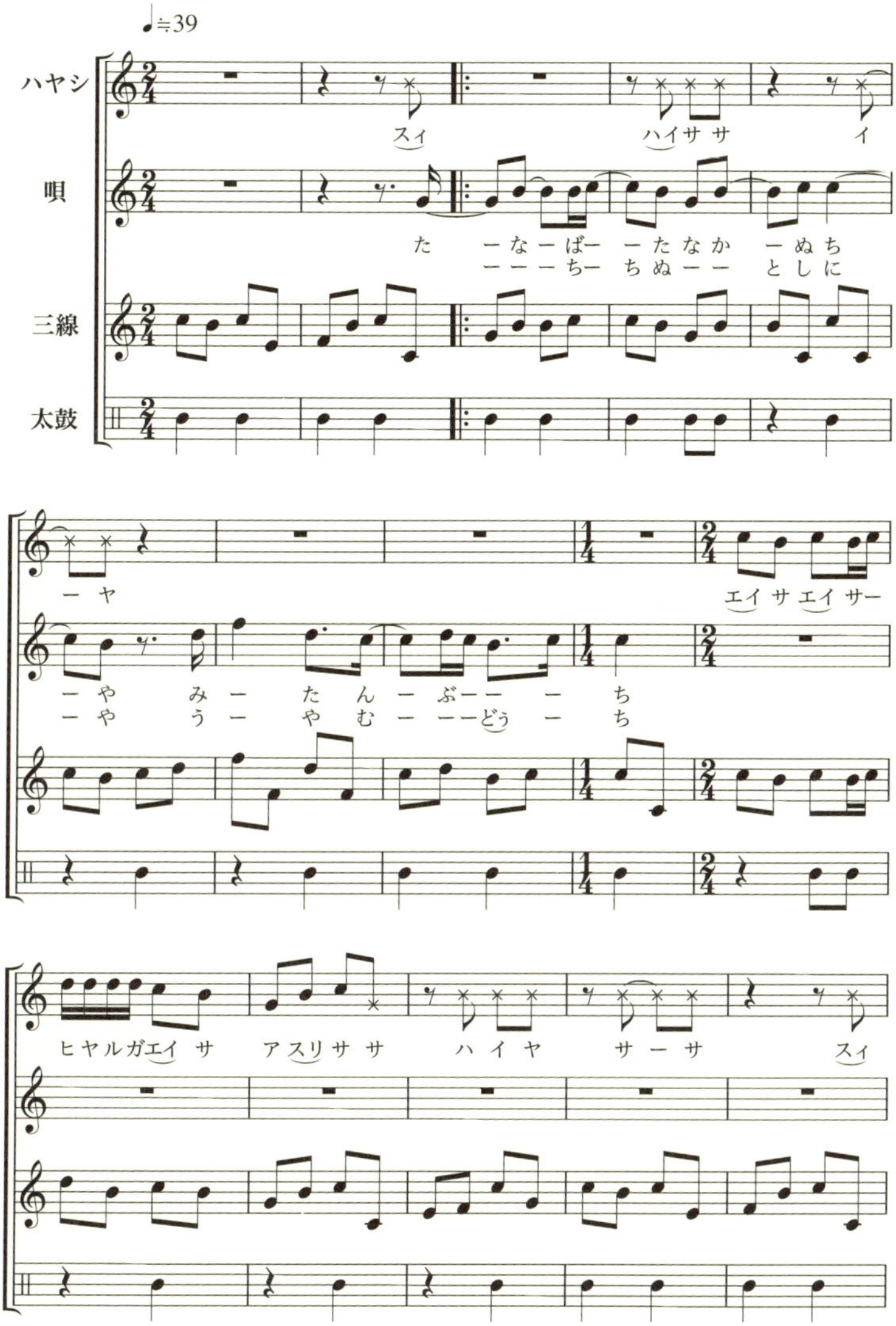
♩≒39
ハヤシ
唄
三線
太鼓
スィ　ハイサ サ　イ
た　ーなーばー　ーたなか　ーぬち
ーーーちー　ちぬーー　としに
ーヤ　エイサエイサー
ーや　みー　たんーぶーー　ー　ち
ーや　うー　やむーーーどぅ　ー　ち
ヒヤルガエイ サ　アスリサ サ　ハ イ ヤ　サ ー サ　スィ

歌詞

仲順流りや七（なな）流り　エイサーエイサーヒヤルガエイサー

黄金(くがに)ぬハヤシん七(なな)ハヤシ　エイサーエイサーヒヤルガエイサー

楽譜3－1A　《仲順流り》

♩≒60
ハヤシ
唄
三線
太鼓
エンヤサササ　アイヤ
ちゅんーじゅんーーな
ーがりーやなーななーーがり
エイサエイサー　ヒヤルガエイサ　アスリササ
エイサエイサー　ヒヤルガエイサ　アスリササ

卒業論文

荒田小太郎 2009「弘前ねぷたと沖縄エイサー」早稲田大学スポーツ科学部卒業論文。

伊藤真理 1993「沖縄県今帰仁村（仲宗根・玉城）の七月エイサー――音楽資料化と伝承過程の考察」同志社女子大学学芸学部卒業論文。

伊禮　環 2000「勝連町南風原エイサーにおける一考察」沖縄国際大学総合文化学部卒業論文。

岩田寛子 2001「島を離れたウチナーンチュ（沖縄人）の音楽行動――沖縄諸見里『琉鼓會』を中心事例として」大阪音楽大学楽理専攻卒業論文。

喜友名朝代 1999「北谷・上勢区青年会におけるエイサーの調査報告」沖縄国際大学総合文化学部卒業論文。

古謝紗恵 2001「屋慶名エイサー 2001」沖縄国際大学総合文化学部卒業論文。

大王恵里子 2008「沖縄芸能エイサーの伝統と創作――琉球國祭り太鼓を中心事例として」東京藝術大学音楽学部楽理科卒業論文。

瀧本ちひろ 2004「青年期における身体表現の意義――沖縄県浦添市内間青年会のエイサー活動の事例を中心に」和光大学現代人間学部卒業論文。

直里保菜美 2012「伝統文化の存在意義と継承の在り方――沖縄のエイサー文化を例に」明治学院大学国際学部卒業論文。

仲村知佳 2004「読谷村字楚辺区青年会におけるエイサーの一考察」沖縄国際大学総合文化学部卒業論文。

法田典子 1999「関西に根づいた沖縄芸能「エイサー」」大阪音楽大学楽理専攻卒業論文。

堀口泰幹 2010「エイサーの伝承とシマ社会」東京大学農業・資源経済学専修卒業論文。

真鶴則子 2004「平敷屋エイサーに見る考察」沖縄国際大学総合文化学部卒業論文。

宮城麗奈 2004「安谷屋におけるエイサーと地域社会の関係――安谷屋エイサーの実態を中心に」沖縄国際大学総合文化学部卒業論文。

Terada, Yoshitaka. 2011. "Rooted as Banyan Trees: *Eisā* and the Okinawan Diaspora in Japan." In Timothy Rice, ed. *Ethnomusicological Encounters with Music and Musicians: Essays in Honor of Robert Garfias*. Surrey: Ashgate, 233-247.

仲宗根幸市 1973「盆踊り《エイサー》と八月踊り《ウードイ》――今帰仁村湧川部落の」『青い海』26:42-47。

中津川祥子 2004「沖縄以外の地域におけるエイサー団体について」お茶の水女子大学大学院人間文化研究科修士論文。

中津川祥子 2007「沖縄以外の地域におけるエイサー団体について」『お茶の水音楽論集』9:31-45。

仲本千秋 1995「沖縄市におけるエイサーの現状と課題」『あやみや』3:42-55。

成定洋子 1998「関西のエイサー祭りに関する一考察――「がじゅまるの会」における役割」『沖縄民俗研究』18:77-92。

日本放送協会編 1991『日本民謡大観（沖縄・奄美）――沖縄諸島篇』日本放送出版協会。

山内盛彬 1993「琉球の盆踊」『山内盛彬著作集 第三巻』沖縄タイムス社，437-449（初出，1928『民俗藝術』1(8):49-58)。

山城千秋 2007『沖縄の「シマ社会」と青年会活動』エイデル研究所。

山本宏子 1993「沖縄読谷村のエイサーの伝承組織――民俗芸能の伝承組織と社会・経済構造との相互規定関係」『芸能の科学』21:149-182。

山本宏子 1994「「民俗芸能の経済学」に向けて――門付け型芸能（獅子舞・虎舞・エイサー）とその経費」『民俗芸能研究』19:22-48。

山本宏子 1995「沖縄のエイサーの太鼓」『たいころじい』11:34-39。

山本　成 2003「ハワイのヤング・オキナワンのエスニシティに関する研究」沖縄国際大学大学院地域文化研究科修士論文。

與那嶺江梨子 2002「エイサーにみる青年会活動とその展開――沖縄県沖縄市における青年会活動を中心に」沖縄国際大学大学院地域文化研究科修士論文。

與那嶺江梨子 2005「エイサーにみる青年会活動とその展開」『あやみや』13:42-72。

與那嶺江梨子 2008「エイサーについての沖縄市青年会意識調査」『あやみや』16:34-42。

田渕愛子 2003「エイサーの伝承に関する一考察——沖縄市園田青年会のエイサーのフィールドワークを通して」『ムーサ』4:93-104。
知名定寛 1994「念仏とエイサー」知名定寛『沖縄宗教史の研究』榕樹社, 253-284。
知名定寛 2008「エイサー形成についての歴史学的考察」『神戸女子大学古典芸能研究センター紀要』1:3-19。
寺内直子 1997「ロサンジェルスにおける沖縄系アメリカ人の芸能活動——「新エイサー」とエキゾチシズム」『沖縄文化』33(1):51-67。
寺内直子 2000「ハワイの沖縄系「盆踊り」——ディアスポラの芸能における諸要素の重層構造」『沖縄文化』91:1-33。
寺内直子 2001「芸能の脈絡変化と様式に関する一考察——エイサーの戦後復興と新エイサーの誕生」復帰25周年記念第3回「沖縄研究国際シンポジウム」実行委員会編『世界につなぐ沖縄研究』第3回「沖縄研究国際シンポジウム」実行委員会, 666-674。
寺内直子 2002「変り行く盆踊り——ハワイの沖縄系人の選択」第4回「沖縄研究国際シンポジウム」実行委員会編『世界に拓く沖縄研究』第4回「沖縄研究国際シンポジウム」実行委員会, 621-630。
寺内直子 2004「海を渡る沖縄の歌と踊り」『アジア遊学』66:70-81。
Terauchi, Naoko. 2002. "The Meaning of Recent Changes in Bon Odori 盆踊り Outside Japan: Choices Made by the People of Okinawan Origin in Hawai'i."『音楽学』48(3):207-221.
寺田吉孝制作 1999『関西のエイサー』(映像記録)国立民族学博物館。
寺田吉孝制作 2003a『大阪のエイサー——思いの交わる場』(映像記録)国立民族学博物館。
寺田吉孝制作 2003b『浜比嘉島のエイサー——沖縄の旧盆』(映像記録)国立民族学博物館。
寺田吉孝 2008「音楽・芸能への「思い」は記録できるか?——『大阪のエイサー』の制作と上映をめぐって」沼野充義編『芸術は何を超えていくのか?』東信堂, 37-47。
寺田吉孝制作 2015『沖縄のエイサー, 大阪のエイサー——みんぱく映像民族誌 第17集』(DVD)国立民族学博物館。
Terada, Yoshitaka, prod. 2005. *Drumming out a Message: Eisa and the Okinawan Diaspora in Japan.* (DVD) Osaka: National Museum of Ethnology.

芸学』10:1-9。
酒井正子 2011「沖縄の「手踊りエイサー」にみる掛け歌の諸相——歌唱形式を手がかりに」岡部隆志・手塚恵子・真下厚編集『歌の起源を探る——歌垣』三弥井書店，140-165。
Johnson, Henry. 2008. “Recontextualizing *Eisā*: Transformations in Religious, Competition, Festival and Tourism Contexts.” In Henry Johnson and Jerry Jaffe, eds. *Performing Japan: Contemporary Expressions of Cultural Identity*. Folkestone, UK: Global Oriental, 196-217.
城田　愛 1997「踊り継がれるエスニシティ——ハワイにおけるオキナワン・ボン・ダンスに関する人類学的研究」京都大学大学院人間・環境学研究科修士論文。
城田　愛 2000「踊り繋がる人々——ハワイにおけるオキナワン・エイサーの舞台から」福井勝義編『近所づきあいの風景——つながりを再考する』昭和堂，58-89。
城田　愛 2004「オキナワンの踊りと音楽にみるハワイ社会——エスニシティの交差する舞台から」後藤明・松原好次・塩谷亨編著『ハワイ研究への招待——フィールドワークから見える新しいハワイ像』関西学院大学出版会，249-260。
城田　愛 2006「エイサーにみるオキナワンたちのアイデンティティ——ハワイ沖縄系移民における「つながり」の創出」京都大学大学院人間・環境学研究科博士論文。
Shirota, Chika. 1999. “Dancing Beyond the US Military: Okinawan *Eisaa* as Identity and Diaspora.” *Theatre InSight* 10(1):4-13.
Shirota, Chika. 2002. “*Eisaa*: Identities and Dances of Okinawan Diasporic Experiences.” In Ronald Y. Nakasone, ed. *Okinawan Diaspora*. Honolulu: University of Hawai'i Press, 120-129.
杉本信夫 1996「糸満市の昔歌Ⅲ——エイサー歌・祝い歌」『南島文化』18:65-96。
高橋孝代 2006「芸能文化とアイデンティティ——「奄美／沖縄」の境界性」高橋孝代『境界性の人類学——重層する沖永良部島民のアイデンティティ』弘文堂，249-313。
田渕愛子 2002「沖縄観光におけるエイサーの概観——エイサー団真南風を中心に」『ムーサ』3:39-51。

26:43-68。
小林公江・小林幸男 2014「沖縄県名護市旭川の手踊りエイサー」『京都女子大学発達教育学部紀要』10:57-68。
小林幸男 1980a「沖縄本島北部の七月舞(1)――大宜味村饒波の七月イェンサー」『鹿児島短期大学研究紀要』25:41-75。
小林幸男 1980b「沖縄本島北部の七月舞(2)――国頭村与那の七月舞」『鹿児島短期大学研究紀要』26:89-109。
小林幸男 1981「沖縄本島北部の七月舞(3)――国頭村奥間の七月舞」『鹿児島短期大学研究紀要』27:87-99。
小林幸男 1984「エイサー」吉川英史監修『邦楽百科辞典――雅楽から民謡まで』音楽之友社，116-117。
小林幸男 1986「沖縄本島女エイサーの音階」『諸民族の音』編集委員会編『諸民族の音――小泉文夫先生追悼論文集』音楽之友社，101-118。
小林幸男 1990「沖縄県国頭村謝敷の七月舞」『京都教育大学紀要』A-76:155-176。
小林幸男 1991a「沖縄県国頭村宇嘉の七月舞――女エイサーの音楽の基本的性格について」『京都教育大学紀要』A-78:127-156。
小林幸男 1991b「沖縄本島北部の女エイサー」『民俗音楽』10:2-10。
小林幸男 1991c「エイサー・七月舞」日本放送協会編『日本民謡大観（沖縄・奄美）――沖縄諸島篇』日本放送出版協会，343-346。
小林幸男 1991d「念仏」日本放送協会編『日本民謡大観（沖縄・奄美）――沖縄諸島篇』日本放送出版協会，458-460。
小林幸男 1998「エイサーの分類」沖縄市企画部平和文化振興課編『エイサー 360 度――歴史と現在』沖縄全島エイサーまつり実行委員会，36-52。
小林幸男 2003「［歌詞・楽譜資料］沖縄県今帰仁村越地の手踊りエイサー」『関西楽理研究』20:137-144。
小林幸男 2008「［歌詞・楽譜資料］沖縄県国頭村辺土名のエイサー」『関西楽理研究』25:59-86。
小林幸男 2010「［歌詞・楽譜資料］沖縄県大宜味村謝名城のエイサー」『関西楽理研究』27:85-116。
酒井正子 2009「瀬底エイサーの伝承と歌詞」『奄美沖縄民間文芸学』9:1-18。
酒井正子 2010「瀬底エイサーの伝承と歌詞（その二）」『奄美沖縄民間文

小林公江 2003「［歌詞・楽譜資料］沖縄県今帰仁村与那嶺の手踊りエイサー」『関西楽理研究』20:129-136。
小林公江 2008「［歌詞・楽譜資料］沖縄県今帰仁村諸志の手踊りエイサー」『関西楽理研究』25:35-57。
小林公江 2010「沖縄県名護市名護地区のエイサーと本部町瀬底エイサーとの関係」『関西楽理研究』27:1-16。
小林公江・小林幸男 1997「今帰仁エイサーの音楽——崎山・兼次・今泊の資料化を通して」『沖縄芸術の科学』9:71-149。
小林公江・小林幸男 2002「名護市の手踊りエイサー——本部町・今帰仁村との比較を通して」『関西楽理研究』19:11-32。
小林公江・小林幸男 2004「エイサー——沖縄の夏の風物詩」『アジア遊学』66:53-69。
小林公江・小林幸男 2006「［歌詞・楽譜資料］沖縄県今帰仁村平敷の手踊りエイサー」『関西楽理研究』23:29-46。
小林公江・小林幸男 2007「［歌詞・楽譜資料］沖縄県本部町健堅の手踊りエイサー」『関西楽理研究』24:37-64。
小林公江・小林幸男 2008a「沖縄県本部町東のエイサー」『京都女子大学発達教育学部紀要』4:83-102。
小林公江・小林幸男 2008b「今帰仁村の手踊りエイサー——本部半島の他地域との比較を通して」『沖縄芸術の科学』20:43-63。
小林公江・小林幸男 2009a「沖縄県今帰仁村謝名の手踊りエイサー」『京都女子大学発達教育学部紀要』5:99-112。
小林公江・小林幸男 2009b「女エイサーの音楽　その１」『沖縄芸術の科学』21:61-84。
小林公江・小林幸男 2010「沖縄県名護市屋部の手踊りエイサー⑴」『京都女子大学発達教育学部紀要』6:147-159。
小林公江・小林幸男 2011「沖縄県名護市屋部の手踊りエイサー⑵」『京都女子大学発達教育学部紀要』7:39-48。
小林公江・小林幸男 2012「沖縄県名護市屋部の手踊りエイサー⑶」『京都女子大学発達教育学部紀要』8:53-62。
小林公江・小林幸男 2013a「沖縄県名護市屋部の手踊りエイサー⑷」『京都女子大学発達教育学部紀要』9:71-80。
小林公江・小林幸男 2013b「沖縄県本部町の手踊りエイサー——伝承の概要と音楽的特徴」『研究紀要』（京都女子大学宗教・文化研究所）

楽之友社，159-169。
兼次賢一 2013「教育素材としての創作エイサーの可能性」龍谷大学大学院政策学研究科修士論文。
兼次賢一 2015『教育素材としての創作エイサーの可能性――エイサーの歴史的価値を視座とする』ユニバーサルコンテント（電子出版）。
唐木健仁 2009「愛知県におけるローカルな沖縄エスニシティ――地域性に作用する沖縄芸能「エイサー」」『共生の文化研究』2:180-190。
宜野湾市青年エイサー歴史調査会編 2015『増訂 宜野湾市のエイサー――継承の歴史』榕樹書林。
宜保榮治郎 1970「沖縄の「盆踊り《エイサー》」」『まつり』16:90-102。
宜保榮治郎 1997『エイサー――沖縄の盆踊り』那覇出版社。
宜保榮治郎・嘉手川重喜他 1984『沖縄大衆芸能――エイサー入門』琉球新報社。
久万田晋 1998「エイサー概観」沖縄市企画部平和文化振興課編『エイサー 360 度――歴史と現在』沖縄全島エイサーまつり実行委員会，74-77。
久万田晋 2011「民族芸能エイサーの変容と展開」久万田晋『沖縄の民俗芸能論――神祭り，臼太鼓からエイサーまで』ボーダーインク，193-244。
ぐしけんかなめ編著 1990『エイサーアンケート集約』エイサー研究会。
幸喜綾子 1998「沖縄民俗芸能エイサーにおける力を生むパフォーマンス」広島大学大学院学校教育研究科修士論文。
古謝麻耶子 2005「沖縄地域芸能におけるサウンドスケープの一像――久保田地域を事例として」琉球大学大学院教育学研究科修士論文。
小林香代 1997「東京エイサーシンカにおけるエイサーの「経験」――「演技の民俗誌」への試みとして」『民俗芸能研究』24:27-50。
小林香代 1998「演者たちの「共同体」――東京エイサーシンカをめぐる民族誌的説明」お茶の水女子大学大学院人間文化研究科博士論文。
小林香代 2001『演者たちの「共同体」――東京エイサーシンカをめぐる民族誌的説明』風間書房。
小林香代 2003「首都圏におけるエイサーの創成――「ゆうなの会」を軸に」『アジア遊学』53:52-60。
小林公江 1996「沖縄の臼太鼓とエイサー――同系旋律をめぐって」『民俗音楽研究』19:50-64。

岡本純也 1994a「沖縄本島におけるエイサーの構造分析――勝連町平敷屋の事例」横浜国立大学大学院教育学研究科修士論文。
岡本純也 1994b「民俗舞踊の伝承の場における創作について――沖縄県勝連町平敷屋のエイサーを事例として」『民俗芸能研究』20:41-64。
岡本純也 1997「民俗舞踊と地域アイデンティティー――沖縄の民俗舞踊エイサーの事例」『研究年報（一橋大学スポーツ研究）』16:59-62。
岡本純也 1998a「国際化とローカリティー――民俗舞踊と地域アイデンティティーII」『研究年報（一橋大学スポーツ研究）』17:61-67。
岡本純也 1998b「戦後沖縄社会におけるエイサーの展開」沖縄市企画部平和文化振興課編『エイサー 360 度――歴史と現在』沖縄全島エイサーまつり実行委員会，53-68。
岡本純也 2005「シマの身体から沖縄の身体へ――エイサーを踊る身体の歴史」『一橋大学スポーツ研究』24:21-28。
岡本純也 2006a「シマの身体から沖縄の身体へII――ヤマトゥへの普及過程」『一橋大学スポーツ研究』25:19-26。
岡本純也 2006b「シマの身体から『沖縄』の身体へ――民俗舞踊とグローバリゼーション」高津勝・尾崎正隆編『越境するスポーツ――グローバリゼーションとローカリティ』創文企画，153-180。
岡本純也 2007「シマの身体から沖縄の身体へIII――都市の中の民俗舞踊」『一橋大学スポーツ研究』26:19-24。
岡本純也 2008「民俗舞踊の「型」の保存と演技の共同体――エイサーの伝承組織と村踊りの伝承組織の比較」『一橋大学スポーツ研究』27:57-60。
岡本純也 2012「グローバル化とローカルな身体文化の活性化――「沖縄」に関する新聞記事の内容分析を手がかりに」『一橋大学スポーツ研究』31:73-76。
岡本純也 2013「地域アイデンティティの基盤としての民俗舞踊の身体感覚」『一橋大学スポーツ研究』32:60-63。
沖縄市企画部平和文化振興課編 1998『エイサー 360 度――歴史と現在』沖縄全島エイサーまつり実行委員会。
奥村哲也 2011「民俗芸能における伝統と宗教観念の再生産に関する調査研究プロジェクト――沖縄県の「エイサー」の事例から」『年報 メタプティヒアカ』6:177-180。
金城　厚 2006「現代に生きる――エイサー」金城厚『沖縄音楽入門』音

エイサー文献一覧

飯田くるみ 2005「念仏系歌謡におけるエイサーについて」愛知教育大学大学院教育学研究科修士論文。

井口淳子 2000「大阪に息づく沖縄芸能「エイサー」——大正区「がじまるの会」にみる民俗からの離脱」『年報 音楽研究』(大阪音楽大学) 16:5-26。

井口淳子 2002「ウチナーンチュ (沖縄人) になるためのエイサー——尼崎・琉鼓會にみる芸能とアイデンティティの関わり」『年報 音楽研究』(大阪音楽大学) 18:5-22。

井口淳子 2003「生き延びた民俗芸能——沖縄・千原《せんばる》エイサー」『阪大音楽学報』1:21-31。

池宮正治 1975「沖縄の人形芝居——チョンダラー芸能と念仏歌」『沖縄文化研究』2:143-190。

池宮正治 1990「エイサー芸能と念仏歌」池宮正治『沖縄の遊行芸——チョンダラーとニンブチャー』ひるぎ社, 313-359。

池宮正治 1998「エイサーの歴史」沖縄市企画部平和文化振興課編『エイサー 360 度——歴史と現在』沖縄全島エイサーまつり実行委員会, 24-35。

伊波普猷 1975「エイサーといふ語について」服部四郎他編『伊波普猷全集 第八巻』平凡社, 551-554 (初出, 1934『沖縄朝日新聞』9月)。

岩田寛子 2004「関西で生成されるエイサーの場——沖縄エイサー琉鼓會を中心事例に」『大阪音楽大学研究紀要』43:23-40。

岩田寛子 2006「へーシ (囃子) の力——沖縄エイサー琉鼓會の場合」『大阪音楽大学研究紀要』45:13-32。

大城　學 1996「楚辺のエイサー」『民俗芸能』77:38-44。

Okaze, Rumiko. 1992. “The 36th Okinawa Island-Wide Eisā Festival.” M. A. Thesis, University of Hawai‘i.

ら 行

な　行

は　行

ま　行

や　行

事項索引

青年会・エイサー索引

著者紹介

塚田健一（つかだ　けんいち）

民族音楽学者。桐朋学園大学大学院教授。広島市立大学名誉教授。東京藝術大学大学院音楽研究科修士課程修了。ベルファスト・クイーンズ大学大学院社会人類学科博士課程修了。Ph.D。国際伝統音楽学会理事，ロンドン大学アシュゲート音楽学叢書編集委員，東洋音楽学会会長などを歴任。これまで音楽学と人類学の境界領域で，アフリカを中心に台湾山地，パプアニューギニア，沖縄などの音楽文化の研究に従事。主な著書に『アフリカの音の世界』（新書館，2000），『世界は音に満ちている――音楽人類学の冒険』（新書館，2001），『Kenichi Tsukada & Ryuichi Sakamoto Selections：Traditional Music in Africa』（共著，エイベックス，2012），『アフリカ音楽学の挑戦――伝統と変容の音楽民族誌』（世界思想社，2014，第32回田邉尚雄賞受賞），『文化人類学の冒険――人間・社会・音楽』（春秋社，2014），『アフリカ音楽の正体』（音楽之友社，2016）など。

エイサー物語
――移動する人，伝播する芸能

2019年3月30日　第1刷発行　　定価はカバーに表示しています

著　者　塚　田　健　一

発行者　上　原　寿　明

世界思想社

京都市左京区岩倉南桑原町56　〒606-0031
電話 075(721)6500
振替 01000-6-2908
http://sekaishisosha.jp/

© 2019 K. TSUKADA　Printed in Japan
（印刷・製本 太洋社）

落丁・乱丁本はお取替えいたします。

JCOPY ＜(社) 出版者著作権管理機構 委託出版物＞

本書の無断複写は著作権法上での例外を除き禁じられています。複写される場合は，そのつど事前に，(社) 出版者著作権管理機構（電話 03-5244-5088，FAX 03-5244-5089，e-mail: info@jcopy.or.jp）の許諾を得てください。

ISBN978-4-7907-1729-4

世界思想社 刊行案内

アフリカ音楽学の挑戦　伝統と変容の音楽民族誌
塚田健一

南部アフリカのサバンナの民ルヴァレと，西アフリカの熱帯雨林の民ファンティ。二つの文化にまったく異なるアプローチ——構造分析的アプローチと社会史的アプローチ——を適用し，音楽研究の方法論的な刷新を促す第一人者からの挑戦。

本体 5,800 円

恋する文化人類学者　結婚を通して異文化を理解する
鈴木裕之

これは恋の物語であり，異文化交流の物語である。アフリカで，著者は彼の地の女性アイドル歌手と恋に落ちた。結婚式は，8日間にわたる壮麗なものだった。激しい異文化の渦に巻き込まれた著者が，自らを素材に語る体験的入門書。

本体 2,200 円

ストリートの精霊たち
川瀬　慈

人類学のフィールドワークのため，エチオピアのゴンダールに居着いた著者。そこは物売りや物乞い，芸能者たちが息づく奥深い空間だった。著者と彼ら“ストリートの精霊たち”との密な交流から雑踏の交響詩が聞こえてくる。坂本龍一さん推薦！

本体 1,900 円

諸民族の音楽を学ぶ人のために
櫻井哲男・水野信男 編

耳をすませば聞こえてくる——アジアの音，アフリカの歌，ヨーロッパの響き。その背景にはどんな文化，社会，歴史があるのだろうか，じっくりみてみよう。聞き流すだけではつまらない，地球各地のフィールド発，豊かな音楽世界への招待状。

本体 1,900 円

価格は税別，2019 年 3 月現在